일상기술연구소

제현주
금정연

지음

: 생활인을 위한 자유의 기술 :

일상기술연구소

어크로스

3장____배움의 동력을 확보하는 '어른의 공부법' 84

※배우고 가르치는 기술

4장____적당한 거리를 유지하며 함께 산다는 것 114

※함께 살기의 기술

2부 독립생활의 기술 : 직장 밖에서 내 몫의 경제생활을 꾸리는 법

8장___야심 없이 시작하는 246

＊나만의 작은 가게 꾸리기

"좋은 일상을 만드는
구체적인 기술을 연구합니다"

저는 부지런한 사람입니다. 뜬금없는 자기 자랑 같지만, 조금
만 참고 들어주세요. 저는 주어진 일을 제법 잘 처리하고, 꾸준
히 오래 하는 힘도 있습니다. 이런저런 목표와 계획을 세우고
나면, 하기로 했다는 이유만으로 그냥 밀고 가는, 그런 사람입
니다.

　그런데 언젠가부터 좀 막막한 기분이 들기 시작했습니다.
"이래서 어떤 사람이 될까?"라거나 "그래서 결국 무엇을 이루
게 될까?" 같은 생각을 더 젊었을 때는 오히려 하지 않았던 것
같은데 말이죠. 훌륭한 사람이 되고 싶다는, 막연하지만 터무
니없어 보이진 않았던 바람이 언젠가부터 붙잡을 수 없는 과
녁이 되어버린 느낌이었습니다. 내가 좇고 있는 목표와 계획
들을 이어 붙이면 '훌륭한 사람'을 이루는 요소들이 되는 걸
까? 이렇게 계속 살다 보면 인생 잘 살았다고 어느 시점에선가
생각할 수 있게 될까?

이런 개인적인 막막함을 붙들고 있을 때, 팟캐스트 '일상기술 연구소'를 시작하게 됐습니다. 일상기술 연구소라는 이름은, 제가 속한 협동조합 롤링다이스의 멤버들이 모여 머리를 맞댄 자리에서 탄생했습니다. '인생'을 잘 사는 건 자신도 없고 너무 먼 얘기처럼 느껴지던 그 시기, 그냥 하루하루의 '일상'에 충실하고 좀 더 행복하게 채우고 싶다고, 딱 그만큼에 필요한 이야기를 팟캐스트에 담아보고 싶다고 제가 운을 떼었습니다. '구체적인' 이야기를 나눌 수 있으면 하는 또 다른 멤버의 바람이 보태졌습니다. 의지와 노력으로 막연히 뚫고 나가자는 뻔한 말 대신, 실제로 실험해볼 수 있는 작은 노하우들을 담겠다는 목표를 함께 잡았습니다. 이런 목표와 바람이 '일상기술 연구소'라는 이름에 담겼습니다.

그다음에는 실제로 그런 노하우를 자신의 일상에서 체득한 사람들을 모시자고 계획을 세웠습니다. 버는 돈은 빤한데 돈 관리는 어떻게 하지? 혼자 사는 사람은 외로움과 불안감을 어떻게 다루지? 누구에게나 똑같은 하루 24시간을 어떻게 좀 더 잘 쓸 수 있을까? 몸짱까지는 아니더라도 하루를 활기차게 보내는 데 필요한 체력 정도는 어떻게 기를 수 있나? 이런 질문들에 나름의 해답을 줄 분들을 찾아 모실 수 있다면, 방송을 들을 분께 당장 도움이 될 것 같았습니다. 제가 자꾸만 부딪히던 막막함도 좀 걷어내 줄 것이라는 기대도 있었죠. 작고도 구체적인 질문들에 자신의 일상으로 답하고 있는 분들과 만나고 싶었습니다. 그런 분들이야말로 우리 연구소에 필요한 기술자였고, 그분들의 구체적인 답변이 제가 자꾸만 부딪히던 막막함을 잊게 해줄 것 같았습니다.

그런 기술자들을 찾을 수 있을까? 처음에는 확신이 없었던 게 사실입니다. 그런 의심으로 시작한 방송이 이제 첫돌을 맞았고, 방송에서 나눈 이야기들을 엮어 책으로 펴내게 되었습니다. 지난 1년 동안은 우리가 모신 기술자들이 얼마나 대단한지 감탄하는 일의 연속이었습니다. 그 감탄은 멀리 있는 경이로움보다는, 내 손에도 붙잡힐 것 같은 지혜로움에 대한 이야기에 가까웠습니다. 이 말이 상투적으로 들리지 않았으면 정말 좋겠는데, 어떻게 표현해야 할까요. 기술자 열에 일고여덟은 '이게 정말 기술이 되냐'고 의심하면서 그냥 자신이 어떻게 사는지를 이야기했고, 그 이야기들은 몸으로 뚫고 지나온 하루하루의 시간을 딛고 있었기에 그만큼 단단했습니다. '책임' 연구원의 역할을 맡은 탓에 기술자들의 이야기를 '정리'하곤 했지만, 그럴 때마다 내 정리가 그분들의 이야기를 너무 단순하거나 추상적으로 만드는 것은 아닐까 걱정이 들 정도로요.

*　　*　　*

일상기술 연구소는 1년째 변함없이 똑같은 오프닝 멘트로 방송을 시작하고 있습니다.

"내일은 막막하고 마음은 불안한 시대, 좋은 일상을 만드는 구체적인 기술을 연구합니다."

처음 이 오프닝 멘트를 썼을 때는 앞부분에 마음이 더 쏠려 있었습니다. 저뿐만 아니라 주변의 많은 사람들이 내일은 막막하고 마음은 불안하다고 토로했습니다. 과거에 참조했던 삶의 모델들이 더 이상 유효해 보이지 않는 시대이니까요. 차곡

차곡 승진해서 과장이 되고 부장이 되고, 더 나가서 임원이 되는 것을 목표로 할 수 있는 사람이 얼마나 될까요? 아니 설사 그렇게 된다고 해도, 이만하면 잘 살았다 안심할 수 있을 것이라고 장담하기 어렵습니다. "집 한 채는 있고 아이들은 잘 키웠다" 같은 대사가 나의 말이 될 거라고 기대하는 사람도 거의 없을 겁니다. 굳이 4차 산업혁명이니 로봇노동이니 AI니, 이런 거창한 말을 끌어오지 않더라도, 10년 후 20년 후를 생각하면 답이 보이지 않고, 마음에는 스멀스멀 불안이 차오릅니다.

그럴수록 내 시선을 자꾸 짧게 당겨오려고 노력합니다. 세상에 대해서는 좀 멀리 보더라도, 내가 하는 일, 나의 삶에 대해서는 가깝게 초점을 두려고 애를 씁니다. 오늘 하루를 어떻게 하면 잘 보낼 수 있을까, 그다음엔 이번 한 주를, 이번 한 달을. 그렇게 단단한 하루하루를 쌓아가다 보면 조금 더 멀리까지 시야를 넓히더라도 마음이 흔들리지 않는 힘이 생길 것이라고 기대하면서. 내가 어찌할 수 있는 건 어쨌든 내 앞에 놓인 오늘 하루뿐이니까. "내일은 막막하고 마음은 불안한 시대"를 산다는 것을 실감할수록, 어쩔 수 없이 기댈 데는 "좋은 일상을 만드는 구체적인 기술"뿐이라고 생각합니다. 그게 아니라면 달리 무엇을 할 수 있을까요.

방송을 1년 가까이 진행하면서, 단단히 일상을 살아가는 '기술자'들과 만나면서, 저는 막연한 바람이었던 저 오프닝 멘트의 뒷부분을 이제야 몸으로 이해하기 시작했습니다. 소망이었던 말이 진짜 내 일상을 구성하는 요소로 자리 잡아가고 있습니다.

부업 여덟 개로 본업 하나어치를 만들어내며 산다는 독립출판 서점 '유어마인드'의 이로 님은 일의 가지치기를 통해 자신의 호흡에 맞는 '일의 포트폴리오'를 구성하는 기술을 보여주었습니다. 국문학과를 나와 프로그래머가 되었고 2016년 한 해 동안 800시간 강의를 했다는 '오픈튜토리얼스'의 이고잉 님은, 오래 잊고 있었던 배우고 표현하는 일의 즐거움을 상기시켜주었죠. 손으로 만드는 일의 즐거움은 몸에 힘이 빠지는 순간을 지각하는 데서 온다고 이야기해준 '문화로놀이짱'의 아랑 님은 어쩔 수 없는 책상물림인 저를 부끄럽게 만들기도 했습니다. 무엇이 운동이고 운동이 아닌지, 둘 사이를 나누는 경계를 흐릿하게 만드는 게 목표라던 '마이리얼짐'의 이준우, 신동민 님이 뿜어내던 에너지는 그 자체가 생활 체력의 기술을 증명해주었습니다. 그냥 빵이 좋아서 제빵을 배우기 시작했다가 빵집 주인이 된 '홉홉베이글'의 박혜령 님은 감당할 수 있는 만큼의 작은 시작이 어떤 힘을 발휘하는지 보여주었습니다.

이 밖의 기술자들까지 아울러, 이 모든 분들의 기술을 통해 제가 배운 핵심 기술, 기술 중의 기술이 있다면, 아마 다음의 두 가지일 겁니다. (네, 일상기술 연구소는 핵심 기술로 정리하는 것을 좋아하고, 저는 또 정리를 맡은 제'책임'이니까요.)

첫째, 자신의 선호를 이해하는 기술입니다. 출연하신 기술자 대부분이 결국 자신이 원하는 것, 자신의 우선순위를 알아야 한다는 말을 때로 스쳐가듯이, 때로 힘을 주어 하셨습니다. 자신의 선호를 이해하는 것은 한 번에 터득할 수 있는 게 아니라 일상 속에서 끊임없이 지속되는 과정입니다. 선호는 정해진 값이라기보다는 상황에 따라 변하는 유동적 상태에 가깝기 때문입니다.

둘째, 마음이 동했다면 일단 작고 가볍게 시작하는 기술입니다. 역시 대부분의 기술자가 나름의 방식으로 '일단 해보기' 혹은 '시동 걸기'의 노하우를 가지고 있었습니다. 무엇이든 해보기 전에는 알 수 없고, 해보고 나면 달라집니다. 달라진 나는 해보기 전의 나라면 몰랐을 시각을 가지고 또 다른 시작으로 나아가기 마련입니다. 늘 빡빡한 일상에서 빈틈을 만들고, 지금은 딴짓처럼 보이는 작은 시도들을 할 때, 거기에서 해보기 전에는 몰랐던 가능성이 생겨납니다. 그냥 말뿐인 이야기가 아닙니다. 기술자 하나하나가 이 이론을 증명해주고 있었으니까요.

요즘은 오프닝 멘트를 할 때마다 기분이 조금 좋아지기까지 합니다. 내일은 막막하고 마음은 불안해도, 내 몸에 익힌 구체적인 기술이 좋은 일상을 살아가게 해줄 것이라고 믿게 해주는, 그런 주문 같다고 할까요? 그렇게 좋은 일상을 살아가는 사람들이 보여주는 반짝이는 사례들이 내일을 막막하지 않게 만들어줄지 모른다는 이상한 기대까지 생깁니다. 뻔할 것 같았던 우울한 전망은 오늘 확인하는 구체적인 반짝임 덕택에 조금씩 달라집니다.

이 책에 귀한 이야기를 싣도록 허락해준 기술자 열두 분, 그 밖에 방송에 함께해주셨던 모든 출연자들에게 가슴 깊이 감사의 말을 전합니다. 3주에 한 번씩 출연해 행복한 에너지를 끼얹어주는 조아라(aka 조수석) 님에게도 감사와, 감사보다 큰 애정을 전합니다. 일상기술 연구소의 기획부터 운영, 편집까지 끌고 나가준 롤링다이스 멤버들, 이선희, 홍지연, 이유미 님은 이 책의 숨은 저자이기도 합니다. 일상기술 연구소의 이야기를 책으로 담아내자고 제안하고 그 과정을 이끌어준 출판사 어크로스의 김형보 대표님, 박민지 편집자님에게도 감사드립니다. 그리고 이 책의 공저자이자 일상기술 연구소의 공동 진행자인 금정연 작가님(aka 금고문)에게 이 자리를 빌려 팬심을 고백합니다. 자꾸만 글은 그만 쓰겠다고 방송에서 말씀하시지만, 저는 금고문 님의 글을 오래 읽고 싶어요.

책 서문에 이름을 나열하며 감사를 표하는 게 어쩐지 민망한 일이라고 항상 생각했었는데, 이 책에서만은 어쩔 수가 없네요. 이분들 모두가 일상기술 연구소와 함께 해온 1년간의 제 일상을 구체적으로 충만하게 해주셨습니다. 보이지 않는 곳에서 방송을 들어주신, 제가 처음 예상한 것보다 너무 많아서 놀라움을 주셨던 청취자 여러분들, 모두 고맙습니다. 그런 사람들의 존재를 하나하나 확인하는 것이 일상기술 연구소에서 제가 배운 기술이기도 합니다. 다시 한 번 깊이 감사드립니다.

제책임 * 제현주

돈 관리의 기술부터
생활 체력의 기술까지

1장_____

내 욕망을 존중하는
적정 소비 습관

* 돈 관리의 기술

: : 생활경제 코치 박미정 : :

내일은 막막하고 마음은 불안하다면, 그 불안의 한복판에는 무엇이 있을까요? 사람마다 불안한 이유는 제각각 다르겠지만, 백이면 백 모두가 입을 모을 한 가지가 바로 '돈'일 겁니다. 그래서 일상기술 연구소의 첫 번째 연구 주제도 '돈 관리의 기술'로 정해보았습니다.

돈 관리는 버는 것과 쓰는 것으로 나뉩니다. 누구나 더 많은 돈을 벌고 싶지만 맘대로 되지 않는 게 문제겠죠. 이런 상황에서 스스로 통제하기 그나마 용이한 것은 어떻게 쓰느냐, 즉 소비의 영역입니다. 그런데 일상의 활동 대부분이 시장을 경유해 일어나는 현실에서 '돈을 어떻게 쓰느냐'는 '어떻게 사느냐(live)'로 직결될 수밖에 없습니다. 바로 이 때문에 소비생활을 기록해보려는 시도는 작심삼일에 그치기 십상입니다. 씀씀이를 세세히 적어가노라면 소비생활의 기록이 보여주는 적나라한 날것의 일상을 마주하게 되고, 그럴 때마다 자기검열의 늪에 빠져 자책감만 커져가기 때문입니다.

돈 관리의 노하우는 이런 내 마음을 살피는 것에서 출발합니다. 어떻게 하면 내 마음에 알맞은 내 삶의 적정 연비를 찾아, 불안을 덜고 적정 소비생활의 기초를 닦을 수 있을까요? 이번 장에서는 바로 이 문제에 대해 연구해보겠습니다.

박미정

#1 신용카드 돌려쓰기에서 모르고 선 보증까지, 화려한 '돈 사고'의 역사

생활경제의 핵심은 한정된 돈을 우선순위에 맞게 배분해서 쓰는 것이다. 아이러니하게도 박미정은 돈이 한정된 재화라는 사실을 너무나 뒤늦게 깨달았다. 힘들게 일하는데도 제대로 보상받지 못한다고 느낄 때 '돈은 중요하지 않아', '돈이야 또 벌면 되지'라고 애써 돈을 무시하게 된다. 사실 돈을 낭비하는 것은 쉽게 벌어서가 아니라 일한 만큼 가치를 인정받지 못하기 때문이다. 자신의 과거가 딱 그랬다고 박미정은 털어놓는다. 결국 신용카드를 함부로 쓰고 멋모르고 보증까지 섰다가 신용불량에 개인파산까지 줄줄이 돈 사고를 치고 말았다.

화려한 돈 사고 이력 덕에 박미정은 뼈아픈 교훈을 얻었고, 그 교훈이 생활경제 코치라는 새로운 직업으로 그를 이끌었다.

#2 구체적인 돈 대화로 문제의 견적을 뽑는다

생활경제 코칭은 돈에 관한 대화로 이루어진다. 모두가 돈이 문제라고 생각하면서도, 정작 돈에 관해 진솔하게 이야기하는 자리는 정말 드물다. 가까운 사람일수록 오히려 돈 이야기를 나누기가 어렵다. 돈에 관한 대화, 즉 '돈 대화'는 두루뭉술하게 돈의 많고 적음을 말하는 것이 아니다. 구체적으로 언제 어디서 어떻게 왜 돈을 썼는지, 꼭 써야 하는지, 정말 쓰고 싶은지에 관해 이야기 나누는 것을 의미한다. 이런 구체적인 대화가 중요한 이유는 그래야만 진짜 문제가 무엇인지 드러나기 때문이다. 어떤 사람은 자존감이 떨어져서,

어떤 사람은 관심과 사랑을 받고 싶어서, 어떤 사람은 인정받고 싶어서, 어떤 사람은 스트레스를 해소하기 위해서 돈에 기댄다. 돈으로 문제를 해결할 수 있다는 생각의 이면에는 자신에 대한 불안이 숨어 있다. 이런 불안을 직면하는 것은 굉장히 고통스러운 일이므로 '문제는 돈이 없는 것'이라는 식으로 모든 문제를 뭉쳐버리고, 돈만 있으면 모든 게 해결된다는 결론에 이르게 된다. 그러나 우리 모두가 알고 있듯이, '돈만 있으면'을 충족하는 상태에 도달하는 것은 불가능하다. 돈에 관한 대화를 통해 돈 문제 뒤에 숨은 자신의 마음을 들여다볼 때 비로소 각자가 해결해야 할 돈 문제의 견적이 나온다.

#3 내일이 아니라 오늘을 위한 돈 관리를 코칭한다

박미정은 돈 관리의 목적이 바로 오늘의 행복이라고 힘주어 말한다. 미래에 대한 불안 때문에 현재 욕망의 고삐를 바짝 죄는 게 돈 관리의 핵심이 아니라는 의미다. 누군가는 미래가 불확실하므로 오늘을 희생해서라도 돈을 더 모아야 한다고 말할지 모른다. 그렇지만 미래를 가늠하기 힘든 시대일수록 오늘의 행복에 집중하는 게 오히려 더 현명한 돈 관리일 수도 있다. 중요한 것은 지금의 내가 처한 현실적 조건을 이해하고, 그 안에서 자신이 직접 선택한 우선순위에 따라 돈을 쓰는 것이다. 돈 앞에서 허세를 부리지도, 도망치지도 않아야 한다. 즉 자신에게 솔직해질 용기를 가져야 돈 앞에서도 솔직해질 수 있다. 자신에게 적절한 소비생활은 그런 솔직함의 기초 위에 세워진다.

제책임 안녕하세요. 저는 일상기술 연구소의 사회를 맡은 제책임이라고 합니다. 일상기술 연구소의 연구를 말 그대로 책임지는 책임연구원입니다. 저와 함께 대화를 이끌어주실 두 번째 사회자가 있습니다. 책을 읽고 서평을 쓰시는 작가 금정연 님입니다. 고문연구원으로 모셨습니다. 금고문 님, 안녕하세요.

금고문 네, 안녕하세요.

제책임 금고문 님, 방송에 출연해달라는 제안을 받고 어떤 생각이 드셨어요? 일상기술 연구소 콘셉트를 설명해드렸을 때, 어떻게 느끼셨는지 궁금해요.

금고문 저도 프리랜서로 살다 보니까 일상을 꾸려나가는 게 어렵더라고요. 회사 다니는 직장인이라면 아침에 출근하고 저녁에 퇴근하는 리듬에 맞춰 자연스럽게 일상생활이 돌아가는데, 혼자 있는 시간이 많다 보니까 밥 먹는 것도 그렇고 원고 밀리면 밤샘작업을 하기도 하고요. 그래서 저한테 딱 필요한 방송이다, 이런 생각을 했습니다.

제책임 저도 직장을 그만두고 현재는 프리랜서로 일하고 있는데요. 그래서 일상을 관리하는 게 쉽지 않더라고요. 시간도 시간이지만, 돈의 흐름도 확실히 월급쟁이일 때와 다른 느낌이 있어요. 꼬박꼬박 들어오는 돈이 없다고 생각하니까 소비할 때도 신경 쓰이는 게 좀 있죠. 그래서 일상기술 연구소 문을 여는 첫 시간이니까 돈 얘기를 해보려고 하는데요. 아무래도 많은 분들이 가장 고민하는 부분이기도 하고요. 금고문 님도 돈 걱정 하시죠?

금고문 돈 걱정에 잠을 못 이루는 날이 많습니다. 어제도 못 잤습니다.

제책임 아이고. (웃음) 걱정거리가 뭔가요?

금고문 아무래도 정기적으로 들어오는 돈이 없다 보니까요. 제가 글로 먹고사는데 글 한 편 써서는 돈이 안 되거든요. 결국 생활하려면 글을 많이 써야 하는데 여기저기 글을 쓰면 자잘한 돈이 들어오잖아요. 그런데 그 원고료가 제때 들어오는지 잘 확인하지 못해요. 그럴 시간에 글을 써야 하니까. 남들은 원고료 떼이는 일도 많다던데 저는 여태까지 한 번도 떼인 적이 없거든요. 사실은 한 번도 확인해본 적이 없는 거죠. 날 잡아서 정산해봐야 하는데 엄두를 못 내고 있습니다.

제책임 (웃음) 금고문 님뿐만 아니라 돈 문제에서 '아, 나는 아무 걱정 없어'라고 말할 수 있는 사람은 거의 없을 거예요. 얼마를 벌고 얼마를 쓰든 뭔가 불안하고 뭔가 불만족스러운 게 현실이잖아요. 그래서 오늘 불안을 다스리는 돈 관리법에 대해 이야기해주실 분을 모셨습니다. 첫 번째 전문 기술자, 박미정 코치님을 모시겠습니다. 안녕하세요.

박미정 안녕하세요.

제책임 박미정 코치님은 무엇을 코치하느냐? 바로 돈 관리를 코치해주시는 분입니다. 경제교육협동조합 '푸른 살림'의 대표이자 생활경제 코치로 활약하고 계시고요, 《적정소비생활》이라는 책의 저자이기도 합니다. 직접 자기소개 좀 해주세요.

박미정 네, 소개해주신 것처럼 저는 선생님이라는 직함 대신 코치라고 불리는 걸 좋아하는데요. 선생님은 뭔가 모범을 보여야 하는 사람이잖아요. 그런데 저는 돈 사고도 많이 쳤고, 이렇게 살면 안 되겠다 싶어서 사람들에게 제 얘기를 들려주기 시작했어요. 그러다 보니 어느새 강의도 하게 되고 책도 쓰게 되었죠.

　사람들은 흔히 경제라고 하면 돈을 잘 모으거나 재테크를 잘하는 비결을 생각하는데 사실 제가 경험한 경제는 먹고사는 문제 그 자체였거든요. 먹고사는 문제를 해결해야 그다음에 돈을 모으거나 투자를 할 수 있잖아요. 일단 먹고사는 문제를 어떻게 해결할지, 나만의 가치관을 어떻게 세울지, 이런 고민을 같이 나누기 위해 뜻이 맞는 사람들이 모여 코치 집단을 만들었어요. 그게 제가 일하는 푸른 살림 협동조합입니다. 우리끼리는 우리가 하는 일을 돈 대화라고 많이 표현해요. 돈 문제를 이야기하되 저희가 답을 드리는 게 아니라 대화를 하면서 스스로 해답을 찾아가게 하는 거죠. 이게 저희가 하고 있는 일입니다.

돈 사고의 역사

제책임 돈 사고를 많이 쳤다고 하셨는데요, 어떤 사고였는지 이 자리에서 고백해주실 수 있나요.

박미정 돈 사고라는 게 뻔하죠. 제가 버는 돈 이상으로 신용카드를 썼고, 벤처 기업이다 뭐다 하면서 툭하면 직장을 옮겨 다니곤 했어요. 당연히 생활이 불안정할 수밖에 없죠. 쓸 수 있는 돈은 한정돼 있는데, 회사에서 급여가 한두 번만 밀려도 다 빚이 되었죠. 빚이 순식간에 천만 원, 2천만 원으로 불어나더라고요. 그런 상황에 너무 화가 나니까 계속 돈을 쓰고요. 빚 때문에 나 자신이 위축되는 게 자존심 상했던 거죠. 돈이야 내가 언제든지 많이 벌면 되지, 이런 생각을 했어요. 신용카드 쓴 걸 빚이라고 생각하지 않고, 내가 더 열심히 일해서 해결하면 된다고 가볍게 여겼죠.

제가 만난 사람들 가운데 약 80퍼센트는 약간 불감증이 있어요. 신용불감, 부채불감이랄까요. 카드빚이 천만 원까지는 괜찮아, 5천만 원까지는 괜찮아, 1억 정도는 괜찮아, 이런 식이더라고요. 제가 처음에 겪었던 신용 문제는 연봉이 높은 금융기관에서 일하기 시작하면서 한 번에 다 해결했어요. 그런데 거기서 끝나지 않고 2차 폭풍이 왔는데요. 남에게 신용카드를 빌려준 거죠. 회사 동료가 생활이 어렵고 소득이 불안정하다고 해서 '그럼 내가 뭘 해주면 되냐?' 그랬더니 신용카드를 빌려달래요. 자기가 잠깐 쓰면 안 되겠냐고.

글고문 보통은 돈이 얼마 필요하다, 이렇게 말하지 신용카드를 빌려달라고 하는 경우는 없지 않나요?

박미정 그렇죠. (모두 웃음) 저는 그 동료가 아주 나쁜 사람이라고 원망했는데, 나중에 생각해보니까 내가 바보더라고요. 당시 저는 신용카드를 여러 개 쓰고 있었는데, 그중에 한도가 좀 낮은 걸 빌려준 거예요. 이걸로 급한 불만 끄라고 하면서 신용카드를 덥석 빌려준 건데, 더 놀라운 사실은 제가 카드를 빌려주었다는 사실조차 잊어버렸다는 거예요. 채권추심회사에서 연락이 오는데, 연체된 카드빚을 빨리 갚지 않으면 신용불량자가 된다고 해요. 그제야 부랴부랴 그 사람한테 어떻게 된 거냐고 물었죠. 지금 생각해보면 너무 당연한 수순이거든요. 사정이 안 좋았으니까 저한테 신용카드를 빌렸잖아요. 사정이 안 좋기 때문에 카드를 연체할 수밖에 없겠죠.

금고문 아니, 근데 빌려준 신용카드 연체대금은 코치님 통장에서 빠져나가는 거잖아요? 매달 청구서도 나오고.

박미정 그렇죠.

금고문 그걸 안 보셨다는 말이네요?

박미정 그렇죠. (모두 웃음) 제가 정말 경제관념이 없는 거죠. 저희 가족, 특히 제 동생이 돈 관리를 꼼꼼하게 잘하거든요. 동생이 '아니, 누가 언니한테 돈 관리를 받아?' 하고 놀랄 정도로 저는 돈에 대한 개념이 전혀 없는 사람이었어요. 그리고 2차 폭풍이 끝이 아니에요. 3차 폭풍도 있었죠. 그게 뭐냐 하면 개인파산을 한 거예요. 제가 직장에서 일찍 임원이 되었는데요, 회사가 자금이 어려울 때 임원이 보증을 서야 한다고 하더라고요. 저뿐만 아니라 이사로 등록된 사람들이 다 보증을 섰어요. 금액도 잘 모르고 그냥 하라니까 했죠.

제책임 진짜 대범하시네요.

박미정 (웃음) 대범이라는 단어가 부끄럽습니다. 그게 5억 원이었어요. 제가 나중에 동그라미를 세면서 이거 5천만 원이야? 하기도 했죠. (웃음) 이 돈은 어떻게 쓰였는지도 몰랐는데요. 나중에야 이게 얼마나 위험한 일인지 깨달았어요. 아무튼 그거 회생할 때는 개인파산제도를 활용하지 않을 수 없었죠. 그걸 정리하면서 난 도대체 어떤 사람이지? 뭐하는 인간이지? 하는 자괴감이랄까, 온갖 생각이 밀려왔죠. 방송 들으시는 분들은 못 보시지만, 지금 제 앞에 계신 두 분 표정을 보니까 패닉 상태네요. 이런 인간을 돈 관리 기술자라고 모셨나 하는 표정이거든요.

금고문 친근감 들고 좋은데요.

5억이라는 액수는 친근감이 들기엔. (웃음)

그럼 어떤 계기로 생활경제 코치로 전환하게 되신 거예요?

제가 이런 일을 겪으면서 머릿속에 떠오른 단어가 '현실감각'이었어요. 제가 돈에 대해서 대범할 수 있었던 건 현실감각이 없었기 때문이에요. 현실감각은 없으면서 자존심만 센 거죠. 제가 가장 많이 했던 말이 뭔지 아세요? "돈이 중요한 게 아니잖아." 그렇게 돈을 무시하는 척하며 살았던 것 같아요.

대개 돈 사고를 치는 사람을 보면 저랑 비슷해요. 돈을 무서워하는 사람은 돈 사고를 칠 수가 없거든요. "돈? 그까짓 거!" 이렇게 큰소리치는 사람일수록 그림자도 커요. 저는 사실 그일을 극복하고 이 직업을 갖게 되기까지 그 과정이 자연스러웠어요. 내 문제를 해결하는 과정 자체가 그냥 일로 연결된 것 같아요.

자꾸 죄 없는 돈 탓을 하는 이유

그런 일을 하시면 사람들을 많이 만나게 되잖아요. 코칭을 돈 대화라고 표현하셨는데, 가까운 사람하고도 잘하지 않는 돈 이야기를 하다 보면 그 사람들이 사는 이야기를 듣게 되잖아요. 돈 대화 속에서 발견하신 공통점이 있는지 궁금해요.

선망과 현실 간의 괴리 때문에 괴로워하는 사람이 상당히 많다는 걸 느껴요. 돈을 많이 벌고 싶다는 것도 선망이고, 어떠한 체계로 정기적으로 얼마큼 벌고 싶다는 것도 선망이에요. 그런데 현실은 그런 선망을 채워주지 못하잖아요. 그러면 현실과 선망 사이에서 왔다 갔다 하면서 균형을 잘 유지해야 하는데, 대부분의 사람들이 현실을 무시하고 선망을 향해서 자기 삶을 조직해나가는 거죠. 그러고는 자기가 그 선망에만 초점을 맞춰서 살아왔다는 사실을 잊어버려요. 그러다 보니까 진짜 현실에 대한 감각을 잃어버리고 돈 탓을 하는 거예요.

예를 들면 "우리 엄마는요 저한테 돈 요구를 너무 많이 해요", 이런 분이 있었어요. 그래서 제가 "어떤 돈 요구를 하세요?" 하고 물어보면 "어버이날에 비싼 선물을 바라시고요. 가끔 용돈을 달라고 하시고요" 해요. 그러면 저는 "어떤 선물을 요구하세요?" 하고 하나하나 구체적으로 물어봐요. 저희가 하고 있는 일의 대부분은 구체화거든요. 사실 이 이야기를 가만히 들여다보면, 엄마가 바라는 것은 생일에 딸과 함께 시간을 보내는 거예요. 그리고 엄마가 용돈 달라는 건 용돈을 핑계로 전화를 하는 거고요. 그걸 딸도 모르지 않아요. 그런데도 그런 엄마의 마음을 들어주기 어려우니까 괜히 돈 탓을 하는 거고요. 그냥 엄마는 나한테 돈만 바란다고 생각해버리는 거죠. 실은 자신이 할 수 있는 걸 돈이 해야 한다고 생각하고 있는 거죠.

제책임 어떤 면에서는 돈으로 해결하는 게 제일 쉬우니까요.

박미정 그렇죠. 사람들은 자기 마음을 인정하고 상대방의 마음을 아는 걸 힘들어해요. 그래서 외면해요. 그러다 보니까 자꾸 돈만 부각돼요. 돈처럼 편한 핑계가 없거든요. 자본주의 사회를 탓하기까지 해요. 아니 내가 먹고사는 문제가 왜 자본주의 탓이에요? 자본주의에 역사가 있듯이, 개인의 삶이 돈 중심으로 돌아가게 된 역사가 분명 있을 거예요. 물론 우리는 돈으로부터 자유로울 수 없어요. 중요한 건 그냥 돈이 아니라 구체적으로 어떻게 돈이냐는 거죠. 어떤 사람은 자존감이 무너질 때 돈, 어떤 사람은 자기 욕망이 채워지지 않을 때 돈, 어떤 사람은 관심을 받고 싶을 때 돈, 사랑을 받고 싶을 때 돈, 이런 식으로 제각각 자기만의 방식으로 돈에 귀속되어 있어요. 돈 중심의 사회가 문제인 건 바로 이런 거예요. 자기 마음을 들여다보지 않고 그냥 죄다 돈 문제라고 생각해버리는 거예요. 그러면 문제를 해결할 수가 없거든요. 근본 원인을 모르니까.

금고문 돈 대화라는 게 처음에는 감이 안 왔는데, 얘기를 들어보니까 경제적인 측면의 심리 상담에 가깝다는 생각이 드네요.

박미정 바로 그거죠. 돈 대화를 빙자한 마음 대화라고 볼 수 있어요. 사람들이 돈 핑계를 대고 있으니까 돈 이야기에서 시작해서 거꾸로 가보자는 거죠. 어떤 주제로 강의를 해도 사실 돈 얘기가 나와요. 직업 강좌에서도 어떻게 돈을 벌 것인가 하는 얘기가 나오고, 결혼에서도 돈 얘기가 나오고요. 이처럼 돈은 삶에서 떼어놓을 수 없는 요소인 거죠. 전부 돈 탓을 하고 돈에 관심이 많기도 하고요. 그렇기 때문에 돈을 가지고 얘기를 하면 그 이면의 얘기들이 풀린다고 생각해요.

내 일의 가치 매기기

금고문 코치님께서 출판계에 와서 한번 강연을 해주셔야 할 것 같아요. 왜냐하면 출판계에서는 돈 얘기를 진짜 안 하거든요. 원고를 의뢰하면서 "원고를 써주시겠어요?"라고 하지 원고료가 얼마인지는 묻기 전에 알려주질 않아요.

제책임 코치님도 기억하실지 모르겠지만, 예전에 사석에서 코치님과 이런 얘기를 나눈 적이 있어요. 강연이나 원고 요청을 받을 때, 코치님은 강연료나 원고료를 묻기가 쉽다고 하셨거든요. 돈 이야기를 하는 게 직업이니까 자연스럽게 물어볼 수 있다고. 인상적이고 굉장히 부러웠습니다.

금고문 저도 그런 기술 훈련 받을 수 있나요? (웃음)

박미정 약간의 채찍과 (웃음) 훈련이 좀 필요한데요. 사실 사람들은 그다음 상황을 감당할 수 없을 때 말을 잘 못해요. 돈 얘기하고 나서 분위기가 어색해지면 어떡하지? 그리고 상대한테 '적어도 얘기해보세요' 했는데 '장당 5천 원인데요' 하면 어쩌나? 이런 거죠.

제가 프로와 아마추어를 구분하는 기준이 있어요. 자기 일에 대한 가치를 값으로 환산해서 당당하게 요구하느냐입니다. 시간당 얼마, 이런 식으로요. 자기 기준이 없으면 남의 기준에 끌려갈 수밖에 없거든요. 저는 당당히 물어보는 편입니다. 그 일은 시간당 계산하면 어떻게 돼? 그랬을 때 딱 나오는 사람은 프로예요. 그런데 그런 얘기를 하기가 힘들다고 하면 직업적으로 아직 고뇌가 많은 상태라는 뜻이죠. 명쾌하게 내 직업에 대한 정리가 안 되고 있는 거죠.

금고문 아마추어에 가까운 프리랜서의 입장에서 말씀드리면, 저도 기준이 있거든요. 근데 처음 청탁하는 사람이 조금 낮은 액수를 제안해도 딱 잘라 거절하기가 어려운 게 사실이에요. 프리랜서는 언제 일이 끊길지 모르잖아요. 나한테 다시는 일을 안 줄 수도 있다고 생각하면 그걸 지키는 게 힘든 것 같아요.

박미정 그와 관련한 사례를 하나 소개해드릴게요. 저희가 비영리재단을 만들어 소규모 창업을 하는 분에게 코칭을 해드리기도 하거든요. 미용실을 창업하는 경우가 많은데, 이런 일이 닥치면 어떻게 할까 얘기를 나눠봐요. 동네 할머니가 오셔서 '싸게 좀 해줘' 하면 어떻게 할까? 원래 미용실에서 정해놓은 가격이 2만 원인데 할머니가 '만 원에 해줘' 이랬을 때 고민에 빠지는 거죠. 어떻게 하는 게 좋을까요?

금고문 할머니니까 한 번은 만 원에 해드리는 게…….

박미정 저희가 사장님과 대화를 나누면서 판단 기준으로 삼은 게 뭐냐면, 그 단가가 내 노동의 적정 단가라고 생각하는지를 스스로 물어보는 거예요. 이 답이 할인의 하한선이죠. 할머니에게 그것보다 낮은 가격에 해드려도 괜찮겠는지 스스로에게 물어봤는데 그 돈 받고 일하면 화날 것 같다, 이러면 안 하는 게 맞죠.

미리 정한 기준보다 낮은 가격으로 해주어도 마음이 괜찮을 것 같으면 단가가 조금 떨어지더라도 상관없어요. 그런데 그렇게 해서는 마음이 불편할 것 같다면 그냥 거절하는 게 맞다고 생각해요.

금고문 얘기를 들으니까 거절하는 게 낫겠네요. 일이 한꺼번에 몰리고 마감이 겹치면, 어디에 더 시간을 들일지 고민하게 되거든요. 이럴 때 그런 일까지 끼어 있으면 본전 생각이 날 수밖에 없어요.

박미정 네, 그게 기본이거든요. 저도 생각해보면, 이렇게 배려해줬는데 상대의 반응이 기대에 못 미치면 더 화가 나요. 상대 탓을 하게 되는 거죠. 그런데 내가 접고 들어간 게 있으니까 더 화가 나는 거예요. 반면 내가 일한 가치를 충분히 보상받으면, 상대가 좀 예의 없이 나와도 넘어가게 되더라고요. 그래서 애초부터 아니다 싶은 건 거절하는 게 맞겠다 싶더라고요. 그러니까 기준은 스스로 잡는 거고, 그걸 남한테 굳이 설명까지 할 필요도 없어요.

제책임 '그 돈 받고 내가 이렇게까지 해야 하나' 하는 마음이 들 것 같으면 그런 상황은 미리 피하는 게 좋다는 말씀인데요. 그런데 원래 가격은 만 원이지만 8천 원으로 낮추더라도 해야겠다 싶은 상황이 있을 수 있잖아요. 돈으로 계량할 수 없는 중요한 요소도 있고요. 이런 경우에도 자기 기준을 명확히 밝히는 게 좋겠다는 생각도 들어요. 처음 청탁하신 거니까 8천 원에 해드리는 거라든가, 대신 마감 시간이 충분하니까 단가가 적어도 받아들일 수 있겠다거나. 그런 대화를 할 수 있으면 나중에 억울한 마음이 덜 들 것 같아요. 또 그러려면 내가 평소 중요하게 여기는 게 뭔지를 잘 알고 있어야겠다 싶고요.

박미정 맞아요. 결국은 자신이에요. 돈 이야기를 할 때 상대에게 초점을 맞추지 말고 나한테 맞춰야 해요. 내가 직설적으로 말해서 상대방이 상처받으면 어떡하지, 이런 생각을 하면 오히려 일이 꼬여요. 일단 우리한테 필요한 건 딱 잘라 거절할 수 있는 용기예요. 상대가 혹시 이유를 물으면 이번에 일정이 안 맞는다고 말해도 그만이에요. 그래도 자꾸 꼬치꼬치 캐물으면 "원고료도 제가 기대했던 금액보다 적어요"라고 말할 수도 있겠죠. 이때 상대의 반응은 그 사람 몫이에요. 저는 각자 자기 몫이 있다는 것을 이해하는 훈련이 필요하다고 생각해요. 저도 하고 있는 훈련이고요.

제책임 직장에 다니면 그런 훈련을 할 경험이 별로 없잖아요. 딱 정해진 돈을 받고, 사실 내가 일을 얼마나 하건 그 자리에 앉아만 있으면 어쨌든 월급이 나오니까요. '월급루팡(월급 도둑질)'이라는 말도 있듯이 내가 오늘 좀 땡땡이를 쳤다고 해서 월급이 그만큼 깎이는 것도 아니고, 또 열심히 한다고 해서 더 주는 것도 아니니까요. 그러니까 자기가 하는 일에 스스로 값을 매겨보는 경험이 거의 없다가, 직장을 그만두고 프리랜서가 되니까 갑자기 스스로 자기 일의 값을 정해야 하는 게 어색했어요. 물론 시장 가격이 있기는 하지만, 일률적인 가격은 아니니까요. 내가 어느 등급에 속하는지를 객관화할 필요도 있고, 또 나에게 얼마큼의 돈이 필요한지도 생각해야 하고요. 그런 과정이 어렵더라고요. 가격을 물어보고 싶은데 혹시라도 물어봤다가 일을 거절하면 꼭 돈 때문에 거절하는 것처럼 보일까 봐 못 물어보겠고, 스스로도 내가 이 정도 불러도 되나 싶기도 하고요. 정말 프리랜서의 삶이라는 게 매번 자기 기준을 돌아보고, 어디까지 묻고 이야기를 할까 돌아보고 고민하는 과정인 것 같아요.

아니, 내 돈이 다 어디 갔지?

제책임 돈 관리에서 가장 중요한 것 중 하나가 어떻게 쓰느냐입니다. 그런데 쓰는 걸 생각해보면, 다 필요하니까 쓰는 것 같고, 또 어느 정도 돈을 써주지 않으면 이 사회가 안 돌아갈 것 같단 말이죠. 코치님께서 앞서 내가 먹고사는 문제가 자본주의 탓이냐고 하셨는데, 사실 자본주의 탓이기도 하잖아요. 욕망을 부추기는 사회라는 말도 있고요. 이런 부분에 대해서 이야기를 나눠보고 싶은데요.

박미정 저희 협동조합의 사훈이 두 가지 있는데, 하나가 쌍방과실이에요.

제책임 (웃음) 사훈 맞나요? 원래 사훈은 좀 따뜻해야 되는 거 아닌가요?

박미정 (웃음) 차 사고 났을 때 과실을 몇 대 몇으로 나누잖아요. 쌍방과실은 100퍼센트 내 잘못도 아니고 100퍼센트 상대방 탓도 아니라는 건데요. 저희는 이 비중을 나누는 훈련을 해요. 내 삶이 이렇게 된 이유가 자본주의 탓으로 돌려도 50, 내가 아무리 한심한 인간이라고 생각해도 그래봤자 50이라는 거예요. 이 '50 대 50' 법칙이 묘하게 나를 위로하면서 동시에 채찍질하는 말이기도 해서 저희가 생활경제의 기본 원리로 삼았어요. 두 번째 사훈은 '되면 한다'. 내가 아무리 관리를 잘한다고 해도 나를 둘러싼 환경, 자연환경, 사회적 환경, 인적 환경이 다 중요하거든요. 이런 것들이 나에게 어떤 영향을 미치는지를 제대로 인식하지 못한다면 소비 문제를 해결하기가 쉽지 않아요.

지금은 물질문명이 엄청나게 발달한 시대잖아요. 이게 우리 삶에서 무슨 의미냐 하면, 물건이 많아진 거죠. 물건이 많아졌으니까 그만큼 많이 사야 돼요. 지금의 20대와 제가 대학생이던 20대, 그리고 우리 부모님 세대의 20대를 비교해보세요. 사고 싶은 것도 훨씬 많아졌고, 필수품이 된 물건도 더 많아졌어요. 물건만 많아진 게 아니라 소비자의 구매력도 커졌는데, 그 구매력은 '빚'이 만들어준 거죠. 옛날에는 자기 지갑에 있는 돈의 한도 안에서만 물건을 살 수 있었는데, 요즘 누가 자기 지갑에 있는 돈으로 소비를 하나요? 지갑에 한도 200만 원짜리 신용카드 하나 있고 5만 원짜리 지폐 한 장 있으면, 오늘 내가 쓸 수 있는 돈은 205만 원이에요. 그런데 이중에 내 돈은 5만 원이고, 200만 원은 누구 돈이냐고 물어보면 다들 모르겠대요.

누구 돈일까요?

금고문 부채도 자산이란 말이 있지 않나요?

박미정 네, 정확합니다. 일종의 가용자산이죠. 내가 쓸 수 있는 자산의 범위를 생각하자면, 급할 때 이렇게 저렇게 융통해서 쓸 수 있는 것까지 가용자산에 들어가니까요. 이런 신용카드 때문에 쓸 수 있는 여력이 점점 커지거든요. 그런데 조삼모사라는 말이 있잖아요. 사람이 원래 그런 거예요. 사람은 지금이 중요하거든요. 바로 눈앞, 지금의 문제가 가장 중요하기 때문에 그때 돈을 지갑에 넣어주면 최선을 다해서 소비할 준비가 되어 있어요. 돈이 없어서 못 쓰지, 있으면 왜 참겠어요. 그래서 제 눈에는 돈이 엄청 많은 부자인데 소비를 절제하는 사람은 수행자처럼 보여요. 왜냐하면 저는 단지 돈이 없어서 쓰지 못하고 있으니까요. 참고 어쩌고 할 게 없어요. 그러니까 돈이 많은데도 소비를 참는다는 건 쉽지 않은 일인데, 부채 형태로 소비 여력을 만들어주는 자본주의 사회는 사람들에게 엄청난 인내심을 요구하는 셈이에요. 물건 많죠? 사고 싶은 거 많죠? 하지만 돈이 없으면 참아야 하잖아요? 그런데 신용카드 한 장이면 다 해결되잖아요.

제책임 할 수 있는 실수의 규모가 확 커진다는 거군요.

박미정 그렇죠. 돈 버는 게 그렇게 쉬운 일이 아니잖아요. 사람은 자기가 힘들게 번 돈에는 예민해져요. 근데 내 지갑에 신용카드로 200만 원이 꽂혀 있고, 맘만 먹으면 쓸 수 있어요. 그러면 뒷일은 생각하지 않고 쓰게 돼요. 이게 바로 '공돈효과'죠.

제책임 공돈효과라는 말에 저도 굉장히 공감해요. 왜냐하면 직장에 다니면서 월급을 받을 때는 내가 이 돈을 벌기 위해서 얼마나 열심히 일했는지에 대해서는 감각이 없고, 그냥 한 달에 얼마가 들어온다는 것만 아는 거예요. 내가 한 달 동안 일해서 돈을 벌었다는 느낌이 아니라 그냥 돈이 주기적으로 들어오는 느낌인 거죠. 물론 회사에서 힘들게 일은 하는데, 회사에서 얼마나 힘들었는지와 월급 사이에 뚜렷한 상관관계가 안 느껴지는 거예요. 당연히 돈을 쓸 때도 무감각할 수밖에 없어요.

회사를 그만두면 딱 일한 만큼 돈을 받잖아요. 그냥 앉아 있기만 해도 돈 주는 데는 절대 없어요. 특히 번역 일을 할 때는 원고지 매수로 정확하게 계산되고, 오늘 내가 그 원고지를 안 채우면 아무리 종일 책상 앞에 앉아 있어도 돈이 나올 데가 없는 거예요. 그래서 지금은 물건을 사려고 하면, 이게 원고지 몇 장어치지? 이런 생각을 하게 돼요. 자연스럽게 어떤 기준이 제 머릿속으로 확 들어온 거죠. 이제는 내 욕망을 조금 더 촘촘하게 바라보게 되었다고 할까요.

<u>박미정</u> 금고문 님의 소비습관도 궁금한데요. 어떠세요?

<u>금고문</u> 제책임 님 말을 듣다 보니 저랑 너무 달라서 제가 사실 입이 근질근질했는데요. (웃음) 말하려고 하니까 부끄럽긴 하네요. 저도 직장 다닐 때는 돈을 버니까 좀 써도 되겠지, 이런 거 사려고 돈을 버는 거지 하며 하나둘씩 물건을 사들였어요. 보통 신용카드로 결제하니까, 어느 순간부터는 월급이 말 그대로 통장을 스쳐 지나더라고요. 그래서 점점 더 화가 나는 거예요. 아니 내 돈 다 어디 갔지? 나 이렇게 야근하고 열심히 일하는데? 약간 억울한 마음이 들어서 물건을 더 사게 되었죠. 그러다 결국 마이너스 생활이 되었어요. 회사를 그만두고 프리랜서가 되면서 내 삶의 구조조정을 해야겠다는 생각이 들었어요. 가장 먼저 소비를 줄인 게 옷이었어요. 처음 2~3년 동안은 양말 한 켤레, 팬티 한 장도 사지 않았어요. 그 대신 제가 책

을 읽고 글을 쓰는 사람이니까 책을 샀죠. 책 구입은 얼마든지 정당화되니까요. 그런데 스트레스를 많이 받으니까 책을 정말 많이 샀어요. 그래서 또 마이너스, 뭐 이런 패턴이죠.

제책임 진짜 정당화가 되는 소비에 대해서는 막 쓰게 되는 것 같아요.

박미정 제책임 님이 공돈효과라고 말씀하신 것처럼 돈이 어떻게 들어오는지 잘 실감하지 못할 때 많이 쓸 수도 있는데요. 보통은 금고문 님이 이야기하신 것처럼 내가 열심히 일한 데 대한 보상을 받지 못한다고 느낄 때 직장인들은 돈을 막 쓰기 쉬워요. 돈을 쉽게 벌어서라기보다는 내가 일한 만큼의 가치가 고작 이 정도 돈인가 싶어서 낭비를 해버리는 거예요. 돈이 아무것도 아닌 게 돼야 하는 거죠. 내가 돈을 위해서 산다고 생각하면 자존심이 상하니까. 돈을 쉽게 써버리는 객기는 다음 달에 또 들어오기 때문에 부릴 수 있는 것이기도 하고요. 근데 프리랜서가 되면서는 그런 허세를 부릴 여유도 없어져요. 그럴 여유가 없으니까 소비할 때 자연스럽게 가치를 따지는 과정을 거치죠. 저도 내 소비습관을 제대로 깨닫게 된 건 그런 과정을 거치면서였던 것 같아요. 문제의 원인을 돈이 없는 탓으로 돌리는 자신을 발견하면서 내가 어느 지점에서 돈 탓을 하고 있지? 옷을 못 사서인지 책을 못 사서인지 따져본 거죠. 이건 자신한테 아주 중요한 문제거든요. 우리가 욕망에 대해서 말할 때 제일 먼저 묻는 게 이 욕망이 나의 욕망인가, 타인의 욕망인가예요. 어려운 질문이거든요. 예전엔 남의 욕망이면 어떻고 내 욕망이면 어때? 하는 식이었는데, 중요한 문제로 와닿더라고요. 남의 욕망이라면 아무리 내가 노력해도 만족할 수 없어요. 결코 만족하기 어려우니까 계속 소비하게 되고요. 저희가 자기만의 소비 기준을 잡도록 도움을 줄 때, 이 부분이 가장 어려워요. 사람들이 자기가 원하는 게 뭔지 모르기 때문이에요. 그리고 내 욕망을 긍정한다는 게 어려워요. 책 사면 어때요? 내가 한 달에 100만 원 벌어서 다 책 사는 데 쓰면 어때요?

어디에 써야 옳은지는 정해져 있지 않다

제책임 100만 원 벌어서 100만 원어치 책을 사면 괜찮은데 150만 원어치를 사기 때문에 문제가 아닐까요? (웃음)

박미정 그렇죠. 기준은 소득이에요. 어떤 소비를 하더라도 일단은 자신의 소득 상황을 제대로 인지하는 게 첫 번째죠. 그다음에 좋은 소비냐 나쁜 소비냐는 어떤 물건을 사느냐와 상관없어요. 예를 들어 저희가 코칭했던 분 중에 자주 다투는 부부가 있었어요. 남편은 책을 많이 사고, 아내는 옷이랑 액세서리를 사는 걸 좋아해요. 옷도 좋은 걸 사는 게 아니라 시장에서 5천 원짜리 만 원짜리 이런 걸 사니까 남편이 자꾸 아내를 타박하는 거예요. 싸구려 옷만 여러 벌 사니까 막상 외출할 때는 변변한 옷 한 벌 없는 거 아니냐고. 그래서 자꾸 사게 되는 거 아니냐고. 그러자 아내는 남편한테 그럼 당신은 책을 몇십만 원어치나 사면서 그걸 다 읽느냐고 따지는 거예요. 그래서 제가 남편에게 "아내가 옷 사는 게 어떻게 보이세요?" 하고 물으니까 한심하다고 해요. 저런 쓸데없는 데 돈을 쓴다고. 이번엔 아내한테 "남편이 책을 사는 건 어떻게 보이세요?" 하고 물어봤더니 속물 같다는 거예요. 있어 보이려고 하는 거지 실체가 없다면서. 각자 용돈이 30만 원이라고 하면 그 범위 안에서 책을

사든 옷을 사든 자기가 원하는 데 소비하는 것을 인정해주어야 해요. 그런데 서로 상대의 소비습관을 못마땅하게 여기는 거죠. 두 사람에게 적정한 용돈이 얼마인지 물었더니 그런 개념이 없더라고요. 그러니까 뭘 사느냐를 가지고 싸우는 거예요. 그래서 적정 용돈을 정해놓고, 그 돈으로 뭘 사든 서로 간섭하지 마시라고 조언해드리죠. 대신 그 용돈이 부족해서 더 쓸 때는 서로 간섭할 권리를 인정해야 해요. 추가예산을 요구한 거니까 회계감사를 받아야죠.

　미국의 어린이 경제교육 교재를 보면, 아이가 관리할 수 있는 용돈이 얼마인지 정해준 다음에 그 돈을 어떻게 쓰건 간섭하지 말라고 해요. 그런데 한국에서는 무얼 사는지 하나하나 용돈 기입장에 쓰라고 하고 그걸 관리하죠. 이렇게 되면 제대로 이야기를 나누고 합의점을 찾을 수가 없어요. 소비야말로 그 사람의 진짜 프라이버시거든요. 다른 사람에게 소비 내용을 다 공개해야 한다면 누구나 분식회계를 하게 됩니다. 제가 이 일을 하면서 깨달은 게 있어요. 분식회계는 인간의 본성이라는 거예요. 정말 아무 말 안 해도 분식회계를 해오더라고요. 예를 들면 어떤 가정주부가 자기 용돈을 책정했는데 봄옷을 사야 해서 예산이 조금 초과했다 싶으니까 그걸 생활비에 쓱 넣더라고요. 자기 용돈을 결산하는 것조차 사람들은 되게 불편해한다는 거예요.

제책임　꼭 누구한테 보여주지 않더라도 자기검열을 하게 된다는 거죠.

박미정　그렇죠. 저는 특별한 팁을 드리기보다 어디에 얼마를 쓰는지 있는 그대로 내역을 보라고 강조해요. 그러면 대부분이 자신을 객관적으로 바라보게 돼요. 그동안 몰랐던 자신을 발견하게 되죠. 일단 욕망을 다스리려면 자기 욕망을 인정하는 데서 시작해야 해요. 그런데 욕망이 드러날까 봐 그대로 기록하는 걸 두려워하는 거죠. 대부분의 사람들이 욕망을 드러내기보다는 숨기는 데 익숙하거든요.

　제가 코칭해드렸던 한 여성분은 집이 허름한 게 너무 싫대요. 그래서 월세 80만 원짜리 집에 살아요. 제가 너무 답답해서 "월세로 80만 원씩 나가면 저축은 안 할 거냐? 나중에 어떻게 살려고 그러냐?"라는 말이 목구멍까지 치밀어올랐지만 꾹 참고 질문을 했죠. 월세가 높으면 생활의 질이 떨어질 텐데, 어떻게 생각하느냐고. 그랬더니 월세를 줄이려고 허름한 집을 가봤는데 자살충동이 들 정도로 힘들더래요. 어쨌든 월세를 줄이려고 해봤는데 죽을 것만 같아서 다시 돌아왔다는 말에 저는 박수를 쳐줬어요. 월세 80만 원이 누군가의 죽음을 막아주었다면 가치가 있는 거예요. 돈을 어디에 써야 옳은지는 정해져 있지 않다는 거예요, 정말로.

　오히려 "내가 이러려고 돈 버는 건데"라는 자기만의 가치관을 가진 분들을 보면 돈 쓰고 되게 행복해하거든요. 그렇지 않고 돈을 펑펑 쓰면서도 만족하지 못하는 이유는 자기 삶의 우선순위를 모르기 때문이에요. 만족하지 못하니까 돈에 대한 여러 가지 불만이 생기는 거죠.

욕망의 균형점을 찾는 방법

제책임　그런데 욕망을 그 자체로 긍정하고 자기 안의 우선순위를 찾아야 한다면, 또 이게 내 욕망인지 타인의 욕망인지는 어떻게 알까요?

박미정 일단은 하고 싶은 마음이 드는 걸 해보라고 권해요. 해보면 알아요. 만족감을 느끼는지, 아니면 마음이 불편한지. 했는데도 계속 부족하고 만족하지 못한다면, 그건 자기 욕망이 아닌 거죠. 욕망을 긍정하려면 사실은 겪어보는 수밖에 없어요. 청년들에게도 제가 하는 얘기는 이거예요. 얼마나 잘 쓸까 고민하지 마라, 일단 이짓 저짓 다 해보라고 말합니다. 그래야 스스로 균형을 잡거든요.

금고문 하고 싶은 게 없으면 어떻게 해요? 저는 요즘에 진짜로 하고 싶은 게 정말 없거든요.

박미정 사실 그런 얘기 많이 들어요. "전 하고 싶은 게 없어요." 이렇게 말하는 청년이 많아요. 그러면 저는 이렇게 대꾸해요. "우리에겐 하고 싶은 게 없을 권리가 있어요."

금고문 오, 소름 돋았어요!

박미정 하고 싶은 게 없을 수 있잖아요. 억지로 찾아내서 거기다 돈을 쓸 필요도 없는 거고요. 그럴 때는 그냥 돈이 모이는 걸 지켜보라고 하죠.

그런데 남한테 쓰는 걸 그렇게 좋아하는 사람이 있어요. 갖다 바치는 인간들이 있거든요. 이런 사람한테는 정말 잔소리를 안 할 수가 없어요. 그냥 내 눈에는 보이는 거예요. 다른 사람의 마음을 얻기 위해서 내가 뭔가 해야만 한다고 생각하고, 그냥 내가 가만히 존재하는 것만으로는 남들과 애정을 주고받을 수 없다고 느낄 때 사람은 물질공세를 하게 되어 있어요. 이처럼 돈은 자신의 욕망과 감정, 이런 것들을 많이 실어 날라요.

제책임 일단 쓰고 싶은 데 써보라는 말은 위로가 되기도 하지만, 그렇다고 무작정 쓸 수는 없잖아요. 내 욕망을 일단 확인하고 거기에 돈을 써보고……. 다 좋지만 그러다가 구멍이 나면 그걸 메워야 하는 것도 나 자신이니까요. 그 총량을 조절하는 감각이 필요할 것 같은데, 어떻게 해야 하나요?

박미정 제가 어느 책에서 중도란 이쪽 끝과 저쪽 끝의 중간이라는 글을 읽은 적이 있어요. 그러니까 중간에 자리 잡으려면, 양쪽 끝이 어딘지 확인해야 해요. 그러고 나면 이쪽 끝과 저쪽 끝, 어차피 그 이상의 사고는 못 쳐요.

저는 제 한도를 확인했잖아요. 아, 내가 그 정도까지 사고를 치는구나. 근데 사실 5억 원 사고는 아무나 못 치거든요. (웃음) 자기 한도를 확인한 다음에서야 중도가 어디이고 적정선이 어디쯤이라는 게 나와요. 근데 보통 사전 차단을 많이 당하죠. 인간은 어차피 자기가 하고 싶은 건 하게 되어 있어요. 제가 그 정도 사고를 친 건, 그만큼 충족이 안 됐고 사전에 차단을 많이 당했기 때문이에요. 이런 속담 있잖아요. "호미로 막을 것을 가래로 막는다." 처음부터 내 욕망을 발견하고 해소해주었더라면 일이 그렇게까지 커지지 않았을 텐데, 그걸 모르고 지나쳤던 거죠.

제책임 자신에게 조금 너그러워지면 그 안에서 진동을 하면서 적정한 지점을 찾아가게 된다는 말이죠? 그래도 어쩐지 좀 불안한 느낌, 정말 될까? 이런 생각이 들기도 하는데요. 청년들 이야기도 하셨지만, 정말 비빌 언덕이 없어서 자기 생활을 책임져야 하는 사람이라면, 일단 쓰고 싶은 것은 써보자고 생각하기 어려울 것 같거든요. 수입은 빤하고, 그 안에서 꼭 써야 할 고정비가 있고, 그럼 내가 아무리 내 욕망을 긍정하려고 해도 그걸 실현할 수 있는 여력이 별로 없지 않을까요? "그래, 내 욕망을 인정해야 돼"라고 생각해서 인정하더라도 현실적 여건이 안 되고. 그러면 오히려 더 서글퍼지지 않을까 싶기도 해요. 그런 사람들에게는 어떻게 코칭을 해주시나요?

박미정 그래서 사실 일반적인 얘기는 가급적 안 해요. 지금까지 한 이야기는 대원칙일 뿐이고, 실제로 청년에게 코칭을 할 때는 개별 상황을 감안해야 해요. "뭘 사고 그렇게 후회가 되는 건데?"라고 묻는 거죠. 해보기 전에 원칙을 이야기하는 건 큰 의미가 없어요. 그러니까 이걸 사고 났더니 기분이 좋아, 나빠? 나쁘다면, 좋아서 산 건데도 왜 기분이 나빠? 계속 묻고 답하면서 필터링을 하는 거예요. 이런 작업을 20대, 30대에 계속해야 40대, 50대가 되었을 때 경제생활에서 자기만의 기준을 가지고 살아갈 수 있어요.

욕망의 시대라고 하잖아요. 욕망이 커진 건 자본주의 사회가 부추긴 탓도 있지만 자신의 감정이 타인에게 수용되지 못하면서 뻥 뚫린 듯한 마음을 돈으로 메우려 하기 때문이기도 해요. 그러니까 돈이 더 많이 필요할 수밖에 없거든요. 이런 이야기를 들은 적도 있어요. "코치님, 제가 신기한 경험을 했는데요. 연애하기 전에는 엄청나게 돈이 많이 필요했거든요. 근데 남자친구를 사귀고 서로 마음에 맞는 대화를 하게 되니까 뭔가 충만함이 느껴지면서 돈을 안 쓰게 되더라고요." 정곡을 찌르는 이야기죠.

돈 쓰는 감각 훈련하기

제책임 돈 쓰는 법을 이야기하려면 정신적 성숙에 관한 이야기를 해야 될 것 같고, 어떻게 보면 이야기가 더 어려워진 건 아닌가 하는 생각도 들어요.

그래도 약간, 아주 현실적인 팁에 대해서도 얘기해보고 싶어요. 앞에서 신용카드에 관한 이야기를 많이 했는데요. 욕망을 확인하는 건 좋은데, 너무 큰 사고를 치면 그걸 수습해야 하는 미래의 내가 너무 슬퍼지니까요. (웃음) 누구나 신용카드 하나쯤은 갖고 있는 건데, 써야 하나 말아야 하나 고민하게 되거든요. 안 쓰면 신용등급이 낮아진다는 얘기도 있고, 왠지 문명인의 기본인 것 같고. 그런데 정말 신용카드는 쓰지 말아야 하나요?

박미정 네. 저는 신용카드부터 잘랐어요. 생활이 더 팍팍해진 것도 아닌데 한 달에 평균 30만 원가량의 지출이 줄더라고요. 두 번째로는, 돈에 관한 자잘한 고민들의 실체를 신용카드 안 쓰고부터 알았는데, 그건 바로 결제일이에요. 신용카드를 안 쓰니까 결제일이 없는 거죠. 그리고 나니 돈 문제가 훨씬 심플해지더라고요.

돈 쓰는 감각을 훈련하는 가장 좋은 방법은 현금으로만 살아보는 거예요. 처음에는 아주 불편할 거예요. 우리 사회는 현금으로만 살게 내버려두지 않아요. 그 불편함을 느껴보는 게 중요해요.

물론 이 역시 사람마다 다르죠. 신용카드 어떻게 없애요? 하고 물어보시는 분한테 저는 "일단 갖고 다니지 마세요. 그다음에 신용카드로 결제하는 일이 열 개였다면 일곱 개, 세 개 이렇게 줄여나가면 언젠가 결제할 게 없어지겠죠. 너무 단칼에 끊으려 하지 말고, 원래 카드로 긁던 걸 자꾸 현금으로 내는 습관을 들여보세요"라고 조언해요. 그리고 "이러이러한 이유로 나는 신용카드를 없애기가 힘들어요"라고 말하는 분들이 있어요. 그러면 그냥 없애지 마시라고 해요. 그렇게 힘든데 왜 없애요? 그냥 지금도 살 만한 거고, 아직 그렇게 절박하지 않다는 뜻이니까요.

비슷하게 씀씀이를 줄여야겠다고 생각할 때도 일단 끊어보는 게 중요해요. 어떤 분은 "코치님, 저는 지출을 적어보니까 밥값보다 커피 값이 더 많이 나가더라고요. 이건 좀 아닌 것 같아요"라고 하더라고요. 그래서 제가 "그러면 한 달만 커피를 사먹지 말아보세요"라고 했거든요. 이분이 한 달 동안 커피를 끊었더니 정말 죽을 것만 같대요. 그래서 "그냥 커피 드세요. 대신에 예전처럼 돈을 주고 커피를 먹으면서 이건 아닌 것 같다는 생각은 하지 마세요"라고 했어요. 내가 번 돈으로 커피를 사마시면서 그런 생각으로 자기를 괴롭히면 안 되죠. 방법은 한 가지 항목을 정해서 지출을 그냥 안 해보는 거예요. 한 달 동안 시도해봤는데 죽을 것같이 힘들면 다시 그 항목에는 지출해도 돼요. 반면 끊었더니 별로 사는 데 지장이 없다고 하면 계속 안 하면 되거든요. 우리는 결핍을 두려워하기 때문에 그런 시도를 잘 안 해요. 그러니까 일단 하나씩 끊어보는 거죠.

제책임 그런 변화들을 시도해봐야 자기가 실제로 얼마나 원하고 얼마만큼의 비용을 치를 준비가 되어 있는지를 파악할 수 있다는 말이군요.

금고문 저는 오늘 코치님 말을 들으면서 '앞으로 나는 어떻게 해볼까?' 이런 생각을 계속 하게 됐는데요. 그래서 제가 돈 대화를 한 번 해야 될 것 같은데, 제가 돈을 받고 방송을 하러 왔잖아요. 제가 그 돈값을 했나요?

제책임 저희 피디님이 아마 잘 기록하지 않을까 싶습니다. 우리가 돈값을 했는지 잘 정산해주시면, 피디님과 돈 대화를 나누

는 것으로. (웃음)

금고문 별로 대답을 듣고 싶지는 않네요. (웃음)

제책임 저희는 앞으로도 돈 대화를 모토로 하는 정직한 방송이 되도록 노력하겠습니다. 오늘 즐거웠습니다. 감사합니다.

~~~~~~~~~~~~~~~~~~~~~~~~~~~~~~~~~~~~~~~

① 자기 욕망 일단 수용하기

좋은 욕망인지 나쁜 욕망인지 꼬리표를 붙이기 전에 일단 자기 욕망을 수용한다. 그래야 자신에게 솔직해질 수 있다. 솔직하게 자신의 욕망을 들여다보지 않고서는 자신의 소비생활을 있는 그대로 분석할 수 없다.

② 결핍을 경험하기

욕망을 수용했으면, 그중에 한 달이나 두 달 정도 한시적 기한을 두고 참을 수 있는 지출 항목을 하나 골라 일단 끊어본다. 그렇게 결핍을 경험하고 나면 실제로 내가 그것을 얼마나 원하는지, 어느 만큼의 대가를 치를 수 있는지 이해하게 된다. 이런 경험을 통해 끊을 만한 지출 항목은 끊어냄으로써 소비를 줄일 수 있고, 끊는 게 너무 고통스러운 일은 불필요하게 죄책감을 느끼지 않고 자신에게 허용해줄 수 있다.

③ '누가 뭐라든' 내 중심의 생활경제 질서를 만들기

위의 두 단계를 거쳤다면, 그야말로 자기중심의 생활경제 질서를 세워본다. 세상의 기준이 아니라 자신의 기준에 따라 중요한 항목에 돈을 쓰고 중요하지 않은 항목은 지출을 끊는다. 배우자가 있다면, 자신의 우선순위와 배우자의 우선순위, 그 둘 사이의 교집합을 찾아나간다. 이런 과정을 통해 자기만의 균형 잡힌 소비습관을 가지는 것이 생활경제의 기본이다.

＿＿＿돈 관리의 기술은 돈이라는 입구를 통해 자신의 마음으로 들어가는 기술과 같다. 일상의 대부분이 시장을 경유해야 해결되고, 그럴 때마다 돈을 쓰지 않으면 안 되는 세상에서 우리는 살고 있기 때문이다. 그러니 돈을 어디에 어떻게 쓰면서 살 것인지 스스로 결정하려면, 내 욕망을 이해하고 그 욕망의 가격표를 이해하는 데서 출발해야 한다. 세상의 가치 평가가 아닌 나만의 가치 평가, 나의 욕망을 수용하고 난 뒤에야 무엇이 중요하고 무엇은 버려도 좋을지 실험해볼 수 있다. 돈 관리의 기술은 결국 자신의 욕망을 이해하고 삶의 우선순위를 새롭게 세워나가는 기술이다.

2장_____

시너지를 만드는
일―들의 조합법

＊일 벌이기의 기술

: : '유어마인드'의 주인장 이로 : :

일을 벌이는 데 무슨 기술이 필요하냐고 반문할 사람
도 있겠죠. 일 벌인다는 게 보통은 좋은 말처럼 들리
지 않으니까요. "쓸데없이 일 벌이지 마라"는 타박을
흔히 듣기도 하고요. 오늘 연구할 '일 벌이기의 기술'
은 스스로 흥미를 느끼는 일, 새로운 모색을 위한 일
을 시작하고 꾸려가는 데 필요한 기술입니다.

누가 시켜서 하는 일 또는 어쩔 수 없이 하는 일이 아
닌, 내 욕구로 추동된 일을 시작하고 차츰 완성해가는
과정, 그래서 나름의 결과물을 만들어내는 과정은 내
삶의 주체가 바로 나라는 자신감을 선물해줍니다. 그
과정들이 꼬리에 꼬리를 물며 이어지다 보면, 지금과
는 조금 다른 일상을 열어주기도 하죠.

어제가 오늘 같고, 내일도 오늘 같을, 뻔한 일상이 갑
갑하신가요? 그러다가도 이런 일상조차 잃을지 모른
다는 불안감이 엄습하곤 하나요? 그런 분들에게 새로
운 일을, 지금의 생업에서 조금 벗어난 일을 그서 가
볍게 한번 벌여보시라고 권합니다. 그 일은 거창할 필
요도 없고, 미래의 결정을 암시할 만큼 의미 있는 것
일 필요도 없습니다. 그저 당장의 의무에서 벗어난 일,
새로운 사람들과 접속하는 일, 작게나마 결과물이 만
들어지는 일이면 충분합니다. 그런 일을 하는 과정에
서 그동안 몰랐던, 자신에 대한 의미 있는 정보를 새
롭게 발견하게 될지도 모릅니다. 어떻게 시작해야 할
지 모르겠다면, 이 장의 연구가 도움이 될 것입니다.

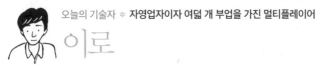

이로

#1 자발적 일 벌이기의 결과물, 독립출판

이로는 독립출판물을 전문으로 다루는 서점 '유어마인드'의 주인장이다. 동교동 기찻길 옆, 엘리베이터 없는 건물의 꼭대기 5층에서 7년간 꾸려온 서점 유어마인드는 얼마 전 연희동으로 장소를 옮기면서 새롭게 2막을 시작했다.

독립출판은 무엇인가? 이 질문에 한마디로 답하는 일은 '규정할 수 없는 것을 애써 규정하려는 시도'라고 이로는 말한다. 그러나 독립출판물이라고 불리는 책들에는 공통점이 하나 있다. 시장에서 정의하는 성공과 실패의 기준과 상관없이, 제각각의 기준과 의미에 따라 만들어진 책이라는 점이다. 세상에 꺼내놓고 싶은 아이디어가 상업적 기준에 부합하지 못하더라도 덮어버리지 않고 50부, 100부라도 만들어보겠다고 직접 나선 이들이 독립출판의 주체들이다. 독립출판의 세계는 이런 자발적 일 벌이기에 나서는 사람들로 이루어져 있는 셈이다.

#2 독립출판의 축제, '언리미티드 에디션'의 기획자

이로의 일을 설명하는 한 축이 유어마인드라면, 다른 한 축은 아트북페어 '언리미티드 에디션'이다. 언리미티드 에디션은 독립출판 제작자들이 모여 책을 직접 판매하는 도서전이다. 독립출판물은 대개 상업적인 동기에서 제작되지 않는 만큼, 독자에게 친절하게 다가가지 않는다. 예를 들어 띠지나 추천사처럼 독자가 알아보기 쉽게 책을 소개하거나 책을 사라고 설득하는 장치가 없다. 그런 만큼 독자와 제작자들 사이의 상호작용이 직접적으로 이루어지기도 어렵다. 그런 아쉬움을 해소해보고자 시작한 것이 언리미티드 에디션이다. 1년에 한 번 정도 다 같이 모이는 큰 장을 열어, 그 자리에서 그동안 나눌 수 없었던 이야기들이 오고 가면 좋겠다는 상상을 했던 것. 2009년 30평이 채 안 되는 공간에 27개 팀이 모여 시작한 '언리미티드 에디션'은 2015년부터 광화문 한복판 일민미술관에서 개최되고 있으며, 방문객 수도 1만 명이 훌쩍 넘는다.

#3 부업 여덟 개로 본업 한 개를 만들어낸다

이로는 자신을 기획자라기보다는 자영업자, 장사하는 사람이라고 소개한다. 그저 좋은 아이디어만으로 평가받는 사람이 아니라, 완성된 결과물을 내놓고, 거기에 걸맞은 값을 시장으로부터 벌어들이는 사람으로 자신을 생각한다는 의미일 것이다. 동시에 이로는 하나의 본업이 아니라 여덟 개의 부업을 꾸리는 사람이기도 하다. 한 가지 일에서 채워지지 않는 욕구가 있다면, 추가로 다른 일을 벌여 그 욕구를 해소하는 방식을 선호한다.

대체 여덟 가지 일을 어떻게 할 수 있느냐는 질문에 이로는 모두 작게 시작하기 때문에 가능하다고 답한다. 감당할 만한 규모로 시작해서 스스로 뻗을 수 있는 수준까지 뻗어나가는 게 일 벌이기의 기본이다. 이런 방식의 장점은 실패로부터의 손실을 줄일 수 있다는 것이다. 여덟 개 중 한 가지가 혹여 잘못되더라도 나머지 일곱 개의 다른 일로 그 실패를 상쇄한다.

혹여 잘못되더라도 감당할 수 있는 정도는 얼마큼인가? 언제 그만두더라도 큰일 나지 않을 만큼은? 이로는 늘 그 지점에서부터 일을 벌인다. 단 한 번의 큰 기회나 영광이 찾아오리라 기대할 수 있는 시대는 이제 지났다고 생각하기 때문이다. 이것이 아이러니하게도 이로가 유어마인드와 언리미티드 에디션을 8년 넘게 끌고 올 수 있었던 이유다.

제책임 오늘의 주제는 일 벌이기의 기술입니다. 금고문 님은 일을 잘 안 벌이실 것 같은데, 그래도 최근에 휩쓸려서라도 일을 벌여본 경험이 있으세요?

금고문 정확히 보셨습니다. (웃음) 작년에 친구들이랑 놀다가 잡지를 하나 만들었어요. 《아날리얼리즘》이라는 문예지인데요. 소설 쓰는 친구들, 평론 쓰는 친구들, 출판 편집하는 친구들이 모여서 만들었어요. 사실 저 혼자였으면 못했을 텐데, 친구들이랑 모여서 놀다 보니까 일을 벌이게 된 거죠. "우리 잡지나 한번 만들어볼까?" 하다가요.

제책임 친구들과 놀다가 문예지를 만들었다고 하니까 갑자기 격이 달라 보이는데요? (웃음) 그게 언제였나요?

금고문 작년 초가을에 첫 호가 나왔어요. 제 기억으로는 초여름에 얘기가 시작되었고요. 처음에는 다들 그렇게 마감을 지켜서 잡지가 나올지 솔직히 몰랐어요.

제책임 그야말로 당장 필요하거나 꼭 해야 하는 일도 아닌데 그냥 벌인 일이잖아요? 그런 건 어떻게 하게 되는 거죠?

금고문 저는 잘 모르겠어요. 저는 보시다시피 일을 잘 안 벌이는 사람이고 혼자였으면 어림없는 일이죠. 그런데 여러 명이 어울리다 보니 어느 날 얘기가 나왔어요. 술자리 농담, 커피 마시면서 하는 잡담처럼 했던 거예요. 그러다가 한 친구가 책상을 두드리면서 "잡지 만든다면서 왜 안 만들어?" 그랬고, 그렇게 일이 시작되었죠. 이런 일에는 앞장서서 추진하는 사람이 필요한 것 같아요.

제책임 그렇죠. 그렇게 자기 동력이 있는 사람, 에너지를 일으키는 사람이 늘 있는 것 같아요. 그런 사람의 대표주자이시기를 기대하면서, 일 벌이기의 기술에 대해 말씀해주실 기술자를 오늘 모셨는데요, 독립출판 전문 서점 유어마인드의 이로 님입니다.

이로 안녕하세요.

제책임 안녕하세요. 일 벌이기라는 오늘의 주제와 어울리게, 역시 직업 하나로 소개하기에는 부족한 분인데요. 본인 소개를 직접 해주시겠어요?

이로 제 소개를 하자면, 가장 핵심은 자영업자이고요. 장사하는 사람이라고 늘 소개하는 편입니다. 유어마인드라는 서점을 7년째 운영하면서, 매년 언리미티드 에디션이라는 아트북페어를 개최하고 있습니다. 또 여기에 맞춰서 출판도 하고 있고, 개인 작업으로 글을 쓰기도 하고요. 마지막으로 늘 덧붙이는데, 한 마리의 트잉여이기도 합니다.

글고문 정말 많은 일을 하시는 것 같아요. 트위터만 하기에도 스물네 시간이 부족한데, 일을 너무 많이 벌이시는 거 아니에요?

이로 사실 일을 엄청 많이 하는 정도는 아니에요. 단지 일을 하면 좀 티를 내려고 하는 편이긴 하고요. (웃음) 그래서 사람들이 "엄청 바쁘시죠?" 그러면 안 바쁠 때도 굳이 부인하지는 않습니다. 기꺼이 오해받는 편을 택하고 있습니다.

독립출판의 세계

제책임 유어마인드와 언리미티드 에디션. 이로 님을 소개할 때마다 늘 따라다니는 두 가지 수식어인데요. 유어마인드는 독립출판 전문 서점이고, 언리미티드 에디션은 아트북페어라는 설명이 붙습니다. 이런 말이 생소하게 들리는 분들이 있을 것 같아요. 조금 설명해주실 수 있을까요?

이로 유어마인드는 2009년에 온라인에서 시작했는데, 지금은 독립출판물만 판매하는 서점으로 홍대에 자리 잡고 있어요. 언리미티드 에디션을 시작하게 된 건, 독립출판으로 만들어진 책들이 워낙 불친절하잖아요. 내 책이 뭔지 요약해서 소개하려는 의지도 없고, 내 책을 꼭 사게끔 하려는 장치가 없거든요. 일반적인 상업출판물은 책에 띠지를 두르고, 거기에 이 책을 꼭 읽으라는 유명인사의 추천 문구가 들어가잖아요. 그런데 이 독립출판물을 만드는 사람들은 그렇게 홍보를 하거나 추가의 가공을 덧붙이겠다는 욕심이 없어요. 독자들이 책을 사기 전에 어떤 책인지 추적해갈 여지가 없다는 생각을 자주 했었어요. 그래서 1년에 한 번 정도 다 같이 모여서 큰 장을 열어 자신의 책을 홍보할 수 있는, 독자와 제작자 사이에 대화의 장을 만들어보자는 생각을 했어요. 얼핏 보면 불친절하고 자신을 적극적으로 알릴 욕심이 전혀 없어 보이는 사람들이지만, 사실은 그렇지 않거든요. 그렇게 주최하게 된 게 언리미티드 에디션이라는 아트북페어고요, 올해 8회차를 준비하고 있습니다.

제책임 제 주변에 독립출판물을 제작해본 친구들이 있는데요. 이번 방송 준비하면서 독립출판을 뭐라고 설명하면 좋겠느냐고 물어봤더니 그 친구가 "그냥 뭔가 느낌이 다르다"고 하더라고요. (웃음) 한마디로 딱 잘라 상업출판과 독립출판을 구분하기가 점점 더 어려워지는데, 어쨌든 딱 보면 다른 느낌이 있다는 거죠. 저는 이렇게도 생각해봤어요. 출판업에서는 보통 저자, 편집자, 마케터, 발행인 이렇게 여러 역할로 나뉘는데, 이런 역할들의 경계가 없는 출판이 독립출판이 아닐까. 어쨌든 독립출판이 무엇인지 정의 내리려는 시도가 번번이 미끄러지고 마는 느낌이 있어요.

독립출판이 무엇인지 정의하기 어려운 만큼 '나는 독립출판을 다루는 사람이 되겠어'라고 결심하는 일도 상상하기는 쉽지 않은데요, 유어마인드나 언리미티드 에디션을 시작하게 된 계기가 있나요?

이로 　계기는 어떻게 보면 독립출판을 완벽하게 정의할 수 없다는 것과 조금 연결될 것 같은데요. 지금 하신 말에 동의하는 편이기도 하고요. 독립출판을 정의 내리자니, 어쩌면 가장 정의 내리기 힘든 문화에 속하는 것을 굳이 정의 내리려고 하는 게 아닌가 하는 생각이 들거든요. 독립출판도 고정된 영역이 아니라서 어떤 식으로든 정의를 내려놓으면 언제나 그 정의에 어긋나지만 독립출판에는 해당하는 좋은 작업이 또 튀어나와요. 그래서 계속 그 정의가 허물어지거든요. 어쨌든 느낌이 다르다는 말씀도 하셨는데, 그건 독립출판 제작자들의 취향이 유별나다거나 디자인을 잘해서라기보다는 일단 현실적인 제약이 많기 때문이라고 생각해요. 예를 들어 띠지가 없는 건 띠지를 만들 돈이 없기 때문이기도 하거든요. 천 개 팀 가운데 천 개 팀이 다 띠지가 싫다고 동의해서라기보다는, 띠지를 넣으려면 디자인하고 인쇄하고 종이를 주문하고 책에 두르는 작업을 하는 데 시간과 돈이 더 들어가잖아요. 그 사소한 금액조차 부담하기 어려운 상황에서는 자연스럽게 띠지를 생략하게 되죠. 그런데 공교롭게도 그게 시장에 나가면 소비자들이 보기에는 주류에 대한 반발 또는 띠지에 대한 저항의 느낌을 주게 되는 거죠. 그걸 또 저희가 굳이 나서서 "띠지가 싫어서 그런 건 아니에요"라고 바로잡지도 않는 편이고요. 현실적 제약 때문이라고 하지만, 그게 일차로 탈락했다면 어쨌든 뭔가 의미는 있는 거니까요. 그런 점에서 독립출판 문화라는 게 현실적 한계, 제약에서 시작된 문화라고 생각해요.

그런 의미에서 시작하는 계기도 사람마다 다를 테고, 그 계기가 보통 대단한 건 아니에요. 아까 금고문 님이 술 마시다가 또는 커피 마시다가 농담처럼 나온 얘기에 잡지를 만들게 된 것과 마찬가지죠. 지극히 개인적이거나 충동적인 계기도 있을 수 있고요. 제가 들은 이야기 중에 재미있었던 것은, 내가 쟤보다 잘할 것 같아서 했다는 거였어요. (웃음)

때로 사소한, 충동적이거나 즉흥적인 동기, 어떤 이슈가 발생했을 때 그에 대해 발언하고 싶은 마음, 이런 게 행동으로 연결되는 게 아닐까요. 저희가 시작하게 된 계기도 그런 식이었던 것 같아요. 언제까지 기성의 틀에 맞춰서 공모에 지원한 뒤 기다리고, 되면 좋고 떨어지면 상심하고, 이렇게 흘러가야만 하느냐는 의구심이 들었죠. 그렇다면 소량이라도 직접 만들어서 스스로 뻗을 수 있는 수준까지 뻗어나가 보자, 이런 마음으로 시작했어요. 그래서 독립출판물을 보면 대체로 굉장히 자연스럽고 야망이 없죠. 만 부 팔아야지 하는 생각은 추호도 없고, 그저 이번에 30부 찍었으니까 다음에 힘을 내서 50부 찍어 봐야지 이런 정도랄까요.

야심 없음으로 가능한 것들

제책임 목표나 야심이 너무 크면 그만큼 시작하기도 어렵고 부담감이 클 수밖에 없어요.

이로 그렇죠. 게다가 저는 고등학생 때 IMF 사태를 직접 목격했기 때문에 그런 공포감이 늘 있어요. '크게 지를 수 없다'는 생각. 우리 윗세대가 크게 망하는 걸 지켜봤기 때문에 늘 스스로 감당할 수 있는 정도에서만 시도하게 돼요.

제책임 망함에 대한 두려움이라고 말할 수도 있겠군요. 독립출판 제작자들은 그런 소소한 욕구에서 출발해서 가시적인 결과물을 만들어내는 작업을 하는 건데, 하나하나를 놓고 보면 굉장히 작은 일이지만, 언리미티드 에디션이 지난 7년 동안 만들어낸 흐름은 점점 커지고 있잖아요. 작년에는 광화문 일민미술관으로 장소를 옮기면서 주목을 받았고요. 언론에 기사도 많이 나고, 광화문 한복판에 긴 줄이 생기고.

금고문 저도 아까 말씀드린 《아날리얼리즘》을 들고 친구들과 판매자로 참여했거든요. 비가 추적추적 내리는데 100미터 넘게 줄이 서 있더라고요. 깜짝 놀랐어요.

지금은 이렇게 제법 큰 흐름을 형성하고 있지만, 처음 시작할 때만 해도 전혀 그렇지 않았다고 하셨잖아요. 그렇다면 처음 유어마인드를 차리고 언리미티드 에디션을 시작할 때 과연 이게 잘될까 하는 불안감이나 의구심도 들었을 것 같은데 어떠셨어요?

이로 의구심'도' 있었던 게 아니라 의구심'만' 있었어요. 기대감 같은 건 아예 없었고요.

금고문 아니, 그럼 어떻게 시작하신 건가요? 그래도 뭔가 기대하는 게 있어야 가능하지 않나요? 아, 내가 좀 열심히 하면 되겠다 하는.

이로 정말 이런 자리에 앉아서 "시작할 때는 어땠나요?"라는 질문을 받는 장면은 1퍼센트도 머릿속에 없었어요. 언리미티드 에디션 첫 회 때 900명이 왔는데, 어느덧 1만 3천 명이 찾는 행사가 되었다는 게 지금도 비현실적인 느낌이 들어요. 워낙 작게 시작했고요. 유어마인드도 돈이 없어서 처음에 온라인만 열었어요. 의류 쇼핑몰 구조에 책의 스킨을 얹은 구조였어요. 지금도 마찬가지지만. 알라딘이나 예스24 같은 온라인 서점이 처음부터 책을 위한 시스템이었다면, 저희는 의류 쇼핑몰을 위한 솔루션에 옷 대신 그 자리에 책을 넣은 거죠. 그렇게 해야 자본이 적게 드니까요. 정말 초소형, 마이크로보다 더 작게 시작했어요. 홍보할 수단도 없고 인맥도 없고 돈도 없었으니까요. 1에서 1.2, 1.5까지, 이런 성장조차도 가능할까? 이런 생각이 늘 머릿속에 있었던 것 같아요.

제책일 그럼 그냥 바로 다음까지, 한 달 후 혹은 1년 후 정도만 바라보는 마음으로 일을 시작하시나요? 보통 어떤 일을 계획할 때는 머릿속에 시간표를 그려보잖아요.

이로 저는 조금 달랐어요. 그런 시간표나 장기적 계획이라는 게 아예 없었고요. 초기에는 언제 문을 닫더라도 상관없을 상태로 운영을 했어요. 큰 손해를 입지 않고 닫을 수 있고, 내가 관리하고 있는 주문이나 혹은 입점한 제작자들에게도 크게 손실을 입히지 않고 닫을 수 있는 상태로. 그러니까 일종의 부업으로 생각한 거죠. 지금도 마찬가지인데 나는 부업을 여덟 개 하고 있는 사람이라는 생각은 들어요. 주업이 없고요. 부업을 여덟 개 하면서 그중 하나가 잘못되어도 일곱 개가 남아 있으니까, 그걸 다 합치면 누군가의 주업과 얼추 비슷한 상태가 되도록 늘 세팅을 해놓는 거죠.

금고문 달걀을 한 바구니에 담지 마라, 이런 건가요?

이로 무슨 말인지 모르겠는데…… 유명한 말인가요?

금고문 그렇죠. 투자의 기본 원칙이죠.

제책임 지금 금고문 님, 엄청 어울리지 않는 말씀을 하셨어요.

이로 달걀을 어디에 놓나요?

금고문 한 바구니에 달걀을 담으면 충격을 받았을 때 한꺼번에 전부 깨지잖아요. 그런데 여러 바구니에 나눠서 담으면 하나가 깨져도 나머지 일곱 개는 멀쩡하니까. (웃음)

이로 아…….

제책임 오늘 금고문 님이 이로 님에게 투자 조언을 해주시는 진귀한 장면을 보네요. (웃음) 제가 '일의 포트폴리오'라는 이야기를 자주 하는데, 오늘 말씀 듣다 보니 이로 님이야말로 일의 포트폴리오를 꾸려서 사시는 분이라는 생각이 드네요. 말 그대로 분산투자 같은 거죠. 하나가 망해도 전체가 망하지 않는 구조를 만들어놓는 셈이잖아요.

이로 그래도 제가 하는 부업들의 성격이 서로 완전히 다른 건 아니에요. 백조처럼 고상하게 물위에서는 언리미티드 에디션을 하지만 밑에서는 이상한 거 하는 상황은 아닌 거죠. 여덟 개 부업이 서로 연동되어 있어서 다 같이 굴러가게끔 하는 식이에요.

제책임 부업들 간의 유기성이나 일종의 시너지가 있다는 말이군요.

이로 그렇죠. 심지어 트위터도.

제책임 (웃음) 트위터도 일처럼.

이로 트위터를 약간 초소형 매체로 활용하려는 측면이 있는 것 같아요. 물론 계정을 만들 때부터 그런 생각을 했던 건 아니고요. 흘러오다 보니까 그런 식으로 운영하게 된 거죠. 그래서인지 트위터를 보고 청탁이 들어오는 경우도 있고요. 그런 경우가 전 재밌기도 하고 트위터를 통해서 청탁이 들어오면 속으로는 '아이고, 이런 어떡하지?' 하죠.

금고문 저도 트위터를 그렇게 열심히 하는데 왜 저한테는 청탁이 안 들어올까요?

제책임 트위터에서 만날 글쓰기 싫다는 얘기만 하시니까 그런 거잖아요. (웃음)

금고문 전에 이로 님이 하신 말 중에 인상적인 얘기가 있어요. 이런 식으로 여러 가지 일들을 유기적으로 굴리다 보니까 "아, 난 이 일을 좋아하는데 돈이 안 되니까 돈을 벌려고 저 일을 하는 거지, 이런 말을 안 해서 좋다"고요.

이로 '이건 돈 벌려고 하는 거지'라는 말을 떠올리면, 어떤 표정과 말투가 딱 떠오르잖아요. 명예와 실속이 나눠져 있다는 식의 사고인 것 같고요. 제가 저를 스스로 운영하는 방식은 실속 없는 명예로운 일 여덟 개를 합쳐서 최소한의 실속이 되게끔 하는 거예요. 자꾸 주식투자 같은 느낌이…… (웃음) 그런 개념이라고는 눈곱만큼도 없는 사람인데.

흥하는 행사의 비밀

제책임 언리미티드 에디션 입장객 수를 찾아보니까 2년차에서 3년차로 넘어갈 때 그래프가 꺾이더라고요. 실제로 그 직전과 직후에 인터뷰하신 걸 찾아보니 '이게 정점이라고 생각한 다'라고 말씀하셨고요. 그런데 3년차가 지난 다음부터 가파르게 성장 — 성장이라고 표현하는 게 어색하다는 생각도 드는 데 — 했더라고요. 이 3년째를 맞을 때 어떤 마음이 드셨는지 궁금해요.

<u>이로</u> 일단 3년차에서 왜 그랬는지 생각해보면, 독립출판 문화가 갑자기 등장하면서 매체들에서 새로운 문화가 생겨났다든지, 붐이 일고 있다든지 이런 식으로 호명을 해줬어요. 하지만 붐이라고 말하기에는 토대가 그렇게 튼튼한 편은 아니었던 거죠. 매체들이 많이 언급하면서 새로운 제작자들이 마구 유입되었는데, 갑자기 많은 책이 쏟아지면서 사람들이 3년 만에 좀 질려버렸던 것 같아요. 그러다 보니까 언리미티드 에디션 입장객 수도 같이 떨어졌던 기억이 나요. 그런 경험 때문에 저는 지금도 내년엔 떨어질 것 같다, 내후년엔 떨어질 것 같다, 겁을 내는 것 같아요.

근데 당시로 돌아가면, 숫자가 꺾인 것과 별개로 그 여파가 저희한텐 없었어요. 왜냐하면 언리미티드 에디션도 그렇고, 제가 하는 모든 일에서 구사하는 방식 중 하나가 그 공간을 거의 다 채울 수 있을 만큼 제작자를 부르는 거예요. 이 공간에 100개 팀을 채울 수 있으면 110개 팀을 불러서 배치해요. 그러면 실제로 숫자는 꺾였다 해도, 행사장에서는 꺾였다는 사실이 시각적으로 드러나거나 잔상으로 남지 않거든요. 제작자들의 동료, 지인만 와도 북적거리게 공간의 한계치까지 끌어올리기 때문에 참여한 사람들은 그런 변화를 느끼지 못하는 거죠. 좀 치사한 기술일 수도 있겠지만.

<u>제책임</u> 그거야말로 기술이라는 생각이 드는데요.

이로 그 공간의 한계치까지 일부러 채워서, '약간 수그러들었구나. 생각보다 심심한데? 썰렁한데?' 이런 생각이 파고들 틈을 안 주는 거죠. 그렇기 때문에 수치로 보면 줄어들었을지 몰라도, 사람들이 느끼는 동기나 에너지는 거의 영향을 받지 않게 돼요.

제책일 사람이 일을 벌일 때, 사후적으로 설명하면 꼭 무슨 계획이나 구체적인 목표를 가지고 있었던 것으로 해석하지만, 실제로는 그 순간 마음의 변화라든가 흥, 기운, 이런 것들에 영향을 많이 받잖아요. 금고문 님의 경우처럼, 여러 사람의 에너지가 동시에 일어나면 즉흥적으로 일을 벌이기도 하고요. 그런 식의 기운이랄까, 흥하는 듯한 착각을 만들어내는 것이 중요한 기술일 수도 있겠다는 생각이 드네요. 애초에 숫자라는 건 사후 평가를 위한 수단이기도 하니까.

이로 그리고 아까 한 이야기의 연장인데요. 운명을 건 한판이 아니니까 오히려 그 에너지가 더 중요해지는 것 같아요. '자본을 다 끌어모아 쏟아부었으니 100명이라도 적게 오면 큰일 난다'는 식의 일이 아니다 보니까 입장객이 얼마나 늘었고, 책이 몇 권 팔렸는지는 부차적인 일이기도 해요. 실제로 그 현장에서 우리가 무엇을 겪고 보았으며 무엇을 느꼈나가 더 중요합니다. 이게 오히려 '힘들지만 그래도 또 하자'로 이어지거든요. 그건 주최하는 저희뿐만 아니라 언리미티드 에디션에 참가해서 책을 파는 제작자들에게도 마찬가지예요. 제작자들한테도 이윤이 엄청나게 많이 나는 행사가 아니거든요. 금고문 님도 《아날리얼리즘》으로 참여해보셔서 아시겠지만.

금고문 저희는 좀 남았습니다.

이로 흥하는 부스 중의 하나였죠.

금고문 박원순 시장님도 한 권 사가셨어요.

이로 그래서 우리끼리는 시장님한테도 책을 팔 정도면 강매하는 스킬이 엄청난 곳이라고 얘기하고 그랬어요.

금고문 재밌는 게 시장님에게 책을 판 분이 아까 말했던 "우리 잡지 왜 안 만들어!" 했던 그 친구였어요.

제책임 와, 역시 그런 분이 있죠. 어떻게 생각하면 일 벌이기의 기술 중 하나가 직접 못 벌일 것 같으면 그런 사람 옆에 꼭 붙어 있는 겁니다.

금고문 아, 굉장한 기술이죠. 일 벌이는 건 어떻게 보면 사람의 성향, 에너지의 총량과 관련될 수 있는데, 그런 사람 옆에 있는 것도 분명 중요한 기술이고 재능인 것 같습니다.

제책임 금고문 님, 자화자찬인 것 같은데요.

금고문 그러고 보니 그렇게 됐네요.

'갈증이 날 때' 일을 벌인다

제책임 얘기를 듣다 보니 이런 궁금증이 생겼어요. 처음에는 독립출판물을 제작하는 사람으로 출발하셨잖아요. 제작자로서의 욕구, 자기가 표현하고 싶은 것을 기성의 문법 바깥에서 만들어내는 욕구와 언리미티드 에디션처럼 판을 벌이는 욕구는 서로 다르다고 생각하거든요. 전자에서 후자로 넘어가는 도약 같은 게 느껴져요. 그 둘은 일의 성격도 굉장히 다를 수 있겠다는 생각도 드는데, 그렇게 이행된 계기가 있었나요? 그런 동력은 어디서 생기는지 궁금합니다.

이로 동력까지는 아니지만, 제가 스스로 돌이켜보면, 어떤 한 가지 일이 있을 때 그 일에는 당연히 어떤 한계나 갈증이 존재하잖아요. 저는 그런 갈증을 그 일을 확장하거나 보완해서 채우려 하지 않고, 살짝 비슷하지만 조금 다른 일을 하나 만들어서 거기서 채우는 것 같아요. 근데 문제는 A가 주는 갈증을 B로 풀 때 B도 완벽하지 못하기 때문에 갈증이 또 생길 수밖에 없어요. 그러면 자연스럽게 C가 생기고 D가 생기고 E가 생겨서 결국 여덟 개의 부업으로 이어지게 된 거죠. 제작자로서 느낀 갈증을 풀고 싶어서 서점을 차렸고, 차려보니 서점이라는 공간은 역동성과는 정반대의 끝에 있더라고요. 그래서 지루함에서 생기는 갈증을 언리미티드 에디션으로 풀게 되었고요. 이 세 가지 일이 다 공식적인 것들이니까 거기서 느끼는 갈증을 개인적인 프로젝트로 풀고, 이게 또 다 일이니까 거기서 받는 압박감을 SNS에서 발산해서 풀고, 또 거기서 느끼는 갈증은 다시 독립출판 제작으로 푸는 형태로 이어지는 거죠. 이렇게 하나의 고리를 이루게 됩니다.

제책임 그러면 계속 일의 개수가 늘어나는. 말하자면, 일을 일로 덮으시는 군요. (웃음)

<u>이로</u> 그래서 제대로 못 끝내는 일이 생길 수밖에 없죠. 그러면 죄책감을 느끼게 되고요. 근데 그 죄책감을 잘된 일에서 얻는 마약 같은 느낌으로 풀죠. 꼭 좋은 순환만은 아니라는 생각도 들긴 하는데요. 스스로 나를 지켜봤을 때 그런 인간형이더라는 거죠.

제책임 처음에는 여러 가지 일을 동시에 꾸리려면 어렵지 않으세요, 이런 질문을 생각했는데 지금 얘기를 들으니까 많은 게 이해가 되네요. 본인에게는 그 일들이 자연스러운 한 묶음 같은 것이겠네요. 퍼즐에서 각각의 조각이 맞춰지는 것처럼, 꼬

리에 꼬리를 무는 느낌이겠죠. 어떻게 생각하면, 각각 떨어진 것처럼 보이지만 사실은 서로 연결된 일들이기 때문에 전체적인 지속성, 오래 가는 동력이 생기는 것이겠죠.

뜻이 맞는 사람을 모으지 않는다

글고문 일을 할 때 혼자서만 할 수 있는 일이 별로 없잖아요. 언리미티드 에디션만 해도 굉장히 많은 사람이 필요할 것 같은데요. 그런데 일을 할 때 어려운 게 뜻이 맞는 사람들을 모으는 건데, 그런 사람들을 모으는 자신만의 기술이 있나요?

이로 기술이라고 말하기는 어렵긴 한데요. 물론 오늘 방송 전체가 기술이라고 말할 수 있을까 의구심은 있어요. (웃음)

글고문 저희 방송을 아우르는 기술이, 기술이 아닌 것 같은 걸 기술이라고 우기는 기술이니까 걱정하지 않으셔도 됩니다.

이로 어쨌든 기술이라고 치면, 스스로 깎아먹는 얘기라는 걸 아는데요. 뜻이 맞는 사람을 모으지 않아요. 제가 정한 기준의 하나가 가까운 사람하고 일하지 않는다는 거예요. 근데 주로 뜻은 가까운 사람하고 맞잖아요. 그렇기 때문에 보통 의기투합하거나 으쌰으쌰 한다는 측면이 제가 일할 땐 아예 존재하지 않고요. 그냥 무엇을 잘하는 사람이 필요할까, 그 사람이 어떤 역할을 맡을 수 있을까를 기준으로 전혀 모르는 사람들을 섭외해서 한 팀을 꾸리고요. 일을 할 때도 그렇게 자주 만나지 않고 이메일이나 문자로 소통하고 클라우드 상에서 보통 일을 한 뒤 결과물을 낸 다음에 다시 흩어져요. 회식도 잘 안 하고요.

글고문 전혀 한국식이 아니군요, 말하자면.

이로 일을 할 때 오히려 친분이 없으면 자연스럽게 요구할 수 있고 잘못을 지적하기도 쉬워요. 그게 아니면 '아, 그래도 저 사람이 나랑 몇 년 동안 친구였는데 이런 말을 해도 되나?' 이렇게 머뭇거리는 순간이 있더라고요. 그래서 친구와는 늘 사담을 하고 친하게 지내고요. 일을 할 때는 그 일을 하고 싶은 사람들이 따로 있어요. 어떤 사람은 추천에 추천을 받아서 알게 되기도 하고, 어떤 사람은 SNS를 통해 연결되기도 하고요. 새로운 뭔가를 하려면 새로운 사람들이 필요하잖아요. 그래서 늘 여러 가지 채널을 제 안에 계속 열어두려고 하는 편이에요. 거기에 온라인이 저한테는 굉장히 좋은 수단이죠. 온라인에는 블로그도 있고 SNS도 있고 홈페이지, 유튜브도 있잖아요. 이렇게 다종한 형태로 쭉 펼쳐져 있어서 평소에 여러 사람이나 소스들을 계속 수집해놓아요. 그리고 필요할 때, 해당하는 사람에게 접촉하고 제안하는 거죠.

제책임 친분이 없는 사람, 일상적인 교류의 서클 밖에 있는 사람을 설득하려면 더 많은 유인책이 필요하잖아요. 어떤 식으로 그 사람들이 이로 님과 일을 같이 하게 만드세요?

이로 저의 편협한 법칙 같은 건데, 일단 만나서 얘기하자, 이런 건 없어요. 가끔 제안을 받을 때도 큰 기업에서 "일단 봅시다"라고 이메일을 보내오는 경우가 있는데, 제 경험상 일단 봐서 좋게 진척된 적이 없어요. 친구랑 농담처럼 이런 얘기를 한 적이 있어요. 2016년에 과연 거절하지 못할 제안이라는 게 존재하는가. 그런 건 없는 시대인 것 같아요.

일단 만나서 그 분위기를 이용해서 설득해보는 식으로는 절대 안 하고요. 전화로도 안 하고, 무조건 이메일로 합니다. 이메일로 얘기할 때 두 가지 철칙이 있어요. 첫째, 최대한 자세하게 얘기한다. 왜 이 일에 섭외를 하는지, 어떤 단계로 일을 진행할 건지, 그리고 제가 제일 중요하게 생각하는 건데, 왜 굳이 당신이어야 하는지를 구체적으로 설명해요. 페이도 있든 없든, 많든 적든, 얼마인지 첫 번째 이메일에 얘기하는 편이에요. 그래서 약간 구구절절해지는 편이긴 하죠. "점심은 맛있게 드셨나요" 이런 인사는 생략하고, 다짜고짜 일 얘기로 시작해서 최대한 자세하게 설명해요. 어떤 사람과 일을 해야겠다는 생각이 들면 시간을 많이 써서 이런 식으로 이메일을 보내거든요. 그래서 상대가 긍정적인 답장을 보내왔을 때는 제가 느끼는 희열도 그만큼 커지더라고요.

겁이 많아서 지속 가능하다

제책임 오늘의 주제로 돌아와서, 일 벌이기의 기술이 왜 필요할까요?

이로 일단 섭외에 승낙했던 건 주제가 일 벌이기였기 때문이에요. 일 잘하기였으면 거절했을 거예요. 일을 잘하진 못하지만 벌이는 건 잘하는 편이니까요. 근데 그게 왜 필요한지 물어보신다면, 저희 세대에서 2016년에 어떤 일을 할 때 큰 타이틀이나 영광을 얻기는 불가능하다고 생각해요. 저도 타이틀이 많고 여러 가지 일을 산만하게 벌이는데요, 제가 주체인 일도 있고, 을이나 정의 역할을 하는 경우도 있어요. 이렇게 여러 역할을 하는데 이런 요소들이 다 뭉쳐져야 그나마 영광처럼 보이는 무언가가 되지, "크리에이티브 디렉터 누구입니다"라는 한 문장으로 계속 통하는 시대는 아니라고 생각해요. 또 유독 제가 그렇게 못하는 유형이기도 하고요. 흔히 말하는 장인의 방식과는 거리가 멀다는 걸 알고 있어요. 한 우물만 파는 사람, 예를 들어 2대째 목수 일을 하고 있는 장인, 보통 사람들은 알지 못하는 미세한 디테일에 집중하느라 밤잠을 못 이루는 그런 장인은 결코 될 수 없다는 걸 알거든요. 그래서 어쩔 수 없이 장인은 포기하고, 산만하게 여러 가지 역할과 방법, 주기를 뒤섞어서 살면 큰 영광은 없어도 가늘지만 길게 이어갈 수 있지 않나 생각해요. 그래서 저에게 필요한 게 일 벌이기의 기술인 것 같아요.

제책임 굉장히 공감이 가네요. 이런 답변을 전혀 예상하지 못했는데 (웃음) 생각해보면 굉장히 이로 님스러운 답변이네요.

이로 그렇게 하는 사람을 보면 굉장히 부럽긴 하죠. 한 가지만 하는 사람들, 몰두하는 사람들, 2대째 하고 있는 사람들.

제책임 일단 2대째 하려면 아버지를 잘 둬야겠네요. (웃음) 근데 말씀은 그렇게 하지만 오래 끌고 가기도 하잖아요. 유어마인드도 8년째 해오고 있고, 언리미티드 에디션도 8회째고요. 물론 2대째 하시는 분에 비하면 8년은 짧은 기간이긴 하지만, 요즘의 호흡으로 보면 한 직장에 7~8년 다니는 사람도 찾기 어렵잖아요.

이로 오래 끌고 가는 건 다 규모가 작아서 가능하고요. 언리미티드 에디션은 30평이 채 안 되는 공간에 27개 팀이 모여서 시작했으니까요.

제책임 에너지가 모였겠네요. 정말.

이로 제작자들만 모여도 땀 냄새가 나는 공간이었으니까 착각하기 딱 좋은 거죠. '되게 북적북적한데?'라면서.

금고문 아, 처음부터 그걸 염두에 두셨던 건가요?

이로 　아뇨. 독립출판의 특성이 제약 때문에 생긴다는 것과 마찬가지로, 거기가 제가 구할 수 있는 최선의 공간이었던 거죠. 다만 거기에 3~4개 팀만 넣어서는 독립출판의 현재를 다 보여줄 수 없으니까 활동하고 있던 27개 팀을 초청한 거였어요. 그게 생각지 못한 효과를 일으킨 거죠. 처음에 말도 안 되게 작은 규모로 시작해서 조금씩 확장되어 일민미술관에서 개최하게 되었지만, 언제나 제가 감당할 수 있는 수준으로만 늘려왔어요. 저번에 1이었으면 이번엔 1.15 정도? 이 정도면 크게 넘어지지 않겠다…… 하고.

금고문 　1.15, 그래서 이로. 아, 죄송합니다.

제책임 　하하하하, 저희 방송 시작한 이래 제일 웃기는 멘트였어요.

금고문 　얼굴이 빨개지네요.

이로 　(웃음) 작은 규모 덕분에 지속 가능한 것 같아요. 저는 겁이 많아서, 정말 조금씩만 추가해요. 그게 어떻게 보면 저에게는 유일한 지속 가능성의 요인인 것 같고요. 이게 어떻게 보면 독립출판의 특성하고 딱 맞는데요. 독립출판은 30부 만들어서 30부 다 팔면 이게 잘된 건지 망한 건지를 알 수가 없어요. 완판했다! 이러니까 신나는데 사실은 30명만 보는 거잖아요. 그래도 다음에 다시 30부 만들 수 있는 에너지를 얻으니까요. 처음에 천 부를 무리해서 제작한 다음에 '아직도 다 못 팔았네' 생각하면 부정적인 에너지가 쌓일 뿐이에요. 작은 규모로 시작해서 한 번 끝내고, 그다음엔 1.15배 정도 키우고, 그러다 보니까 나중에는 조금 커졌더라 이렇게 되는 거죠.

일단 '폴더'를 하나 만든다

제책임 저희가 언제나 핵심 기술 세 가지를 정리해달라고 부탁드리는데요, 이로 님이 생각하는 일 벌이기의 기술 세 가지를 정리하신다면?

이로 제가 생각하는 일 벌이기의 기술 하나는 '우선 폴더를 만들어둔다'예요. 그게 저한테는 동력을 일으키는 첫 단계예요. 제가 보통 구글 드라이브를 사용하는데, 어떤 작업을 해야겠다는 생각이 들면 구체적인 안이 생기기 전에 가제를 잡고 폴더를 하나 만들어놔요. 그렇게 폴더를 만들어놓으면 빈 폴더를 어떻게든 채워야겠다는 욕심이 생겨요. 폴더를 만든 다음에 채우지 못하고 나중에 삭제하게 되면 왠지 죄책감이 들거든요. 머릿속에만 있다가 흐지부지되면 그런 죄책감이 안 드는데, 폴더는 내가 클릭해서 지워야 하니까요. 마음먹고 삭제 버튼 누르면 정말로 삭제할 거냐고 물어보고. 그래서 어떤 폴더를 하나 생성해놓으면 자꾸 생각하게 되는 거죠. 일종의 투두리스트(to-do list)인데, 폴더는 훨씬 부동산 같은 느낌이라서 강하게 영향을 미쳐요. 폴더는 약간의 바이트를 이용해서 기초를 닦아놨다는 생각이 드니까요.

지금도 구글 드라이브에 진행 중인 폴더, 완료된 폴더, 진행 중이었으면 좋겠는데 잘 안 되고 있는 폴더, 이렇게 다 나눠져 있고요. 색깔도 다르게 지정해서 급한 건 빨간색으로 되어 있어요. 경고의 느낌을 주는 거죠.

또 하나는 아까 얘기했던 건데, 최대한 자세히 설명하자는 것인데요. 일을 시작할 때나 과정 중에나 끝낼 때나 최대한 자세히 설명하자.

제책임 최대한 자세하게 설명한다는 게 같이 작업하는 동료들에 대한 것인가요, 아니면 자기 자신에 대해서인가요?

이로 둘 다인 것 같아요. 동료에게 자세히 설명하다 보면 강연할 때 강연자가 업그레이드되는 것처럼 스스로 체계화하게 되거든요. 그렇기 때문에 같이 일하고 싶은 사람에게 이메일을 쓸 때도 스스로 체계를 잡으려고 자세하게 쓰게 돼요. 내가 이걸 왜 하는지를 스스로 설득하면서 상대도 설득하는 과정이죠.

제책임 정말 공감해요. 저는 친절하고 자세하게 설명하지 못하는 편인데, 뭐랄까 짐작하고 넘어가거나 내가 안다고 착각하면서 넘어가는 거죠. 그런데 가끔 질문을 하는 사람이 있어요. "왜 그렇게 하냐." "어떻게 하려고 하냐." 또 내가 생각해보지 못한 걸 불쑥 물어보는 사람이 있으면 대답하려고 애를 쓰게 되잖아요. 그러다 보면 미처 생각하지 못했던 측면까지 정리하게 되더라고요. 그래서 좋은 질문을 하는 사람이랑 같이 일하면 좀 더 완성도 높은 결과물을 만들어낼 수 있는 것 같아요.

이로 다들 바빠서, 자세히 설명해주는 사람이 생각보다 적어요. 누군가에게 피드백이나 인사말을 들을 때도 "책 잘 봤어요"라고 뭉뚱그려 말하지 않고, 몇 장에서 어떤 대목은 이상했다거나 어떤 내용은 마음에 오래 남았다고 말해주면 굉장히 다르게 다가오잖아요. 딱 한 가지만 얘기해준 건데도 내 책을 자세하게 읽어주었구나 하는 생각이 들게끔 하니까요. 그래서 저도 다른 사람들에게 그런 식으로 이야기해야겠다는 생각을 해요.

제책임 그러게요. 사실 자세히 설명하고 싶어도 내가 너무 구구절절 이야기하는 것 같고, 저 사람 바쁜데 이런 것까지 알고 싶어할까 걱정이 드는데 입장 바꿔서 누가 저한테 자세하게 설명해주었을 때 싫었던 적은 없거든요. '이 사람 뭐 이렇게 자세히 설명해?' 이런 생각이 들지는 않아요.

조급함을 분산시키는 방식

이로   세 번째는 주로 저에게만 해당하는 이야기일지도 모르는데요. '최대한 일을 산만하게 해서 일하는 과정에서 생기는 스트레스를 잊어버리자'인데요. 아까도 비슷한 얘기를 했지만, 여러 가지 일을 동시다발적으로 한다고 했잖아요. 제가 주체인 일도 있고, 청탁받아서 하는 일도 있고, 마감이 촉박한 일도 있고 느긋한 일도 있어요. 출판을 할 때도 이 책 저 책 여러 가지가 섞여 있어서 아주 산만하게 진행되거든요. 그러면 어떤 일을 하는 과정에서 생기는 조급함은 다른 일로 극복할 수가 있어요. 예를 들어 제가 스텝 1을 하고 다른 사람에게 넘기면 그 사람이 스텝 2를 하는 데 걸리는 시간이 있잖아요. 그 시간을 그냥 기다리면 지루하고 슬슬 짜증이 나요. 약간은 화가나는 경지까지 가서 '아, 왜 약속한 날짜를 넘기지?' 하는 생각이 들기도 하고요. 정말 딱 하루, 심지어 반나절의 차이에 그런 마음이 들기도 하는데, 그런 스트레스를 받지 않으려고 최대한 여러 가지 일을 동시에 진행하는 거예요. 그럼 그걸 기다리는 시간에 다른 일을 하고, 그러면 생각보다 시간이 빨리 가죠. 또 어떤 일은 3일짜리인 반면에 어떤 일은 1년짜리가 있고, 그러면 1년짜리 일의 끝나지 않는 지리멸렬함을 3일짜리 일의 보람이 덮어줘요. 1년짜리 프로젝트를 하고 있을 때 지치지 않는 원동력으로 삼으려고, 의도적으로 이렇게 여러 가지 일을 동시에 진행하는 것 같아요.

금고문 그건 굉장한 고급 스킬이고 저한테도 필요한 기술인데, 이걸 할 수 있을지 모르겠어요. 요리 잘하는 사람은 파스타를 만들 때 면을 삶는 사이에 재료를 손질하거나 주방 정리를 하고 그러잖아요. 근데 요리를 못하는 사람은 면이 익을 때까지 그냥 기다리고요. 비슷한 것 같아요.

제책임 무엇보다 자기 마음 상태를 아는 거죠. 예를 들어 3년짜리 대형 벽화를 그려야 하는 사람이 있어요. 그 사람은 완성품을 보는 즐거움이 필요하다는 것을 알기 때문에 벽화를 그리는 와중에 한 시간짜리 스케치를 하면서 그 기쁨을 자기한테 채워주는 거예요. 그래서 3년을 버틴다는 건데요. 보통 사람은 그렇잖아요. 난 이렇게 대작을 그리니까 여기에만 몰두해야지. 근데 내가 3년을 버티려면 그 사이에 소소한 아웃풋을 내는 즐거움이 필요하다는 것을 아는 건데요. 어떻게 보면 진짜 자신의 상태, 나한테 어떤 것이 필요한지를 알아야 할 수 있는 일이 아닌가 싶어요.

이로 다만 그러다 보니까 의도하지 않게 잘못 마무리되는 경우도 생겨요. 산만하게 일하다 보니까 의도치 않게 실수하게 되고, 흐지부지된다거나 좌초되는 일이 생겨서, 어떻게 하면 조금이라도 그런 일을 방지할까가 제일 큰 숙제입니다.

제책임 여러 가지 일을 동시에 시도하고 판을 자꾸 만들어내다 보면, 그만큼 뭔가 끝맺음이 부족한 일, 실패하는 일이 생길 수밖에 없잖아요. 그걸 너무 두려워하면 일을 못 벌일 텐데, 마무리가 안 되었을 때 혹은 실패했을 때의 위험을 관리하는 장치를 분명히 고민하실 것 같아요.

이로 그래서 잘된 일에 취하지 않으려고 하는 편이고요. 근데

78

그건 노력해서 그런다기보다 그냥 제가 워낙 기복이 없는 성격이에요. 잘된 일이 있어도 이틀 뒤면 마음이 원점으로 돌아가는 편이라서요. 저에게는 새로 시작하는 일의 에너지가 더 커서, 잘된 일에 대한 성과나 작은 명예를 오래 간직하는 편이 아니거든요. 그래서 새로 뭔가를 계속 하려고 아등바등하는 것 같기도 해요. 왕년이 없는 거죠, 저한텐. 앞으로도 없겠다는 생각이 들고요.

제책임 정말 생각하지 못했던 기술인 것 같아요. 제가 일 벌이기의 핵심 기술 세 가지를 알려달라고 했을 때 이런 세 가지 대답은 상상하지 못했어요. 첫 번째가 폴더를 만든다. 두 번째가 최대한 자세히 설명한다. 세 번째가 일을 산만하게 해서 과정의 스트레스를 잊어버린다. 일단 첫 번째는 좀 쉽게 시도해볼 수 있을 것 같아요.

금고문 집에 가서 한 열 개 만들려고요. (웃음)

제책임 (웃음) 그래서 안 되는 거예요.

이로 《아날리얼리즘》 2호부터 7호까지 일단 폴더 여섯 개 만들고. (웃음)

최악을 상상하기 때문에 용감해진다

제책임 금고문 님, 오늘 어떤 느낌 받으셨어요?

금고문 진짜 저랑은 완전히 다른데, 배울 게 너무 많아서. (웃음) 이런 생각이 들었어요. 이상할 수도 있지만, 오늘 계속 든 생각은 론다 번의 《시크릿》……

이로 네?

금고문 아니, 끝까지 들으셔야 돼요. 《시크릿》이 간절하게 원하면 이루어진다는 얘기잖아요. 우주의 기운을 끌어당겨서.

제책임 어떻게 연결되는지 한 번 들어보죠. (웃음)

금고문 가만히 앉아서 내가 부자가 되고 싶다고 생각하면 우주의 어떤 기운이 나에게 쏠려서 부자가 된다.

이로 그 책이 그런 걸 얘기해주는 거예요?

금고문 끌어당김의 법칙이거든요. 근데 이로 님은 이것과 정반대, 밀어냄의 기술 또는 밀어냄의 법칙인 거죠. 왜냐하면 내가 머릿속으로 생각만 하고 있으면 일은 안 되는 거잖아요. 생각이 머릿속에서만 맴돌고 공회전을 하다가 결국에는 이상한 생각으로 빠지게 되는데, 어떤 생각이 떠올랐을 때 자세하게 설명한다는 것도, 폴더를 하나 만든다는 것도 내 안에 있는 걸 밖으로 밀어내는 거잖아요. 그러니까 제가 말하고 싶은 것은 《시크릿》은 엉터리다…….

제책임 (웃음) 이로 님께 배워라!

금고문 네, 그 얘기죠.

제책임 (웃음) 저는 들으면서, 저희 방송이 '저성장이 당연하게 여겨지는 시대에 성공한 인생은 몰라도, 좋은 하루하루 일상을 만들어가는 기술을 배워보자' 이런 콘셉트잖아요. 사실 딱 꼬집어서 좋은 인생을 살기 위한 기술과 좋은 일상을 살기 위한 기술을 구분해서 말하기는 어려운 일이죠. 그런데 이로 님의 얘기를 들으면서 우리 방송 콘셉트에 아주 잘 맞는 분이라는 생각이 들었어요. 왜냐하면 '이렇게 잘될 거야'를 상상하면서 일을 벌인다기보다는 '가장 나쁜 결과가 벌어지면 어떻게 되지? 그래도 괜찮을 거야' 하면서 일을 만들어간다는 느낌이 들었거든요.

글고문 겁이 많은 사람이 싸움을 잘한다는 말이 있어요. 겁이 많은 사람은 상대가 이렇게 하면 나는 어떻게 될지 미리 예상하고 그에 맞게 싸우기 때문이에요. 이로 님이 그런 사람인 것 같아요.

제책임 겁 많은 사람은 머릿속으로 오만 가지 상상과 시뮬레이션을 해보잖아요. 이렇게 되면 어떡하지? 이런 일이 벌어지지 않을까? 그러면서 준비를 하게 되는 거고. 그런 준비와 함께 일이 착착 벌어지는. 그렇게 오만 가지 최악의 상황을 상상해보고 나면 오히려 '나빠봤자 그 정도면 괜찮은데?' 하는 생각이 들지 않을까 싶었어요.

글고문 저는 이로 님하고 정반대 타입이거든요. 무슨 일 있으면, 가만히 앉아서 하나의 궁극적인 솔루션을 찾으려고 생각하는 사람이에요. 근데 그런 솔루션은 없죠. 그렇기 때문에 제자리에 머물러 있는 사람인데, 생각에 그치지 않고 하나씩 일을 벌이고 해결이 안 되는 부분에 부딪히면 다른 일을 하고, 이렇게 확산하는 모습이 참 멋있네요.

제책임 네, 멋진 이로 님, 오늘 좋은 말씀 감사합니다.

일 벌이기의 기술 핵심 정리

～～～～～～～～～～～～～

① 우선 폴더를 만들기

어떤 작업을 해야겠다는 생각이 들면 구체적인 안이 생기기 전에 먼저 빈 폴더부터 만든다. 빈 폴더가 생기면 어떻게든 채워야겠다는 욕망이 일어나기 때문이다.

② 최대한 자세히 설명하기

자기 자신을 위해, 또 함께 일하는 사람들을 위해 최대한 구체적으로 일의 필요와 맥락을 설명한다. 자세한 설명은 무엇보다 스스로 체계를 단단히 만들어갈 수 있도록 해준다.

③ 과정의 스트레스를 산만함으로 해소하기

한 가지 일에 매달리느라 생기는 스트레스를 다른 일을 벌임으로써 해소한다. 예를 들어 장기적인 프로젝트를 진행하다가 지루해지면, 결과물이 빨리 나오는 단기적인 과업을 더해서 작은 성취감을 맛보는 식이다. 일의 총량은 늘어나는 것처럼 느껴질지 몰라도, 마음의 허기를 달램으로써 오히려 오래 갈 수 있는 동력이 생긴다.

　　　　金庫문이 '밀어내기'의 법칙이라고 요약했듯이, 일 벌이기는 머릿속에 떠오른 것을 일단 밖으로 꺼내보는 데서 출발한다. 폴더를 만드는 일은 가장 손쉽게 머릿속 아이디어를 눈앞에 꺼내놓는 일이다. 밖으로 꺼내놓았다면, 그다음에는 살을 붙여나가는 일이 필요하다. 두루뭉술한 채로 밀고 나가는 대신, 자신에게 또는 함께 일하는 동료에게 최대한 자세하게 설명하려고 노력하는 과정에서 일을 벌인 이유와 목표가 점점 구체적으로 드러난다. 이유와 목표가 구체적일수록, 결과물로 연결될 가능성이 높아진다.

어떤 일도 모든 욕구를 완벽하게 충족해주지 못한다. 한 가지 일이 채워주지 못하는 욕구를 다른 일을 벌여 해소함으로써 새로운 가능성을 발견할 수 있을지도 모른다. 일 벌이기의 핵심은 바로 그런 가능성을 작고 안전하게 시험해보는 데 있다.

3장_____

배움의 동력을 확보하는
'어른의 공부법'
* 배우고 가르치는 기술

: : '오픈튜토리얼스'의 이고잉 : :

'평생교육'은 흔한 말을 넘어 이제 낡은 말처럼 들릴
지경입니다. 한때는 "자, 이제 평생 배워야 하는 시대
야"라고 설득하는 말 같았는데, 이제는 그런 말 자체
가 필요 없어졌다고 할까요? 일부러 설득하지 않아도
모두들 '계속 배워야 한다는 강박'에 사로잡힌 시대이
기 때문입니다. 세상이 너무 빨리 변해서 뭔가를 계속
배우지 않으면 금세 뒤처진다는 두려움을 저 역시 느
끼곤 합니다.

그렇지만 배움이 그런 식으로 나를 채찍질해야 할 숙
제 같은 일만은 아닙니다. 우리는 누구나 모르던 것을
알게 될 때, 하지 못하던 것을 할 수 있게 될 때 기쁨을
느끼기 때문입니다. 일상의 어떤 활동에서든 어제보
다 오늘 조금 더 능숙해질 때, 자신의 세계가 확장되
기도 합니다.

배우는 게 어려운 숙제처럼 여겨지는 시절, 우리 안의
원초적인 배움과 가르침의 즐거움을 일깨워볼 수는
없을까요? 그래서 오늘은 '배우고 가르치는 기술'을
연구해보기로 합니다. 더 충만한 일상을 위한 배움, 그
리고 그런 배움과 떼려야 뗄 수 없는 가르침의 기술에
는 과연 어떤 것이 있을까요?

오늘의 기술자 ✳ 끊임없이 배우는 사람이자 강의 능력자

이고잉

#1 "나는 내가 컴퓨터 천재인 줄 알았지!"

이고잉은 국문학을 전공한 프로그래머다. 대학 재학 시절 학과 웹사이트를 관리하다가 웹 개발에 뛰어들었고, 그러다 프로그래머로 일하기에 이르렀다. 초등학생 때 사양이 낮은 컴퓨터로도 게임을 돌아가게 만드는, 간단하지만 중요한 기술을 선보여 또래 집단의 선망을 받았던 터라 오랜 시간 '난 컴퓨터 박사야'라는 착각과 자부심을 가지고 살았다. 대학에서도 전공이 전공인지라 과 친구들보다 컴퓨터를 익숙하게 다루는 편이었다. 친구들은 이고잉을 '천재해커'라고 생각해줬고, 그런 즐거운 착각을 동력으로 삼아 점차 프로그래밍에 빠졌다. 이고잉은 국문학과에 있었던 덕에 프로그래밍을 즐겁게 배울 수 있었던 것 같다고 털어놓는다. 배움의 효율성이나 속도는 떨어졌을지 몰라도, 꾸준히 동기부여를 해주었던 건 객관적 평가가 아닌 그저 박수를 보내줬던 국문학과의 좋은 관객들이었다.

#2 강의하는 프로그래머, 배우고 가르치는 열린 플랫폼을 만들다

이고잉은 프로그래머이자 전문 강사다. 스타트업에서 프로그래머로 일하던 시절, 프로그래머가 아닌 동료들을 돕고 싶은 마음에 프로그래밍을 가르쳐주던 것이 '생활코딩'이라는 이름의 일반인 대상 프로그래밍 강의로 확장되었다. 강의에 재미를 붙이면서 회사 생활에는 점점 흥미를 잃어가던 시기에 직장을 떠나 생활코딩 활동에 본격적으로 돌입했다. 지금은 동료들과 함께 만든 '오픈튜토리얼스'를 거점 삼아 온라인과 오프라인을 오가며 활발히 강

3장 배우고 가르치는 기술

86 ·············

의 활동을 펼치고 있다. 오픈튜토리얼스(https://opentutorials.org/)는 다양한 콘텐츠를 공유하는 플랫폼이다. 오픈튜토리얼스의 생활코딩 페이지에는 현재까지 2200여 개의 강의가 게시되어 있다.

오픈튜토리얼스 사이트는 현재 약 3만 4천 명의 가입자, 400명 이상의 콘텐츠 생산자와 연결되어 있으며, 연간 220만 명이 방문하고, 1500만의 페이지뷰가 발생한다. 오픈튜토리얼스에서는 이고잉이 직접 제작하는 생활코딩, 효도코딩뿐만 아니라 전자공학 스터디, 평범한 개발자의 C프로그래밍 이야기, 리눅스 문제 해결 같은 프로그래밍 관련 콘텐츠, 생활태권도, 생활 텃밭, 한국어 맞춤법 등의 다양한 교육 콘텐츠를 접할 수 있다.

2016년 한 해 동안 오프라인 강의만 총 800시간을 했다는 이고잉은 같은 내용의 강의도 전과 동일한 반복은 아니라고 말한다. 다른 청중을 대상으로 다른 시간과 다른 장소에서 이루어지는 강의는 언제나 조금씩 달라지기 마련이고, 그 변화를 통해 가르치는 자신 역시 익숙한 것을 새롭게 보게 된다는 것이다. 그에게 가르치는 일이 곧 배우는 일이 되는 이유다.

제책임 배우는 데도 사람마다 각자 선호하는 방식이 있잖아요. 금고문 님은 어떤 식으로 배우는 데 익숙하세요?

금고문 대개 독학으로 배우죠. 글을 쓸 때마다 그때그때 필요한 개념이나 잘 모르는 걸 배울 때가 많은데 결국 책을 통해서 배울 수밖에 없더라고요. 그때마다 해당 강좌를 수강할 수도 없고. 사실 선생님이라고 불리는 일이 많아지다 보니까 누군가를 선생님이라고 부르면서 배우고 싶어서 최근에 여러 강의를 신청해서 들었는데요. 다 중간에 포기하게 되더라고요.

제책임 집중해서 수업을 잘 듣는 사람도 있고, 그걸 어려워하는 사람도 있는 것 같아요. 저도 수업 듣는 걸 정말 못해서, 학교 다닐 때도 혼자 공부하는 걸 좋아했어요. 수업시간에는 자고 밤에 혼자 공부하고 그랬거든요. 그래서 고등학교 때 조는 걸로 진짜 유명했어요.

금고문 아, 저도 그랬는데. 저는 밤마다 PC통신을 하느라고. (웃음)

제책임 처음으로 공통점을 발견한 것 같은데요. (웃음) 그러면 가르치는 건 좋아하세요?

금고문 가끔 강의 의뢰를 받는데 웬만하면 거절해요. 강의를 정말 못하거든요. 제책임 님은 잘 가르치실 것 같은데요?

제책임 전혀 아니에요. 저는 가르치는 걸 좋아하지 않는 것 같아요. 수업 듣는 걸 안 좋아하는 사람이 누구한테 잘 가르치기는 어렵잖아요. 특히 저는 같은 얘기를 반복하는 게 싫더라고요. 강의하다 보면 아무래도 같은 이야기를 다른 곳에서도 되풀이하게 되잖아요. 듣는 사람은 다른데도 혼자 민망해요. 했던 얘길 또 하는 게.

그래서 잘 가르치는 분을 보면 신기하고 존경스럽더라고요. 그런데 요즘은 좋든 싫든 뭔가 평생 배워야 한다는 압박감이 있고, 그게 아니더라도 스스로 그런 욕망을 느끼기도 하잖아요. 그래서 이번에는 배우는 기술, 그리고 가르치는 기술을 한번 연구해보면 좋겠다는 생각이 들었습니다.

오늘도 어김없이 기술자를 모셨는데요. 비영리단체 오픈튜토리얼스를 운영하고 계시는 이고잉 님입니다. '생활코딩'이라는 타이틀로 온라인과 오프라인에서 오랫동안 강의 활동을 해오신 분이기도 하고요. 본인 소개를 직접 부탁드립니다.

이고잉 저는 프로그래머 이고잉입니다. 생활코딩은 프로그래머가 아닌 일반인들에게 프로그래밍을 알려주는 활동이에요. 직장에서 프로그래머 일을 하던 중에 "프로그래밍을 조금만 알면 업무가 굉장히 수월할 텐데" 하는 마음에 동료들에게 알려주다가 일반인 대상으로도 해볼까 싶어 강의를 하기 시작했어요. 하다 보니까 강의에 점점 재미가 붙고 회사생활은 덜 재밌어지더라고요. 결국 회사를 그만두고 생활코딩 활동을 시작한지 5년 조금 넘었습니다. 6년차 바라보고 있고요.

생활코딩을 시작하고 처음에는 주로 오프라인 강의를 했어요. 그런데 이게 약간 소모적이라는 느낌이 드는 거예요. 매 강의가 다 가치 있지만 돌아서면 사라지는 느낌? 그래서 생각해낸 게 동영상 강의였어요. 이렇게 만든 동영상을 올린 사이트가 오픈튜토리얼스예요. 최근에는 비영리단체로 정식 출범했어요. 제가 대단하다고 생각하는 사이트가 위키피디아인데요, 위키피디아와 비슷하다고 생각하시면 됩니다. 기능이 비슷하다기보다는, 존재의 목적이나 운영 방식이 비슷해요.

제책임 오픈튜토리얼스는 위키피디아처럼 굉장히 다양한 분들이 직접 만든 강의를 올려서 누구나 무료로 볼 수 있게 공유하는 사이트더라고요. 정말 다양하고 신기한 강의가 많았어요. 생활코딩 같은 프로그래밍 관련 강의뿐만 아니라 요리 강의도 있고 자아발견 강의도 있더라고요.

좋은 관객이 필요하다

글고문 코딩과는 거리가 멀어 보이는, 국문학을 전공하셨다고 들었어요. 혼자 코딩이라는 새로운, 낯선 언어를 꾸준히 공부하신 비법이라도 있나요?

이고잉 '혼자' 배운다는 건 실제로는 가능하지 않은 것 같아요. 선생님한테 배우든, 책을 통해 배우든, 누군가로부터 배우는 거잖아요. 사람이 물리적으로 앞에 있는지 없는지가 다를 뿐이죠. 중요한 것은 제게 좋은 관객이 있었다는 점이에요.

대학교 다닐 때 제가 과 홈페이지를 관리했어요. 아주 조금 할 줄 아는 수준이었는데 교수님과 과 친구들이 저를 천재처럼 취급해줬거든요. 말하자면 우물 안 개구리였던 거죠. 기술에 대해서는 잘 모르는 사람들이었으니까요. 사실 별거 아닌 기술이었는데 홈페이지에 약간의 변화만 줘도 학과 애들이 막

감탄하는 거예요. "와, 쟤는 천재다." "쟤는 우리 학교 컴퓨터 공학과 애들보다 잘할 거다." 이런 대단한 착각을 했던 거죠.

제가 만약에 컴퓨터공학과에 들어가서 프로그래밍을 본격적으로 했다면 그럴 수 없었을 거예요. 저는 기본적으로 학습능력이 그렇게 뛰어나지 않거든요. 컴퓨터공학을 전공했다면 처음에는 빨리 늘었을지 몰라도 오래 가지 못했을 거예요. 컴퓨터공학하고는 거리가 먼 국문과 친구들이 좋은 관객이 되어주었기 때문에 실력은 빨리 늘지 못했지만 제가 잘한다는 도취감에 빠져 꽤 오랫동안 그 일을 할 수 있었던 것 같아요. 컴퓨터공학과에 들어갔을 때 제가 최종적으로 도달했을 실력과, 국문과 학생이 오랫동안 매달려서 도달했을 때의 실력을 그래프로 표시해보면, 후자의 그래프가 더 높이 올라갔을 거예요. 진실이야 확인할 수 없지만, (웃음) 지금은 운이 좋았다고 생각하고 있습니다.

제책임 얘기를 듣다 보니, 본인이 배우고 싶어하는 욕구를 유지할 수 있느냐와 최초에 그 욕구를 어떻게 불러일으키느냐가 중요한 것 같아요. 요즘은 마음만 먹으면 배울 수 있는 방법이 많잖아요. 배우는 속도나 효율성은 방법마다 다르겠지만요. 말씀하신 것처럼 국문과 학생이었기 때문에 자신의 속도를 남의 속도와 비교할 필요가 없었고, 그 덕에 배우고자 하는 동력을 오래 유지하셨던 것 같아요.

가르침과 배움의 모호한 경계선

글고문 그런데 배우는 데 그치지 않고 남에게 가르치기 시작하셨잖아요. 혼자서 코딩을 배우셨고, 그러다가 주변 사람들에게 코딩을 가르치기 시작했는데, 가르친다는 게 본인에게 어떤 의미인지도 궁금합니다.

이고잉 '배운다'는 것과 '가르친다'는 것은 현실에서는 구분되지만, 본질적으로는 경계가 모호한 것 같아요. 저는 '배운다', '가르친다'라는 표현보다는 '공유'라는 말로 퉁치는 걸 좋아해요. 가르치는 순간에도 배우는 게 많거든요.

요즘은 오프라인 강의를 많이 하는데, 지난주에는 부산에서 열여섯 시간 강의하고, 그전 주에는 제주도에 가서 열여섯 시간 강의를 했거든요. 열여섯 시간 동안 강의를 하게 되면, 제 머릿속에 들어 있는 생각들을 좍 풀어낼 수 있어요. 그런 기회가 흔치 않거든요. 사실 인간의 사고체계가 신기해서 그런 식의 계기가 없으면 내 머릿속에 무슨 생각이 들어 있는지 인지하기가 힘들잖아요.

이 열여섯 시간짜리 강의를 마흔 번쯤 했어요. 그렇지만 그 마흔 번의 강의 내용이 완전히 똑같은 적은 한 번도 없어요. 그리고 그 과정에서 여러 가지 개념들을 다 꺼내놓으면 신기하게도 보통은 저 끝에 있던 개념과 보통은 저 반대쪽에 있던 개념이 나란히 놓일 때가 있어요. 그러면 예상하지 못했던 것들을 발견할 때가 있거든요. 그때 굉장히 쾌감을 느껴요. 저도 새로 배우게 되고요. 그래서 강의를 하면 물론 제가 가르치는 입장이지만, 저 역시 새롭게 느끼고 알게 되는 게 많아서 배우거나 가르치는 게 저한테는 하나처럼 느껴져요.

아까 제책임 님은 반복하는 게 싫다고 하셨는데, 저는 반복적인 걸 좋아해요. 사실 이 세상에 반복이 아닌 게 없고, 또 완전히 똑같은 반복도 없다고 생각해요. 강의할 때도 어떻게 하면 이 강의를 더 효율적으로 이해시킬 것인가를 고민하면서, 뒤에 있던 거 앞에다 놓고 앞에 있던 거 뒤에다 놓고, 이런 시도를 계속 하거든요. 익숙한 것 속에서 계속 변화를 주다 보면 그 과정에서 새로운 걸 발견하게 돼요.

금고문 무슨 말인지 알 것 같아요. 조금 다르지만, 저도 글 쓰면서 그런 걸 느끼거든요. 저는 어떤 책을 평가한다거나 소개한다거나 해석하는 글을 많이 쓰는데, 그렇게 서평을 쓰는 과정에서 내가 이 책을 읽으면서 했던 생각들을 정리하게 되고, 또 읽을 때는 어렴풋이 아른거렸던 다른 책이 문득 떠오르면서 어떤 연관성을 발견하게 되기도 하고요.

표현의 즐거움에 눈뜨기

제책임 오픈튜토리얼스 사이트를 통해 어떤 분들이 코딩을 배우는지 궁금해요. 제 경험을 돌이켜보면, 온라인 강의를 통해서 배운다는 게 그렇게 쉽지는 않더라고요. 오히려 무료 강의이기 때문에 배우겠다는 의지를 계속 유지하기 어려운 면도 있고요. 강제성이 없으니까요. 그래서 어떤 사람들이 어떤 동기를 가지고 배움에 뛰어드는지 궁금합니다.

이고잉 일단 프로그래밍과 거리가 먼 사람보다는 일차적으로 주변에 개발자가 있는 경우가 많긴 하죠. 프로그래밍을 필요로 하는 업종에 종사하는 사람이 많고요. '내가 프로그래밍만 할 줄 알면 뭔가를 더 할 수 있을 텐데.' 이런 희망을 가지고 오는 사람도 있고, '내가 프로그래밍을 못해서 이렇게 힘들구나' 하는 아쉬움이나 절망감 때문에 오는 사람도 있죠. 희망이건 절망이건 둘 다 중요한 에너지라고 생각합니다. 이런 사람들에게는 동기부여를 할 필요가 없어요. 프로그래밍을 잘 못해서 생기는 자신의 한계를 절절하게 느끼고 있기 때문에 왜 이게 필요한지 누구보다 잘 아는 거죠.

제책임 그러면 거꾸로 오픈튜토리얼스에 무료 강의를 올리는 경우는 어떤 분들인가요? 가르치는 동기는 무엇일까요?

이고잉 다른 분들의 동기는 잘 모르겠지만 제 얘기를 하자면, 표현의 즐거움이 있는 것 같아요. 제가 어릴 때 친구들 컴퓨터에 게임 잘 돌아가게 해주면서 좋아했던 것도 넓게 보면 표현 행위거든요. 마찬가지로 제가 강의를 할 때 반응해주시는 분들이 있으니까 저는 그 표현의 욕구에 눈을 뜬 거죠.

소프트웨어를 만드는 행위도 결국에는 관객이 필요한 일이죠. 오프라인에서 강의할 때 항상 말씀드리는 부분인데, 현명한 사람은 좋은 관객을 찾습니다. 먼저 주변에 있는 사람들을 좋은 관객으로 만드는 것부터 시작해야 합니다. 좋은 관객의 존재가 계속 공부하게 하는 동기인 것 같아요.

제책임 가르치는 분들의 동기가 관객을 향한 표현의 욕구에 있고, 또 그런 표현이 공부에 필요하다는 거죠? 결국 배우는 것과 가르치는 것이 하나로 연결된다는 뜻으로 들립니다.

맥락을 모르면 고통스럽다

금고문 우리 사회에서는 배우고 공부하는 목적이 고등학교 때는 대학에 가려고, 대학교 때는 학점 잘 받고 취업하려고, 또 취업하면 승진하려고 하는 거잖아요. 정말 원해서라기보다는 해야 하기 때문에 어쩔 수 없이 하는 거랄까요. 그러다 보니까 공부의 이미지는 수동적인 것, 또는 필요에 의한 것으로 여겨져서 더 멀어지는 것 같아요. 근데 말씀하신 것처럼 배움을 지속하려면, 자기가 정말 좋아하고 배우고 싶은 게 뭔지를 알아야 할 것 같아요. 혹시 그것을 찾는 기술이 있을까요?

이고잉 두 분은 어떤 기술을 가지고 있으세요?

제책임 음, 저는 배우고 싶은 걸 포착은 하는데, 포착 이후로 이어져본 적이 없어서. (웃음) 전 확실히 기술자는 아닌 것 같아요.

이고잉 열정적이고 지속적인 활동에는 끊임없이 뭔가를 알아가고 배우는 과정이 숨어 있잖아요. 그래서 뭔가 열정적으로 활동을 이어가시는 분들은 전형적인 형태가 아니더라도 계속해서 무언가를 배워나가시는 것 같아요.

제책임 누구에게나 성장의 욕구가 있어서 어떤 활동을 할 때 거기서 배우는 것이 전혀 없으면 열정이 금세 식어버리긴 하죠. 같은 일을 반복하더라도 조금씩 다르게 해보면서 좀 더 낫게, 좀 더 잘할 수 있게 시도해보는 게 배우는 사람들의 공통점이기도 하고요.

그런데 일상에서 늘 하던 일에서 벗어나서, 예를 들면 금고문 님처럼 갑자기 스페인에서 택시운전사를 해야겠으니 나는 스페인어를 배워야겠다는 식으로 (웃음) 일상 밖의 뭔가를 새롭게 배우겠다고 마음먹는 분들도 있잖아요.

이고잉 저도 2~3년 전에 큰맘 먹고 수학 공부를 시작한 적이 있습니다. 저는 학교 다닐 때 '수포자'였어요. 중학교 1학년 때부터. 그렇지만 학교 공부를 등한시하는 성격은 또 아니어서 핑장히 고통스러운 6년을 보냈어요. 결국 수학이 전혀 필요 없는 전공을 선택했죠. 그런데 수학을 잘 모르는 상태로 프로그래밍을 하다 보니까 계속 장애물에 부딪히는 거예요. 수학이 왜 필요한지를 실감하게 됐죠. 프로그래밍이라는 게 결국은 수학의 한 지류라고도 할 수 있고요. 프로그래밍에서 알게 된 개념들은 관념적이지 않고 매우 구체적이거든요. 구체적인 필요를 느끼고 수학 공부에 임하니까 훨씬 더 재밌었던 것 같아요.

우리가 수학을 공부하는 방식은 이런 식이에요. 아직 이 세상에 컴퓨터가 발명되지 않은 것처럼 관조하는 방식으로 수학 교육을 하는 거죠. 그게 나쁘다고 생각하진 않지만, 그래서 처음 시작하는 게 쉽지가 않았어요.

그때 제가 선택한 방법이 역사를 파고들어가는 거였죠. 수학의 역사와 관련된 걸 최대한 찾아서 저 자신에게 쏟아부었어요. 그러면서 수학적 개념들에 여러 가지 맥락이 존재하고, 그 맥락들은 다 이유가 있다는 걸 알게 된 거죠. 그때 비로소 수학이라는 학문이 입체적으로 보이고 수학 공부에 재미를 붙이게 되었어요. 그렇게 EBS 강의를 들으면서 중학교 1학년 수학부터 시작해서 고등학교 미적분까지 공부했어요. 거기서 멈췄지만.

금고문 더 갈 곳이 있나요? (웃음)

제책임 (웃음) EBS 강의를 듣기 전에 배움의 맥락을 만들기 위해 일종의 시동 걸기 작업을 하신 거군요.

이고잉 네. 인위적인 부팅 작업인 셈이죠. 역사에 대한 이해가 필요하다는 일종의 가설을 가지고 시작한 거였어요. 그런데 막상 시작하니까 그게 일종의 뼈대 같은 역할을 했어요. 수학이라는 학문이 어떤 얼개를 가지고 있고, 각 부분이 어떻게 서로 연결되는지를 이해하게 되니까 슬롯을 꽂아놓은 것처럼 느껴지더라고요. 저는 맥락을 중요하게 생각해서 맥락을 모르면 고통스러워하는 편이거든요. 그런데 공부의 효율성만을 추구하면 지식이라는 아주 간결한 본질만 남아 있는 상태로 전송을 받게 돼요. 컴퓨터가 컴퓨터로 데이터를 전송하는 것처럼요. 그래서 예전에는 수학 공부가 고통스럽고 힘들었던 것 같아요. 기계라면 그런 식이 그냥 빠르고 좋을 텐데, 기계가 아니니까.

슬럼프를 건너는 방법

글고문 저도 그 말에 정말 공감합니다. 생각해보면 제 일도 항상 맥락 속에 있거든요. 말로 된 담론을 늘 다루니까 맥락 안에서 움직일 수밖에 없어요. 관심 있는 주제를 다룬 책을 읽다 보면 작가가 끌어오는 다른 주제, 또 다른 주제로 이어지고요. 그러면 거기서 흥미로운 사실을 발견하게 되고……. 이런 식으로 가지를 뻗어나가는 것 같아요.

그런데 그렇게 배움을 넓혀가는 영역이 있는 반면, 정말 배우기 어려운 영역도 있어요. 악기 연주나 운동은 정말 배우기 어렵더라고요. 저는 음악도 좋아하니까 기타를 배워보려고 했고, 운동하고 싶어서 복싱도 배워보려 했는데, 좀 하다가 자꾸 포기하게 되더라고요. 이런 식의 배움은 흔히 계단식으로 된다고 하잖아요. 계단 하나를 오르면 어느 정도 정체기가 찾아오고 두 번째 계단을 오르면 또다시 정체기가 오고, 그런 식으로 다음 단계로 진입하게 되는. 그렇다면 중요한 것은 그다음

계단을 오를 때까지 버티는 기술일 텐데, 혹시 이런 기술도 있나요? (웃음)

이고잉 그런 정체기를 보통 슬럼프라고 하잖아요. 표현의 부분에서 슬럼프가 생기는 것 같기도 해요.

저는 프로그래밍도 일종의 표현 행위라고 생각하는데요. 프로그래밍을 하다 보면, 일이 진척되지 않을 때가 있어요. 그때는 공부가 필요한 순간이에요. 다시 말해서 입력이 필요한 때인 거죠. 그렇게 입력을 쭉 하다 보면 어느 순간 그 입력에 공감이 안 되고 추상적이고 비현실적인 느낌이 들면서 재미도 생기도 없어지는 순간이 오거든요. 그럼 그때는 다시 일을 할 때이고요. 써먹을 때라고 할까요.

금고문 글쓰기랑 비슷한 것 같아요. 글을 쓰다가 내가 공허한 말만 하고 있구나 싶을 때는 책을 읽어야 할 때고, 책을 읽다가 어느 순간 더 이상 입력되지 않고 겉도는 느낌이 들 때는 글을 써야 할 때라고 하거든요. 글쓰기와 프로그래밍, 전혀 다른 영역의 일이지만 일맥상통하는 점이 있네요.

이고잉 어떻게 보면 뭔가를 받아들이고 그걸 다시 풀어내고 하는…… 뫼비우스의 띠 같은 건데, 그 두 가지를 유기적으로 연결해나갈 때, 슬럼프를 덜 겪는다는 느낌도 들고요.

제책임 배우는 일에서의 슬럼프를 표현하는 일로 풀고, 표현하는 일에서의 슬럼프를 배우는 일로 풀고, 이 두 가지가 톱니바퀴처럼 서로 맞물려 굴러간다는 말에 공감합니다. 돌아보면, 제가 오랫동안 꾸준히 해왔던 일들은 그 연결고리가 잘 만들어져 있었고, 그 고리가 만들어지지 않은 일은 결국 오래 가지 못했다는 생각이 들어요.

이고잉 어쩌면 우리가 전형적으로 공부라고 생각하는 것들은

입력과 출력이 너무 한 방향으로만 작동해서 힘든 거였는지도 모르겠어요.

제책임 몸으로 배우는 것도 비슷해요. 운동을 배워보면, 처음에는 금세 새로운 기술을 익히면서 빠르게 느는데, 어느 지점에 이르면 계속 훈련하는데도 어떤 동작이 정말 내 몸으로 안 들어올 때가 있거든요. 그럴 때는 계속 시도하는 대신 내가 잘하는 다른 동작들을 놀이하듯이 하는 게 낫더라고요. 그러다 보면 어느 순간 잘 안 되던 동작이 몸에 익는 것을 느끼게 돼요. 그때가 아마 배움의 가장 짜릿한 순간이 아닌가 싶어요. 이런 것도 굳이 나눠서 생각하자면, 내가 이미 익힌 것을 충분히 표현함으로써 다시 뇌를 좀 흔들어주는, 그래서 다시 받아들일 공간을 만들어주는 게 아닌가 싶어요.

이고잉 지금 제책임 님이 말씀하신 내용을 제 분야에 적용해보면, 이렇게 말할 수 있을 것 같아요. 처음에 일을 시작하면 소프트웨어가 뚝딱뚝딱 만들어지거든요. 말하자면 전체 공정에서 90퍼센트에 해당하는 일은 10퍼센트의 노력으로 되거든요. 그런데 막상 나머지 10퍼센트는, 부피감으로 치환해보면 아주 일부일 뿐인데 90퍼센트의 시간이 필요하더라고요.

이때 슬럼프가 찾아오기 쉬워요. 처음에는 쉽게 쉽게 일이 되니까 계속 그럴 것만 같지만 실제로 세상 모든 일들은 점점 속도가 느려지게 되어 있어요. 그럼에도 불구하고 우리의 뇌는 처음의 속도감을 기억하고 있어서 거기에서 어긋나면 슬럼프라고 해석하는 것 같아요. 두루마리 휴지를 감는 것과 비슷해요. 처음에 휴지를 감으면 조금만 감아도 두꺼워지는 게 눈에 보이거든요. 그런데 나중에는 계속 감아도 조금밖에 안 두꺼워지잖아요.

말하기에 익숙해지는 것

제책임 다시 가르치는 측면으로 돌아오면, 5년 넘게 생활코딩이라는 강의를 해오셨는데, 지금까지 어떤 변화를 겪으셨는지 궁금합니다.

이고잉 일단은 제가 생활코딩 시작하고서 얻은 게 너무 많아요. 우선 많은 사람들 앞에서 말을 할 수 있게 됐어요. 저는 원래 굉장히 내성적인 사람인데 연습과 훈련을 통해서 외향적인 척하는 거죠. 아는 사람이 80퍼센트 이상일 때 편해요. 모르는 사람이 그보다 더 많아지는 순간 저는 그 자리에서 도망치고 싶어져요. 누구나 그런가요?

금고문 오늘은 어떤가요?

이고잉 오늘은 좀 편안하네요. 고등학교 얘기를 조금 해볼까요? 제가 고등학교 때 문학회 활동을 했는데, 문학회에서 합평회라는 걸 해요. 각자 시를 써와서 토론을 하거든요. 남학교 특유의 문화였는지, 시를 쓴 당사자가 울 때까지 합평을 해요. 악의는 없지만, 혹독하게 비평하는 것을 미덕으로 생각하는 문화인 거예요. 그래서 문학회에는 기본적으로 말이 센 사람이 많거든요. 저는 1년 동안 거의 한마디도 못했어요. 한 번도 그런 생각을 해본 적이 없는데, 그렇게 지내니까 말을 못하는 게 콤플렉스가 되는 거예요. 너무 두근거리고 내가 한 말을 누가 받아서 나를 눈물 나게 할까 봐 겁이 나는 거죠. 그때 '아, 사람들 앞에서 말을 잘하고 싶다' 이런 생각을 많이 했어요.

그때부터 습관이 생겼는데, 혼자 있으면 말을 해요. 오늘도 집에 들어가면서 혼자 강의를 할걸요? 말을 하는 것 자체는 익숙해졌지만, 사람들 앞에서 말을 하는 경험이 없다 보니까 무대공포증이 있어요. 그런데 다행히 저는 생활코딩을 온라인 강의로 시작했잖아요. 꽤 오랫동안 앞에 아무도 없는 상태에서 말하는 훈련을 했고, 그러다 오프라인 강의를 했는데, 오프라인 강의는 하루 여덟 시간씩 이어지거든요. 그때 발견한 사실이 있어요. 누구나 타인 앞에서 한 시간 이상 발언하게 되면 한 시간 뒤에는 떨지 않는다는 거예요. 다만 한 시간씩 말할 기회가 없는 거죠. 말하는 기회라는 게 보통 돌아가면서 하는 1분짜리 자기소개 같은 거예요. 저도 그런 1분 스피치에서는 아직도 긴장하거든요. 타인 앞에서 발언할 기회가 없던 사람들에게 그런 1분짜리 스피치는 좋은 기회가 아닌 거예요. 누구나 긴장할 수밖에 없죠. 결국 나는 타인 앞에서 말을 못하는 사람이라는 식으로 자기 이미지를 고정하게 되는 거죠. 전 여덟 시간 동안 강의를 하니까, 한 시간 지나면 긴장이 완전히 풀리거든요. (웃음)

지금도 익숙하지 않은 자리에서 발언할 기회가 있으면 긴장합니다. 그런데 예전과 달라진 게 있다면 딱 하나예요. 긴장은 되는데 '이 긴장감 때문에 망하진 않아'라는 걸 이미 경험했다는 거예요. 나중에는 어느새 그런 긴장감을 즐기게 되었고요. 그게 제가 얻은 가장 큰 성과라고 생각해요.

제책임 저도 예전에 직장 다닐 때 사람들 앞에서 발표를 하거나 의견을 제시해야 할 일이 많았는데, 그때나 지금이나 시작할 때는 항상 떨려요. 하지만 지금은 세 문장 정도만 말하고 나면 떨리지 않는다는 걸 알게 됐어요. 처음엔 더 길었지만 점점 짧아진 거죠. 그러니까 그 첫 세 문장만 무슨 말을 할지 미리 생각해둬요. 세 문장만 지나면 긴장감이 사라진다는 데이터를 가지고 있는 거죠. 엄청 떨릴 때도 '세 문장만 잘하면 돼'라고 생각한 후로는 마음은 떨리지만 두려워하지 않게 되었어요.

이고잉 그리고 보면 자기 트라우마를 극복할 수 있는 단 한 번의 경험이 참 소중한 것 같아요. 그런 경험을 할 기회가 쉽게 오지 않는 게 안타깝죠.

공부는 어른의 일

제책임 지금까지 나눈 이야기가 가르치는 사람의 관점이라면, 배우는 사람의 관점에서 보면 가르치는 일은 어떤 경험을 주는 거잖아요. 거기서 가장 중요하게 생각하는 요소는 무엇인가요?

이고잉 '낯선 것을 익숙하게 느끼게 하는 것'과 '너무나 익숙해서 당연한 것을 낯설게 바라보게 하는 것', 이 두 가지를 중요하게 생각해요.

너무 낯설어도 이해하기가 힘들고, 반대로 너무 익숙해도 이해하기가 힘들어요. 익숙한 사람들은 그 익숙함 속에서 낯설게 바라보게 하고, 반대로 낯선 사람한테는 이게 하늘에서 뚝 떨어진 게 아니라 이미 자신이 경험하고 있는 익숙한 것과 본질적으로는 같은 것이라고 느끼게 해주는 게 매우 중요하다고 생각합니다. 물론 둘 다 어려운 일입니다.

글고문 역시 내공이 있는 분이라 오늘 정말 깊은 배움을 얻어가는 것 같네요.

혹시 지금 하고 있는 일 외에 다른 배우고 싶으신 게 있는지 궁금합니다. 있다면 그걸 위해서 어떤 준비를 하고 계신가요?

이고잉 저는 제 삶에서 동떨어져 있는 것에 대한 호기심은 별로 없는 편입니다. 여행도 잘 안 가고요. (웃음)

사람은 공수부대 스타일이 있고 육군 스타일이 있다고 생각합니다. 육군은 자기가 있는 곳에서부터 출발해서 진격하는 스타일이고, 공수부대는 붕 떴다가 다른 장소에 뚝 떨어져서 작전을 펼치잖아요. 저는 딱 육군 스타일이에요. 지금 하고 있는 일을 계속 꾸준히 하다 보면, 필요한 일들이 생기잖아요. 그런 일들이 일상 속에서 돌기처럼 튀어나오면, 그곳의 밀도가 조금씩 높아지다가 어느 순간 확 커져버리는 거예요. 강의를 좀 해봐야겠다 싶어서 가볍게 시작한 게 생활코딩인데, 어느 순간에는 프로그래밍보다 강의가 더 본업이 되어버린 것처럼요. 저는 그런 식으로 배움을 확장해가는 스타일인 것 같아요.

최근에는 전자공학이 그런 분야예요. 제가 소프트웨어 관련 일을 하다 보니까 아무래도 소프트웨어의 기반이 되는 기계들에 관심이 가더라고요. 또 하나는 회계입니다. 저희가 단체를 세우고 나서 여러 가지 일을 해보니까 회계나 법에 너무 약한 거예요. 이런 것들이 세상과 소통하는 일종의 약속 체계인데 내가 너무 모르고 살았구나 싶어서 그 공부를 좀 하고 있어요.

또 하나가 아까 말씀드린 수학인데요. 그건 저한테는 꼭 넘고 싶은 산이에요. 나중에 나이가 더 들면 힘도 없고 친구들도 떠나가고 그러잖아요. 그러면 혼자서 고독하게 즐길 거리가 필요한데, 그때 수학이라는 징검다리가 필요할 거라고 생각해요. 우리 선대 혹은 동시대의 성취와 교류하려면, 거창하지만 그 언어에 해당하는 게 저에게는 수학이에요. 그래서 머리가 조금이라도 돌아갈 때, 말년에 물리학 같은 거 하려면 수학을 공부해둬야겠다고 생각해요. (웃음)

만학의 즐거움이란 말이 있잖아요. 예전에는 잘 공감하지 못했는데, 요즘엔 그 생각을 많이 해요. 어떻게 보면 공부가 아이들이 만든 게 아니잖아요. 어른들이 어른이 되어서 만난 문제를 해결하기 위해서 발견한 것을 체계화한 게 이론이라고 생각하거든요. 아이들이 그런 이론에 공감하기는 어렵죠. 나이가 들어서 수학이나 회계 같은 공부를 해보니까 이게 제 현실의 절박함을 해결해주는 동아줄이라는 걸 알았어요. 공부를 재미로 하건 절박함에서 하건, 강하게 마음을 붙드는 느낌이 있어요. 그러면서도 아쉬운 건, 어렸을 때 너무 공부에 치여서 정작 공부가 필요한 어른이 되면 공부를 싫어하게 된다는 거예요.

제책임 방송 시작할 때 우리가 '어떻게 배우세요?' 했을 때 금고문 님이나 저나 수업 듣는 거 별로 안 좋아한다, 가르치는 것 별로 안 좋아한다고 했는데, 지금 말씀하시는 걸 듣고 보니 배우는 일과 가르치는 일에서 떠올리는 원형이 즐겁지 못했던 어린 시절의 경험에서 왔기 때문인 것 같아요. 어른이 되어 실제로 경험하는 배움과 가르침은 그 원형 밖에 있는데도 말이죠.

'배워야 해', '가르쳐야 해'라고 생각할 때, 우리가 기억하는 배움이나 가르침의 원형이 별로 좋지 못하니까 그런 일에서 점점 멀어지는 게 아닐까요. 본능적으로 하는 행위들, 본질적으로는 배움이나 가르침에 더 가까운 것들을 배움이나 가르침이라고 생각하지 않게 되는 것 같고요.

열려 있는 배움의 생태계

제책임 다시 오픈튜토리얼스의 이야기로 돌아오면, 홈페이지에 오픈튜토리얼스가 만들고 싶은 생태계에 대한 설명이 나와 있더라고요. 그게 저는 인상적이었거든요. 오픈튜토리얼스가 어떻게 되기를 기대하는지 이야기해주세요.

이고잉 하나의 서비스가 무엇이 되느냐를 그걸 만든 사람이 결정하는 건 아니에요. 그걸 어떻게 쓸지는 사용자에게 달려 있으니까요. 물론 저도 그 사용자 중 한 명이고요. 저는 주로 강의를 올리지만, 오픈튜토리얼스 자체는 좀 더 포괄적으로 글이나 사진, 그 밖에 다양한 형태의 콘텐츠를 담아내는 온라인 서비스를 추구합니다.

오픈튜토리얼스의 특징은 하나하나의 콘텐츠가 또 다른 콘텐츠의 일부가 될 수 있다는 건데요. 블로그로 비유하자면, 오픈튜토리얼스에서는 글 하나가 여러 블로그에 들어갈 수 있는 거예요. 블로그 하나는 또 블로그보다 더 큰 상위의 사이트에서 사용될 수도 있고요.

제책임 그걸 '토픽과 모듈과 코스'라고 표현하셨더라고요. 사람들이 토픽을 올리면 누구나 그 토픽들을 조합해서 새로운 모듈로 만들 수 있고, 또 그 모듈들을 모아서 하나의 코스로 만들 수 있고, 그래서 한 토픽은 여러 코스나 여러 모듈 안에 들어갈 수 있다고 하셨어요.

사이트에 들어가 보면, 그림을 곁들여 이해하기 쉽게 설명하고 있는데요, '토픽'은 나뭇잎, '모듈'은 나뭇가지, '코스'는 나무 한 그루로 표현되어 있더라고요. '여러 사람이 만들어놓은 나뭇잎들을 가져다가 다른 나뭇가지, 다른 나무를 만들 수 있다. 한 나뭇잎이 여러 나뭇가지에 속할 수 있다'는 개념이 흥미로웠어요.

이고잉 프로그래머에겐 익숙한 개념이에요. 프로그래머들은 소프트웨어를 개발할 때 혼자서 다 만드는 게 아니라 다른 사람이 만든 부품들을 자기 프로그램에 갖다 쓰면서 하나의 소프트웨어로 완성하거든요. 일종의 상호부조인데, 이런 방식 덕분에 프로그래밍이 빠르게 발전할 수 있는 거라고 생각해요. 제가 하고 싶은 건 콘텐츠를 만드는 '도구'를 개발하는 거예요. 이를테면 글을 쓸 때 사용하는 소프트웨어랄까요, 꼭 글일 필요는 없지만요. 그런데 여기서 프로그래머들의 방식을 써보려는 거예요. 말하자면 상호부조를 통해 콘텐츠를 양산할 수 있는 서비스를 만들고 싶어요. 그런 목적으로 만든 게 오픈튜토리얼스라고 할 수 있어요.

금고문 오픈튜토리얼스에 누군가 콘텐츠를 올리면, 다른 사람이 그것들을 묶어서 새로운 콘텐츠를 만드는 데 활용한다는 건데요, 이때 콘텐츠의 저작권은 누구의 소유인가요?

이고잉 그게 참 어려운 문제죠. 그런데 전통적인 콘텐츠에서는 심각한 문제지만, 소프트웨어 분야에서는 전혀 문제가 안 되기도 하거든요.

소프트웨어에서 오픈소스라는 말이 있잖아요. 아마 많은 분들이 들어보셨을 텐데, 소스는 설계도 같은 겁니다. 자기가 만들고 싶은 프로그램이 있을 때 그 프로그램이 어떻게 동작해야 되고 또 어떤 디자인을 갖고 있고 그런 것들을 컴퓨터가 이해할 수 있는 말로 적는 거예요. 오픈소스는 그런 설계도를 공개해서 누구나 쓸 수 있게 하는 거고요. 프로그래머들은 이런 문화에 익숙해요. 하지만 처음 오픈소스가 등장했을 때는 갈등이 많았어요. 사회주의 운동이라고 말하는 사람도 있었죠. 그런데 지금은 지나가는 개발자 아무나 붙잡고 특허와 오픈소스 중에 무엇이 당신의 생계에 더 큰 도움을 주었냐고 물어보면, 100명 중 99명은 오픈소스라고 대답할 거예요. 소프트웨

일상기술연구소

어를 만드는 과정에서 오픈소스가 안 들어갈 수 없는 세상에 살고 있거든요.

글고문 오픈튜토리얼스의 오픈도 그런 개념에서 따온 말이군요?

^{이고잉} 그렇죠. 저희 오픈튜토리얼스에 콘텐츠를 올리려면 오픈 라이선스에 동의해야 합니다. 자신이 만든 콘텐츠를 다른 사람이 사용해서 새로운 콘텐츠를 만드는 것에 동의해야 한다는 의미입니다. 일종의 사회적 계약인 셈인데, 이 계약 안에서 권리는 약하지만 자유는 강해지죠.

글고문 굉장히 공감이 가네요. 저는 글을 쓸 때 인용을 많이 하는데요, 누군가가 앞서서 훌륭하게 정리하고 표현한 글이 있다면, 그걸 인용한 다음에 내 생각을 덧붙여 이어나가는 걸 마다할 이유가 없다고 생각하거든요. 그런데 저작권법이 출처를 밝히는 인용조차 점점 어렵게 만드는 게 현실이에요. 뉴턴이 자기는 거인의 어깨 위에 서 있다는 이야기를 했잖아요. 앞선 사람들이 쌓아온 성취를 딛고 올라서 있다는 건데, 저작권법이 절대적 윤리처럼 작동하는 문화는 거인들의 어깨에 올라가려면 돈을 내라고 요구하는 것이나 다름없다고 생각합니다. 돈을 내기 싫으면 거인의 힘을 빌리지 말고 혼자 힘으로 해봐라, 이런 식이죠.

콘텐츠 생산자들의 몫

글고문 그런데 거기서 더 나아가 오픈튜토리얼스는 비영리단체라고 못 박으셨습니다. 그건 어떤 의미라고 봐야 할까요?

이고잉 오픈튜토리얼스는 4~5년 전에 저랑 디자이너, 또 다른 프로그래머 이렇게 셋이서 시작했어요. 처음부터 이번 프로젝트는 공공재 같은 걸 해봤으면 좋겠다고 생각했어요. 그때부터 저희가 확실하게 못박은 게 하나 있는데, 이번 프로젝트는 주식회사 같은 형태로 가져가지 말자는 거였어요. 그래서 지분관계를 아예 만들지 않고, 오랫동안 어떤 조직적 형태가 없는 상태로 서비스를 끌고 왔던 거예요. 하지만 서비스를 유지하려면, 일하는 저희도 공기만 마시며 살 수는 없으니까 차라리 비영리단체라는 점을 공식화해서 후원자들에게 도움을 받고, 우리도 적극적으로 사회에 도움이 되는 방법을 고민하자고 결정한 거죠.

저희가 비영리단체를 시작하면서 장문의 글로 계획을 공개하기도 했는데요. 아직은 시작 단계라 조심스럽긴 하지만, 말하자면 저희 플랫폼에서 여러 가지 콘텐츠 생산자들이 돈을 벌 수 있게 하려는 거예요. 유튜브 같은 서비스처럼요. 그렇게 되면 콘텐츠 생산자뿐만 아니라 저희 서비스 쪽에도 수익이 생기겠죠. 그 수익을 무료로 콘텐츠를 생산하는 분들에게 돌려드리고 싶어요. 이게 바로 저희가 비영리단체를 선택한 이유입니다.

수익을 이런 분들에게 돌려드리려면, 주식회사로서는 가능하지 않잖아요. 주식회사는 주주 이익을 실현해야 하니까요. 우리 직원들은 오픈튜토리얼스 안에서 정해진 월급을 받으면서, 부족하지 않지만 과하지 않은 삶을 누리는 걸로 충분하고요. 잉여 이익이 생기면 그건 원래 돈을 벌지 않는 콘텐츠 생산자들에게 돌려주어야 할 몫이라고 생각합니다.

제책임 그러니까 오픈튜토리얼스 사이트 안에서 돈을 벌 수 있는 콘텐츠를 생산하는 사람이 있고, 이제 막 진입해서 그 단계까지 가지 않은 사람이 있다면, 오픈튜토리얼스가 후자와 수익을 공유해서 계속 콘텐츠를 만들 수 있게 하려는 거군요.

이고잉 그렇죠. 상호부조라는 표현을 쓰는데요, 아직은 계획일 뿐이라 이런 말을 하기가 쑥스럽네요. (웃음) 많은 사람들이 사용하는 서비스가 된다고 가정했을 때의 얘기죠.

물론 오픈튜토리얼스에서 콘텐츠로 비영리활동을 하는 분들에게는 다른 사이트에서 똑같은 활동을 할 때의 이익과 같아야 한다고 생각해요. 대신 저희 서비스가 벌어들이는 몫을 어떻게 쓰느냐에서 비영리단체로서의 성격이 드러나는 거죠. 영리활동을 하시는 분들 역시 사이트를 풍요롭게 해주는 셈이기 때문에 저희가 생각하는 상호부조의 모델에 큰 역할을 하고 있다고 생각합니다.

제책임 앞에서 말씀하셨듯이 '가르치는 것과 배우는 것이 결국은 하나다'라는 말이 오늘 이야기의 핵심인 것 같은데요, 거기에도 지금 언급하신 상호부조라는 코드가 깔려 있다는 생각이 듭니다. 그게 오픈튜토리얼스의 핵심 철학으로 보이고요. 그 하나의 개념 위로 벽돌을 하나하나 쌓아올리고 있다는 생각이 들었어요. 지금까지 말씀하신 게 오픈튜토리얼스의 건축 설계도 같다고 느껴져요. 이제 이 설계도를 바탕으로 오픈튜토리얼스가 어떤 건물로 완성될지, 앞으로의 모습에 거는 기대가 큽니다.

오늘 많은 이야기를 나누었는데요. 저는 개인적으로는 가르치고 배우는 행위라는 것 자체를 새롭게 정의해볼 수 있는 시간이어서 참 좋았습니다. 금고문 님은 어떠셨어요?

금고문 저는 여기 오기 전에 글을 쓰다가 나왔어요. 60매짜리

긴 원고인데, 한동안 슬럼프에 빠져 있어서 시작도 못하고 있었거든요. 그러다가 여섯 시간 전부터 겨우 글을 쓰기 시작했어요. 그래서 솔직히 약간 투덜거리면서 왔는데, 슬럼프에 대한 이야기를 들으면서 많은 것을 깨달았습니다. 원고 마무리하는 데 큰 도움이 될 것 같습니다. (웃음)

배우고 가르치는 기술 핵심 정리

① 익숙한 것을 낯설게 만들기 & 낯선 것을 익숙하게 만들기

익숙한 것을 낯설게 바라볼 때 배움의 욕구가 생겨나고 새로운 관점을 가지게 된다. 또 낯선 것 안에서도 자신에게 익숙한 지점을 찾아낼 때 배움의 과정으로 발을 들여놓게 된다. 가르친다는 것은 이 두 가지 과정으로 진입하도록 살짝 끌어주는 것이 아닐까? 그 과정에서 가르치는 사람 역시 새로운 관점을 발견하고, 결국 배우는 사람이 된다.

② 배우는 것과 표현하는 것을 오가기

배우는 과정에서 슬럼프에 빠졌다면, 배운 것을 표현할 기회를 찾아보는 것이 좋다. 사람은 누구나 표현과 인정의 욕구를 가지고 있다. 배우기만 계속해서는 멀리 오래 갈 수 없다. 배움의 속도가 떨어지고 동기부여가 약해져서 흥미를 잃어간다면, 배운 것을 나름의 결과물로 만들어 관객 앞에서 자신을 표현할 무대를 만들어보라. 배우는 일과 표현하는 일이 톱니바퀴처럼 맞물려 돌아가게 하면, 오래 가는 배움의 동력을 만들어낼 수 있다.

〰〰〰이고잉은 언제나 두 가지 개념, 두 가지 활동을 짝지어 이야기한다. 익숙한 것과 낯선 것, 배우는 것과 가르치는 것. 상반되는 두 가지가 결국은 맞닿아 있고, 그 경계를 이쪽저쪽으로 넘나들 때 새로운 관점과 갱신되는 동력을 얻을 수 있었기 때문일 것이다.

늘 해오던 일이라 매너리즘에 빠졌을 때, 더 이상 앞으로 나아가지 않는다는 무력감에 빠졌을 때, 배움과 가르침, 입력과 출력을 하나로 묶어보는 시도가 도움을 줄 수 있다. 이때 필요한 것은 좋은 동료들이다. 배움과 가르침이 하나인 현장에서 좋은 학생은 좋은 선생님이 되고, 좋은 선생님은 좋은 학생이 된다. 결국 모두가 모두의 동료인 셈이다.

4장_____

적당한 거리를 유지하며
함께 산다는 것
*함께 살기의 기술

: : '우리동네사람들'의 김진선 : :

이제 1인 가구는 보편적인 가구 형태로 자리 잡았습니다. '혼밥'이나 '혼술'이 새로운 트렌드처럼 이야기되지만, 얼마 가지 않아 그런 호명 자체가 새삼스러워질 것입니다.

혼자 사는 게 더 이상 유난스러운 일이 아니라지만, 혼자만으로 해결할 수 없는 문제들이 있기에 불안한 것도 사실입니다. 대부분이 가장 먼저, 공통적으로 부딪히는 문제는 주거일 겁니다. 우리나라의 집값 현실을 생각하면, 혼자서 안정적이면서도 쾌적한 주거 솔루션을 찾기가 쉽지 않으니까요. 주거 문제를 당장은 어찌어찌 해결했다고 해도, 나중까지도 괜찮을까 생각하면 스멀스멀 불안이 고개를 듭니다. 나이 들어 아프거나 급작스러운 일이 생기면 어떡하지? 겁이 더럭 나기도 하지만 애써 그런 상상을 덮어두고 마는 거죠.

그래서 연구해봅니다 가족 관계에 편입되지 않고도, 조금 가볍게 '함께' 살 수 있는 방법은 없을까요? 꼭 찐 득찐득하고 친밀한 방식이 아니더라도, 서로의 필요를 채워주는 '함께'의 방식도 가능하지 않을까요? 가족은 아니지만 함께 사는 사람들, 주거공동체 '우동사'의 이야기를 들어봤습니다.

오늘의 기술자 * 뭐든 함께 하는 게 좋은 동네 반(半)백수

김진선

#1 "적당히 벌고 잘 살 수 없을까?"
딴짓에 빠진 직장인, 회사를 탈출하다

사회적 기업 아름다운 가게에서 직장생활을 시작해서 네이버에서 사회공헌 콘텐츠를 소개하는 일을 7년여 동안 했다. 의미 있는 일이었지만, 하나의 콘텐츠를 세심하게 들여다볼 수 없게 내모는 IT 산업의 속도에 지쳐갈 무렵, 인문학 공부라는 '딴짓'의 세계에 빠져들었다. '딴짓'의 즐거움이 직장 밖의 삶에 대한 두려움을 넘어서면서, 직장을 나가서도 어떻게든 살 수 있겠다는 생각이 들었고 결국 2013년에 퇴사를 감행했다.

회사를 떠난 후 삶의 방향을 다시 잡겠다는 마음으로 여덟 곳의 '함께 하기' 실험 집단을 탐방했다. 이 실험 집단들은 동등한 관계 안에서 함께 일하는 협동조합이나 사회적 기업부터 공동의 주거 실험을 하는 공동체, 지역에 기반을 둔 공부 모임까지 다양했다. 여덟 곳을 탐방한 이야기를 묶어 2015년에 《적당히 벌고 잘 살기》라는 책을 펴냈다.

#2 '가출'로 만난 친구들, '함께 살기'를 실험하다

김진선은 탐방 과정에서 만난 '우리동네사람들'(약칭 우동사)의 3개월짜리 '가출' 프로젝트에 직접 참여해본 뒤, 현재는 정식 구성원으로 우동사의 공동주택에서 살고 있다. 우동사는 인천 검암에 자리 잡고 있는 공동주거 실험 커뮤니티이고, '가출' 프로젝트는 우동사의 공동생활을 가벼운 마음으로 시도해볼 수 있는 단기 체험 과정이다. 우동사는 현재 다섯 채의 집에 함께 사는 서른 명가량의 구성원으로 이루어져 있다.

'함께 살기'의 방식에 답이 정해져 있는 것은 아니다. 한 집에 살면서 방만 따로 나누어 사는 것을 좋아하는 사람도 있고, 한 동네에서 살지만 집은 따로이길 바라는 사람도 있다. 한 방 또는 한 집에서 함께 살 수도, 옆집에서 함께 살 수도, 한 동네에서 함께 살 수도 있다. 우동사 역시 다양한 방식과 깊이의 공동체를 다층적으로 구성해나가고자 시도하고 있다. 그래서 우동사는 공동주택 인근에 사는 이웃들과도 다양한 깊이로 관계 맺는 여러 활동을 펼쳐나가고 있다. 함께 사는 것이 한집에 모여 사는 것만을 의미한다고 생각하지 않기 때문이다.

우동사의 다섯 가구도 그 구성원에 따라 분위기가 제각각이라고 김진선은 말한다. 함께 살기의 방식은 어떤 사람들이 모여 어떻게 조합되느냐에 따라 결정되고 또 변화해가기 마련이다. 함께 살기는 그 방식을 계속해서 찾아나가는 과정이기도 하다. 함께 살기가 언제나 성공하는 것도 아니다. 우동사에서 결국은 함께 살기를 그만두고 떠나는 사람도 있지만, 이것이 함께 살기가 불가능하다는 의미는 아닐 것이다.

중요한 것은 다양한 함께 살기의 선택지들이 존재하는 것, 다양한 함께 살기의 방식을 상상할 수 있는 것이 아닐까? 함께 살기의 첫걸음은 그 상상의 힘에 달렸다.

제책임 금고문 님은 공동주거에 대해 생각해본 적 있으세요?

금고문 어렸을 때 〈남자 셋 여자 셋〉, 〈프렌즈〉 같은 드라마가 인기 있었어요. 한집에서 친구들이 모여 사는 얘기라서 그때 친구들끼리 같이 살면 좋겠다는 상상은 많이 해봤죠. 제책임 님도 대관령에 열 가구를 모으는 게 목표라고 하셨는데 그렇게 열 가구 모아서 어떻게 살고 싶으신 거예요?

제책임 뭐 대단한 건 아니고요. 사실 시골의 밤이 길어요. 그래서 '밤에 심심할 때 가끔 불러서 맥주 한잔할 친구가 있으면 좋겠다' 이런 생각은 많이 해요. (웃음) 대관령에서 사는 게 다 좋은데 어쨌든 주변에 친구나 동료가 없는 건 아쉽죠. 대관령에서 보내는 시간이 길어도 정서적으로는 서울에 소속감을 더 느낄 수밖에 없는 것 같아요. 일하는 동료도, 의지할 관계도 다 서울에 있으니까요. 몸은 대관령에 있는데 심정적으로는 서울에 있는, 이런 불일치를 없애고 싶은 거죠.

오늘의 연구 주제는 '함께 살기의 기술'인데요, 대관령 열 가구 프로젝트의 준비 단계로 사심을 담아 준비해봤습니다. 오늘 모신 분은 《적당히 벌고 잘 살기》의 저자 김진선 님인데요, 주거공동체 '우리동네사람들', 줄여서 '우동사'의 일원이라 특별히 모셨습니다.

금고문 책 제목이 좋네요.

제책임 네, 다들 제목 듣고 열광적인 반응을 보이시더라고요. 이 책에는 우동사뿐만 아니라 그 밖의 다양한 함께 살기, 함께 일하기의 사례들이 등장해요. 그래서 이분이야말로 '함께 살기의 기술'을 연구해주실 적임자가 아닌가 생각합니다. 김진선 님, 모시겠습니다. 안녕하세요.

김진선 안녕하세요. 김진선입니다.

제책임 책에 담긴 저자 소개가 재미있더라고요. 잠깐 읽어보겠습니다. "새로운 삶의 방식을 연구, 디자인하는 십년후연구소 연구원, 10년간의 직장생활을 접고 스스로 인생전환학교를 꾸려 2년 동안 공부와 쉼, 일의 균형을 맞추는 실험과 새로운 일하기 모델을 탐색했다." 여기에 부연해서 직접 본인 소개를 해주시겠어요?

김진선 자기소개가 늘 제일 어려워요. 자기소개는 마지막에 있으면 좋겠다 싶어요. (웃음) 방금 말씀하신 것처럼 지금 저는 우동사라는 곳에서 서른 명의 친구들이랑 같이 살고 있고요. 저희끼리는 주거공동체 실험이라고 얘기하는데, 앞으로 우리가 어떻게 적게 벌고 더 즐겁게 살 것인가를 고민하고 실험도 하면서 살고 있습니다. 백수이자 자유활동가라고 저를 소개하곤 하는데요, 문탁네트워크라는 인문학 공동체에서 공부도 하고, 십년후연구소에서 일하면서 다양한 공익 프로젝트에 참여하고 있습니다.

금고문 방금 십년후연구소에서 일하신다고 했고, 저자 소개에는 인생전환학교라는 표현도 나오는데요. 둘 다 독특하고 재미있는 이름인데, 좀 더 설명해주시겠어요?

김진선 제가 회사를 그만둔 지 3년이 조금 넘었는데요. 회사 그만두고 놀고 있으니까 알고 지내던 선배들이 재미있는 일 하면서 돈도 벌어보자며 부른 곳이 십년후연구소였어요. 10년 후에도 재밌게 우리 삶을 지속할 수 있는 방법을 같이 찾아보자는 취지에서 지은 이름이라고 해요. 회사라고 하긴 어렵고 일종의 멤버십으로 활동하는 공동체예요. 저희 가치관에 맞는 좋은 활동을 하면서 돈도 좀 벌어보자는 취지로 다양한 활동을 하고 있습니다.

최근의 활동으로는 크게 두 가지를 소개할 수 있는데요. 하나는 한글을 그래픽화해서 티셔츠나 여러 일상용품에 입혀 판매하는 사업입니다. 다른 하나는 쿨루프 프로젝트라고해서, 옥상 지붕을 흰색 같은 밝은 색깔로 페인트칠해서 여름에 건물 온도를 낮춰주는 사업이에요. 지붕을 밝은 색으로 칠하면 열 반사율이 높아져서 건물이 훨씬 시원해지거든요.

인생전환학교

김진선 '인생전환학교'는 사후적으로 붙인 이름이에요. 회사 다니는 동안 다양한 공부를 하면서 고민했던 시기가 있었는데요. 그게 꼭 '회사 그만두고 뭐할까'라는 질문에서 시작한 건 아니었어요. 그냥 회사 다니면서 인문학, 철학 공부하는 공동체에 참여하면서 공부를 이어갔고, 그 과정에서 어떻게 살고 일할지 스스로 탐색하는 작업이 자연스럽게 이어졌어요. 책을 내자고 제안한 출판사 편집자가 제 얘기를 듣더니 그 과정이 마치 '인생전환학교' 같다고 했어요. 그때 마침 덴마크의 '폴케호이스콜레'라는 학교를 소개한 책 《삶을 위한 학교》를 읽게 되었어요. 이 학교의 모델을 참조해서 생각하면, 인생의 어느 시점에서 누구든 "삶을 어떻게 전환할 것인가"라는 질문을 만나게 되잖아요. "계속 이렇게 살아야 하나?" 자문하게 되고요. 그런 질문이 떠오를 때 탐색할 수 있는 과정이 있으면 좋겠다는 생각을 했던 거죠.

금고문 10년 동안 직장에 다녔다고 하셨는데, 어떤 직장에서 어떤 일을 하셨어요?

김진선 두 직장을 다녔는데요. 첫 번째 직장은 '아름다운 가게'라고, 시민들이 쓰던 물품을 기증받아서 판매하고, 그 수익금을 지역사회에 돌려주는 활동을 하는 곳이에요. 그곳에서 2년 조금 넘게 일을 했고요. 그 후에는 네이버에서 일했어요. 네이버에서 해피빈이라는 공익사이트를 론칭하려던 때에 비영리단체 활동 경험이 있는 기획자를 찾기에 입사하게 되었죠. 네이버에서 쭉 해피빈 서비스를 만들고 운영하는 일을 했고, 또 공익과 관련한 이슈, 소셜벤처나 협동조합 같은 제3섹터에 대한 콘텐츠를 네이버 메인 페이지에서 소개하는 일을 했어요.

금고문 그런데 어떻게 회사를 그만두고 이른바 인생 진환을 하게 되셨는지 궁금합니다.

김진선 왜 그만두었냐는 질문을 많이 받아요. 단순하게는 그냥 회사에 가기가 싫었어요. 제 딴에는 수많은 이유가 있긴 하지만 하나로 모아보면 결국 출근하기 싫다는 현상으로 드러난 거죠. 특히 힘들었던 건 네이버라는 IT 회사가 가진 속도였어요. 하루에 콘텐츠를 세 판 네 판씩 바꾸려면 깊이 있게 보기는 어렵거든요. 아무리 좋은 콘텐츠라도 내 일상을 바꿀 만큼 깊이 있게 소화하기는 어렵더라고요. 소개하는 그런 콘텐츠를 소비하고 있다는 느낌이 들었고요. 이 속도가 저한테는 피로로 쌓였던 것 같아요. 또 IT 회사에선 다들 고민하는데, 마흔 넘어서까지 이 회사를 다닐 수 있을까 싶었어요.

제책임 제가 김진선 님을 처음 만났던 건 네이버의 협동조합 스터디 그룹에서였어요. 롤링다이스 얘기를 듣고 싶다고 그 그룹에서 저를 초대했거든요. 그때는 롤링다이스 초창기여서 제가 무슨 이야기를 했는지는 잘 기억이 안 나는데, (웃음) 네이버에 그런 모임이 있다는 게 신기했었어요. 어쩌면 그 스터디 그룹 역시 김진선 님의 인생전환학교 중 일부가 아니었을까 싶은데요. 거기 모인 분들에게 다른 삶에 대한 소망의 불씨 같은 게 있었던 거겠죠? 그때 그분들은 아직 네이버에 계신가요?

김진선 같이 공부한 사람이 열 명인데, 한 명 빼고는 다 이직하셨죠. (웃음)

제책임 아, 한 명 빼고 다 남아 있는 게 아니라, 한 명 빼고 다 그만두셨다고요? 시사하는 바가 크네요. (웃음)

김진선 아예 퇴직하고 다른 일을 하는 친구도 있고, 그냥 쉬는 친구도 있고, 다른 회사로 옮겨가서 새로운 프로젝트를 하는 친구도 있고요.

제책임 회사를 다니면서 다른 방식의 삶에 대한 갈증을 해소해보려는 노력을 하셨던 거군요. 문득 저희 팟캐스트 게시판에 청취자 한 분이 쓴 "회사 다니면 영혼을 빼놔야 한다"는 댓글이 떠오르네요. 또 "이건 아닌데 하면서도 회사를 다니다 보면 문제의식이나 고민을 회피하게 된다"고 했던 분도 있었거든요. 방금 김진선 님의 얘기를 듣다 보니까 그 고민이나 문제의식의 해답을 당장 찾지는 못하더라도, 회사생활을 하면서 그 답을 얻으려는 노력을 꾸준히 했을 거라는 생각이 들어요. 그런 분들이 결국 회사를 그만두시더라고요. (웃음)

적당히 벌고 잘 살기

제책임 금고문 님도 책 제목이 좋다고 하신 것처럼 "적당히 벌고 잘 살기"라는 말을 들으면 다들 좋다는 반응을 보이세요. 근데 제가 보기에 재밌었던 게 어떤 사람은 "잘 살긴 쉽지, 적당히 벌기가 어렵지" 그러시고, 어떤 사람은 "대체 잘 사는 게 뭐냐"고 묻고, "적당히"는 어느 정도냐 토론하기도 하는 거예요. 이런 얘기들을 들어보면, "적당히 벌고 잘 살기"라는 짧은 문구에서 사람들이 꽂히는 부분이 각각 달라요. 누구는 적당히 버는 거에, 누구는 잘 사는 거에. 누구나 이 말에 공감은 하지만 사람마다 각자 적당히 벌고 잘 살기의 모습이 다른 거예요. 이럴 때는 일단 저자에게 물어봐야죠. 적당히 벌고 잘 살기, 저자인 김진선 님에게는 어떤 의미인가요?

김진선 저도 질문을 많이 받았어요. 그리고 책을 읽은 분들 중에 애기 키우는데도 이렇게 할 수 있느냐며 자기는 못한다, 싱글이니까 가능한 거 아니냐는 말씀을 하시기도 하고요. 당연히 육아는 어려운 문제지만, 책에서 소개한 사례 중에는 결혼해서 애기 키우는 분도 많거든요. 조금 전에 서로 토론한다고 하셨는데, 그런 얘기가 저는 반가워요. 나한테 '적당히'라는 것과 '잘 산다'는 것을 한번쯤 점검해보는 계기가 되면 좋겠다는 바람이 컸던 것 같고요. 그래서 그런 질문을 받을 때마다 질문을 다시 넘기죠. 여러분의 욕망과 조건을 스스로 점검하시면 좋겠다고요. 그러면 다시 질문을 해요. 작가님한테 적당히 버는 건 얼마만큼이냐고. (웃음)

금고문 그게 얼마예요? (웃음)

김진선 저에게는 월 70만~80만 원 정도인 것 같아요. 그 정도면 지금 수준의 삶을 계속 유지할 수 있다고 생각해요. 그런데 요즘은 더 줄여야겠다고 생각하고 있고, 실제로 우동사에서 같이 사는 친구들이랑 삶의 자립도를 높이는 방법을 연구하고 하나씩 실행하기 시작했어요. 단순히 소비를 줄인다가 아니라 내가 먹고 자고 활동하는 것을 소비가 아닌 방식으로 해결하려고 노력하는 거죠. 저는 이 '적당히'의 수준을 최대한 줄여보고 싶어요.

제책임 그런데 70만~80만 원이 '적당히'가 되려면 정말 주거 문제가 해결돼야 하는 것 같아요. 사실 나머지는 굉장히 가변적일 수 있잖아요. 특히 부양가족이 없는 경우라면 다른 비용은 어느 정도 조절할 수도 있고요. 그런데 주거 문제는 그럴 수가 없잖아요.

김진선 네, 저는 '우동사'를 통해 주거 문제를 해결하고 있는 부분이 아무래도 크죠. 아까 〈남자 셋 여자 셋〉 말씀하셨는데 저희 집이 남자 셋, 여자 셋이에요. 방 세 개짜리 집에서 2인 1실로 사는데요, 그래서 혼자 혹은 둘이 집을 마련해서 사는 것보다 비용이 훨씬 적게 들어요. 우동사는 총 다섯 집으로 이루어져 있어요. 네 집은 고정적으로 같이 사는 멤버들이고, 한 집은 공동주거를 해보고 싶은 친구들이 3개월 동안 시험 삼아 살아볼 수 있고요. 지금은 그 집에 여덟 명이 2개월째 살고 있어요. 이렇게 시험 삼아 살아보는 것을 우리는 '가출' 프로젝트라고 불러요. 일단 3개월 살아보고 나서 그 후에도 계속 같이 살고 싶은 친구들은 동네에 남아서 함께 집을 구해 사는 거죠. 그리고 또 새로운 가출 멤버를 모으고요.

우동사는 가급적 집을 매입하는 방식으로 꾸려가고 있어요. 구성원들은 우동사에 월세를 내고, 우동사는 그 월세를 모아

대출금을 갚아가는 거죠. 이게 계속되면 집은 결국 우동사의 자산이 될 수 있고요. 사실은 도시에도 공동주거 모델이 많은데, 집을 소유하는 형태가 아니라서 지속 가능하기가 어렵잖아요. 집값이 오르면 다른 집으로 이사해서 새로 시작해야 하는데, 저희는 일단 지역이 인천이어서 서울보다 훨씬 저렴한 가격에 집을 매입할 수 있었어요. 생활비도 훨씬 적게 들고요.

제책임 원래 우동사에 살고 계셨던 건 아니죠? 책을 쓰실 때만 해도 우동사 멤버는 아니었고, 우동사는 책에 나오는 사례 중 하나였잖아요. 언제 우동사에 들어가셨어요?

김진선 현재 9개월째 살고 있어요. 말씀하신 것처럼 책을 쓰면서 우동사를 시작한 조정훈이라는 친구를 인터뷰하게 되었어요. 그 덕분에 자세히 알게 되었고, 제가 찾는 모델에 많이 부합한다고 생각했고요. 그래서 같이 살아보고 싶다는 생각을 막연하게 하고 있었는데, 작년 11월에 가출 프로젝트가 시작된다고 해서 참여했죠.

제책임 저는 이렇게 시한을 두고 시도하는 방식이 좋은 것 같아요. 일단 3개월을 해보자, 이런 식으로 기간이 정해져 있으면 좀 더 쉽게 시도해볼 수 있잖아요. 3개월은 그렇게 부담스럽지도 않고, 당장 중대한 결정을 내려야 하는 것도 아니니까요. 3개월 해본 뒤 그만둔다고 해서 그게 실패인 것도 아니고요. 이런 시도들을 해볼 수 있는 프로젝트나 기회가 더 많이 생기면 좋겠어요.

김진선 제가 참여했던 가출 프로젝트는 일곱 명이 시작했는데, 사이가 엄청 좋았어요.

금고문 거기서 다 처음 만나신 거예요?

김진선 원래 서로 친구였던 사람이 두 명 있었어요. 그 외에는 다 가출 프로젝트를 통해서 알게 됐는데 기본적으로 잘 지내고 싶고 호감을 갖게 되니까 거의 밤마다 모여서 놀고, 무척 재미있게 지냈어요. 그리고 나서 계속 같이 살자, 이렇게 되었죠.

글고문 그런데 첫 석 달은 약간 허니문 아닌가요. (웃음)

김진선 맞아요. 다른 집들도 그래요. 첫 석 달은 아직 신혼이라고, 좀 더 있어봐야 된다고. (웃음) 어떤 멤버들이 조합되느냐에 따라서 다르기는 한데, 저희는 아직까지 (웃음) 사이가 좋아요.

개인주의자들이 '함께' 산다는 것

글고문 디트리히 본회퍼라는 독일의 신학자가 이런 말을 했어요. "혼자 있을 수 없는 사람은 공동체를 경계하고, 함께 있을 수 없는 사람은 홀로임을 경계하라." 그러니까 자기가 속할 수밖에 없는 지점을 경계해야 한다는 말인데, 공동체에서도 경계해야 할 지점이나 이런 것들이 있지 않을까요? 혼자 있는 것보다 공동체를 좋아하는 사람은 아무래도 공동체를 이상화하고, 혼자 있는 사람을 타자화하게 마련이고.

김진선 자기가 바라는 게 있을 때 그걸 가볍게 해볼 수 있으면 좋겠다고 생각해요. 저희 멤버 중에는 우동사를 알게 되고 같이 공동주거를 하다가 너무 부대끼게 되니까 혼자 나가서 사는 사람도 있어요. 그런데 멀리 가지 않고 바로 근처에 원룸을 구해서 살아요. 그러면서 동네에서 벌어지는 이런저런 활동에도 참가하고요. 미리 경계하거나 생각을 너무 많이 하기보다는, 한 번 가볍게 해보고, 아니다 싶으면 또 가볍게 자기한테 더 좋은 방식을 찾아가는 게 어떨까 싶어요.

제책임 나한테는 뭐가 맞다, 나는 이게 좋다라고 생각하는 것도 해보기 전에는 일종의 가설일 테니까요. 실제로 해보기 전에는 진짜 내가 그것을 좋아하는지 싫어하는지 모르는 거죠. 그래서 가출 프로젝트처럼 '석 달만 해보자' 이런 게 유용한 방식일 것 같아요. 근데 저는 바로 근처 원룸에 가서 산다는 분이 어쩐지 이해가 가요. 같이 살기를 원한다고 하더라도 그 수준이 사람마다 다를 테니까요. 한 집에 같이 사는 정도를 원하는 사람도 있고, 저처럼 동네에 열 가구 정도가 있으면 좋겠다고 생각하는 사람도 있고. 동네 친구는 있었으면 좋겠지만, 같은 집에 사는 건 부담스럽고 개인 공간을 중요하게 여기는 사람도 있으니까요.

김진선 우동사는 공동주거가 기본이지만, 우동사와 연결된 '검암동 사람들'이라는 일종의 동네 친구 그룹이 있어요. 우동사에는 서른 명 정도가 같이 살고, 아까처럼 따로 원룸에 사는 친구도 있고, 또 근처에 사는 다른 친구들도 있고요. 이런 좀 더 확장된 그룹 내에서 같이 독서 모임을 갖기도 해요. 말씀하신 것처럼 사람마다 원하는 층위가 다르니까, 다양한 층위에서 여러 방식으로 만나고 함께 하면 좋겠다는 생각이에요.

제책임 《적당히 벌고 잘 살기》를 보면, 함께 살거나 함께 일하는 그룹의 여덟 가지 사례가 나오는데요. 그 결합도나 함께 모여서 하는 일이나 구성원들이 다 제각각인데, 여덟 개를 관통하는 특징이 있더라고요. 하나의 목표를 추구하지 않는다는 것. 일반적으로 기업이라고 하면 "우리는 돈을 벌기 위해 모였다"라는 뚜렷한 목표가 있잖아요. 그 밖에도 대부분의 공식화된 조직은 그런 식으로 하나의 목표를 추구하는데, 여기에 나오는 그룹들은 모두 '우리는 여러 가지 복합적인 목적이나 가치

를 추구하고 그것들 사이에서 균형을 맞추려고 한다'는 생각
이 암묵적으로 깔려 있더라고요. 그게 저한테는 아주 특별하
게 다가왔어요. 그리고 사람이 원래 그런 존재이기 때문에 이
쪽이 오히려 자연스럽다는 생각이 들더라고요. 사람은 하나의
목적이나 가치만을 위해 사는 존재가 아니니까요.

'함께 살기'로 끌고 와도 저는 마찬가지인 것 같아요. 우리가
보통 함께 살기를 공동주거라는 이름으로 고민할 때는 대부분
경제적인 이유로 출발하잖아요. 혼자서는 경제적으로 주거 안
정성을 갖기 어려우니까, 쾌적하고 넓은 공간을 혼자서는 꾸
리기가 어려우니까 어떻게 하면 공동주거로 이 문제를 해결해
볼까. 이렇게 실리적인 이유에서 출발하지만, 산다는 건 그것
하나로 다 퉁칠 수가 없는 거잖아요. 늘 문제가 생기고 가치들
이 서로 충돌하게 될 텐데요. 여기서 균형을 어떻게 맞출 것인
가가 '함께 살기'의 핵심 기술이겠다 싶어요.

그런 의미에서 이 '함께'라는 말이 저는 좀 얄궂게 들려요.
'함께'라고 했을 때 생각하는 수위가 사람마다 다르잖아요. 그
냥 집을 방으로 칸칸이 나눠놓고 열쇠 들고 다니면서 사는 것
도 함께 사는 거고, 같이 밥 해먹고 친밀하게 사는 것도 함께
사는 건데. 김진선 님이 생각하시는 '함께'라는 건 어떤 의미인
지 들어보고 싶어요.

김진선 저는 의지가 약해서 혼자 하는 걸 잘 못해요. 말을 뱉어
놓으면 내가 한다는 걸 사람들이 다 알잖아요. 그래서 할 수 있
는 것도 있고, 누군가랑 같이 하면 서로 자극이 되기 때문에 할
수 있는 것도 있고요. 그래서 같이 하는 걸 좋아하는데, 사실
사람의 마음이 다 다르잖아요. 처음에 똑같다고 생각해도 서
로 다르게 생각하고 있었구나, 다른 걸 보고 있었구나 깨닫게

4장 함께 살기의 기술

되죠. 결국 같이 한다는 건 서로 꼬드기고, 또 기꺼이 꼬드김을 당하는 일이라고 생각해요. 같이 하고 싶은 뭔가가 있으면 누군가를 꼬드겨서 할 수밖에 없고, 별 생각이 없었지만 좋아하는 친구가 하자고 하면 마음이 바뀔 수도 있고요. 제가 인문학 공동체에서 공부도 하고 우동사에서 같이 살고 그러는데, 제 친구들도 엄청 개인주의적인 사람들이에요. 사실 저희 세대가 그렇잖아요. 제가 친구들 사이에선 특이한 경우인데, "다른 사람이랑 같이 사는 건 절대 못한다" 이렇게 말하는 친구들도 많고요. 같이 뭘 하는 게 좋은데 같이 사는 건 망설여진다는 친구들이 대부분이에요. 그럴 때도 저는 계속 우동사 얘기를 하면서 엄청 좋으니까 이사 오라고 꼬드기죠. "꼭 한집에 안 살아도 돼. 이 동네에 와서 같이 느슨한 관계를 맺으면서 편안하고 즐겁게 살면 좋지 않겠냐"라면서. 그러면 처음엔 콧방귀도 안 뀌다가 관심을 보이고 그래요. 같이 한다는 건 그런 게 아닐까요. 옆에 있는 사람이 하는 게 좋아 보이면 같이 하고 싶어지고, 다시 한 번 생각하게 되는.

글고문 저는 원래 진짜 개인주의자거든요. 어렸을 때부터 혼자 자랐고, 혼자 있는 걸 좋아해요. 사실 책 읽는 직업을 선택한 것도 그런 이유예요. 그런데 나이를 먹을수록 혼자 있는 게 질린다고 해야 할까요? 에너지가 떨어지고 자기 자신하고 같이 있는 게 더는 재밌지가 않더라고요. 그래서 점점 더 사람들하고 같이 하는 걸 찾게 되는 것 같아요. 또 말씀하신 것처럼 나 혼자서는 '할까?' 하다가도 생각을 접게 되지만 옆에서 누가 꼬드기고 같이 으쌰으쌰 하면 저도 모르게 하게 되더라고요.

그래도 어쨌든 함께 하는 일에는 다양한 종류가 있잖아요. 그중에서도 함께 산다는 건 가장 하드코어인데요. 책 때문에 우동사 인터뷰를 한 것이 계기가 되었다고 말씀하셨지만, 그래도 딱 마음이 꽂힌 이유가 궁금해요.

김진선 저는 같이 사는 것에 대한 로망이 있었어요. 대학교 때 친구 자취방에 자주 놀러가서 거의 같이 살다시피 했거든요. 그때 친구들이랑 〈남자 셋 여자 셋〉이나 〈프렌즈〉처럼 우리도 나중에 모여서 같이 살자는 얘기를 했었어요. 한편으로는 우동사에 갔을 때 이 친구들이 살고 있는 분위기가 저한테는 굉장히 좋아 보였고요. 편안하고 즐거운 분위기에 마음이 열렸어요. 또 아까 말씀드린 것처럼 가출 프로젝트가 3개월짜리 단기 프로젝트여서, 엄청난 중대 결심이 필요한 것도 아니었고요. 해보고 아니다 싶으면 다시 돌아가면 되잖아요. 사실은 그런 기한을 두고 했기 때문에 부담 없이 시작할 수 있었던 거고요.

제책임 이유가 정말 심플하네요. 석 달 해봤더니 좋더라, 이거잖아요. (웃음)

김진선 그렇죠.

금고문 근데 보통 사람들이 공동주거를 생각할 때 가장 어려워하는 게 사람 관계잖아요. 우동사의 경우는 친구들끼리 모인 게 아니라 생판 모르는 사람들이 함께 사는 건데요. 거기서 오는 낯섦이나 어려움, 서로 알아가는 데 불편함이나 갈등은 없었나요?

김진선 불편한 점은 계속 있었죠. 다만 그런 점에 대해서도 서로 대화하면서 좋은 방법을 찾아보려고 노력하죠. 우동사 멤버들이 대화하고 소통하는 방법으로 '나누기'라는 게 있어요. 매주 한 번씩 함께 밥을 먹으면서 각자 요즘 어떻게 살고 있는지 공유해요. 또 일상을 함께하면서 느끼는 불편들도 가급적 가볍게 꺼내어 이야기하려고 해요. 사소한 불편이라도 꺼내어 이야기하는 과정에서 내가 어떻게 보고 있나도 살피게 되고 다른 친구는 어떤지도 살피게 돼요. 서로의 상태가 알아진다고 할까요. 그런 과정이 잘 이루어지지 않으면 사소한 걸림이 쌓이고 커져서 갈등 요소가 되는 것 같아요.

금고문 그 자리에서 주로 어떤 이야기를 하나요?

김진선 각자 제일 불편하게 느끼는 점에 대해서 얘기하죠. 몇 가지가 있었어요. 본인은 여기를 주거공간으로 생각하는데, 다른 사람들이 친구들을 자주 불러 불편하다는 얘기도 있었고. 설거지, 화장실 청소 같은 일상에서 부대끼는 문제도 얘기하고요. 말 그대로 같이 살다 보니까 생기는 문제들이죠. 이렇게 '나누기'를 하는 자리가 저에게는 훈련 또는 연습처럼 느껴졌고, 이걸 계속 해보고 싶다는 마음이 컸던 것 같아요. 저도 오랫동안 '옳다, 그르다'는 판단을 하면서 살아왔는데, 우동사에서는 판단을 유보하고 더 잘 살펴보고 싶다는 마음이 들었어요. 그게 저한테는 좀 다른 방식의 공부가 되었어요.

제책임 저는 우동사 사람들처럼 타인과 서로 밀착해서 사는 건 성격이 무던한 사람들이나 가능하지 않을까 생각하는데요. 이게 저의 편견인지 아니면 실제로 그런지 궁금하더라고요.

김진선 제가 보는 관점에서만 말하면 집집마다 조금씩 달라요. 저희가 다섯 집에서 서른 명이 나눠서 모여 살고 있는데, 제가 사는 집에는 비교적 성격이 무난한 사람들이어서 불편함이나 갈등이 확 드러난 적은 거의 없어요. 그런데 그런 게 문제가 되는 집들도 있어요. 결국 서로 헤어질 수도 있고, 누군가 나가기도 하죠. '같이 사는 게 좋은 거니까 불편해도 같이 살아야 돼'라기보다는, 나한테 정말 좋은 방식을 찾고 조정해가는 거죠. 같이 사는 것의 불편이 정말 크다면 따로 사는 것이 더 좋은 거죠.

돈 문제부터 설거지, 청소, 빨래까지

제책임 함께 사는 건 관계의 문제도 있지만, 비용을 나눈다는 측면도 있잖아요. 이런 걸 물어볼 수 있는 데가 거의 없더라고요. 돈 얘기는 함부로 묻기가 어려우니까요. 실제 비용을 어떤 식으로 나누는지, 게다가 집을 사서 운영한다고 하셨는데, 그런 구조가 어떻게 돌아가는지도 궁금해요.

김진선 제가 들은 바로는, 처음 모인 여섯 명은 나중에 귀촌하는 것을 염두에 두고 공동주거를 시작했다고 해요. 그런데 이렇게 살아보니까 꼭 시골에 가지 않아도 안정감 있게 살 수 있다는 걸 발견하고 검암에 계속 살게 된 거죠. 초기에는 전세로 시작했다고 들었어요. 근데 이렇게 같이 사는 게 좋고 안정감이 있는데 전세가 계속 오르면 또 이사를 가야 하잖아요. 그런 불안정한 요소를 제거하려고 아예 집을 매입하기로 결정했다고 들었어요. 그래서 첫 2년 이후에 매입 계약을 했고요.

제책임 그러면 법인체 같은 게 있나요?

김진선 우동사 기금이라는 이름으로 집을 관리하고 있는데, 지금 집은 법적으로는 개인 소유로 되어 있어요. 우동사 멤버 몇명이 계약서 상의 주인이죠. 장기적으로는 법인화하려고 논의하고 있어요. 집 두 채는 장기 저리대출을 받을 수 있는 친구들의 명의로 대출받아서 매입을 했고, 또 다른 두 채는 금융기관에서 대출을 받는 대신 일종의 소액투자자들을 직접 모아 그 돈으로 매입했어요.

우동사 기금은 크게 두 가지로 구성되는데, 하나가 방금 소액투자라고 말한 출자금이고 나머지 하나는 월세예요. 우동사에서는 주민세라고 부르기도 해요. 살고 있는 사람들이 월세

4장 함께 살기의 기술

132 ············

를 내면 그걸로 은행 대출금과 이자를 갚아요. 기본적으로는 월세가 25만 원씩이에요. 그렇게 대출금을 다 갚으면, 이제 그 집이 모두의 자산이 되는 구조죠. 나중에 마련한 두 집을 매입할 때는 지인들로부터 100만 원 단위씩 투자를 받았고요, 연 이율 3퍼센트 정도로 계산해서 이자를 지불해요. 돈으로 줄 때도 있고, 원할 경우 우동사에서 농사지은 쌀을 한 포대씩 보내는 걸로 갈음하는 경우도 있고요. 우동사에 사는 친구들에게는 그만큼 월세에서 차감해주기도 해요.

금고문 우동사의 구성원들이 함께 경제적 이득을 창출하기도 하나요? 그러니까 소득을 올린다거나 하는 구조가 따로 있나요?

김진선 그런 건 아니고요. 기금에서 돈을 빌려 집을 매입하고, 구성원들이 그 기금에 매달 내는 월세로 채무를 갚아요. 다 갚으면 기금이 집을 온전히 소유하게 되는 거죠.

금고문 구성원이 중간에 나가면 어떻게 돼요?

김진선 출자금을 냈던 사람이라면 기금에서 출자금을 빼서 돌려줘야죠. 그만큼의 출자금을 채울 수 있는 사람을 찾으면 좋고요. 출자금을 많이 내고 월세를 적게 내는 방식도 가능하지만, 그런 경우 이 사람이 나간다고 할 때 유동성에 부담을 주니까 지금은 최대 한도를 두고 있어요. 출자금과 월세 외의 비용으로는 매달 생활비로 내는 10만 원이 있어요. 저희 집은 여섯 명이니까 총 60만 원을 공동 생활비로 써요.

제책임 처음에는 여섯 명의 친구가 그냥 개인적인 동기로 모여서 살기 시작했는데 지금은 제법 규모 있는 구조가 만들어지고, 진짜 마을 하나를 이루는 공동체가 됐다는 게 신기하네요.

김진선 처음에는 공동주거로 시작했는데, 그렇게 주거가 안정되니까 비용이 훨씬 절감되잖아요. 그래서 요즘에는 이 안에서 일자리를 찾는 모델에 대해서도 고민하고 있어요.

제책임 동네 펍도 함께 만들었다고 들었어요.

김진선 네. 이 안에서 일자리를 만들 수 있고, 또 우리한테 좋은 공간이 생기는 것이기도 하니까요. 그리고 농사짓는 친구들도 있고요. 이 친구들이 생산한 쌀은 우동사 식구들이 먹고, 또 우동사와 관련된 분들에게 선물도 하고 판매도 해서 내부적으로 다 소진해요.

제책임 완벽하진 않지만 어느 정도 완결성을 가진 자급자족 공동체로 가고 있군요.

금고문 정말 작은 마을 같은 느낌이네요.

김진선 계속해서 삶의 자립도를 높이는 게 가장 큰 고민이고 숙제예요.

제책임 서른 명에 조그만 펍 하나면 꾸릴 만한데요? 많이 마시면. (웃음)

김진선 부족해요. 부족해요.

제책임 너무들 안 드시는 것 아닐까요?

김진선 그러게요. 사실 외부 손님이 많아야 운영이 되는데, 그렇다고 완전히 서비스업으로 장사를 하고 싶은 건 아니어서 딜레마예요. 커뮤니티 펍이나 카페가 대체로 이런 문제에 부딪힌다고 하더라고요. 장사가 잘되면 일하는 사람들이 지쳐서 계속 바뀌고, 장사가 안 되면 활동비가 안 나오고.

제책임 마을을 이루는 자립 공동체 모델로 나아가는 큰 그림을 공유해주셨는데, 이런 걸 여쭙는 게 민망하긴 하지만 (웃음) 설거지, 청소 같은 집안일은 어떻게 역할 분담을 하나요? 규칙이 정해져 있나요?

김진선 저도 처음에는 규칙을 만들면 편하겠다고 생각했어요. 일주일에 한 번씩 다 같이 집 청소하고, 식사 준비도 당번을 정하고, 그런 식으로요. 근데 우동사에는 원칙, 규칙을 두지 않고 자연스러운 상태에서 합의점을 찾아보자는 방향성이 있어요. 당연히 문제가 생기죠. 설거지는 쌓이고. 그러면 '나누기'를 하면서 이야기를 해요. 한쪽에서는 "쌓여 있는 걸 보고 마음이 불편했다"고 하고, 저쪽에서는 "나는 전혀 눈에 안 들어왔다"고. 이런 과정을 통해서 서로 감각이 다르다는 걸 인정하게 되고 조금씩 합의점을 찾아가게 되더라고요. 근데 그런 일상의 문제는 사실 늘 있어요. 저희 윗집은 6년 동안 같이 살고 있는 친구들이 많은데, 똑같아요. 아직도 세탁기 다 돌아가고 난 다음에도 한참 동안 빨래가 그대로 있다는 불평이 나오고. (웃음)

제책임 저 같으면 분명 싸울 것 같은데요. 저 혼자 맘속으로 셀 것 같아요. 난 설거지 몇 번 했지, 하면서. (웃음)

김진선 저도 규칙을 정하고 하는 게 편한 스타일이거든요. 가출 프로젝트를 기획한 친구가 "처음에는 규칙을 만들지 말고 시작해보자. 우리가 너무 규칙 속에서 살아와서 규칙 없이 한번 살아보자. 그런 상태에서는 어떻게 될지 좀 보자"라고 하는데, 저는 속으로 '아, 나는 규칙을 정하는 게 편한데' 싶었어요.

제책임 그분은 성선설을 믿는 분이 아니었을까 싶어요. (웃음)

김진선 (웃음) 청소도 딱 하루 정해서 같이 하고 이러면 사실은 속이 편하잖아요. 근데 그렇지 않은 방식으로, 규칙으로 서로 규제하지 않는 방식으로 사는 게 우동사의 지향이라서 그렇게 시작했고 지금도 그래요. 장 보고 밥하고 설거지하고, 화장실 같은 공용 공간 청소하고, 전구 갈고, 분리수거하고, 어느 집에나 이런 똑같은 일들이 있잖아요. 그런데 누구는 부엌 정리하

일상기술 연구소

는 것에 약간 집착하고, 누구는 쓰레기 분리수거에 집착하고, 사람마다 중요하게 여기는 게 다른 거예요. 예를 들면, 저희 집에도 요리하는 걸 좋아하는 친구가 있는데 치우는 건 싫어해요. 요리 맛있게 하고, 그다음엔 어질러놓은 채로 누워요. 근데 다른 언니는 음식을 잘 못해요. 그래서 주로 정리 담당이죠. 이런 식으로 각자 잘하는 일 위주로 자연스레 역할이 나누어지더라고요. 또 집에 있는 시간이 많은 사람이 자연스럽게 집안일도 많이 하는 것 같아요. 내가 먹으려고 밥을 하다 보면, 자연스럽게 같이 먹게 되고, 그럼 밥을 먹은 사람들은 또 설거지를 하고. 살아보셔야 알 것 같은데. (웃음)

제책임 얘기를 듣다 보니까 좀 이해가 가긴 했어요. 저는 배우자랑 사는데, 가사를 어떻게 분담할지 규칙을 정하진 않았거든요. 그냥 서로 오늘은 네가 좀 해라, 이런 식의 신경전이 벌어지긴 하지만, 무슨 요일에 누가 뭘 할지 정해놓지 않아도 어찌어찌해서 금세 평형점을 찾아가니까요. 이런 게 두 명일 때뿐 아니라 네 명, 다섯 명, 여섯 명까지 늘어나도 마찬가지라고 생각하면, 비슷할 수 있겠구나 싶어요. 부부간에도 누구는 청소를 유난히 좋아하고, 누구는 빨래하는 건 괜찮은데 설거지는 싫어하고 이런 게 있더라고요. 서로 좋아하는 게 안 겹치면 편한데, 그게 겹치면 둘 다 똑같이 싫어하는 일을 안 하려고 하다가 분쟁이 일어나는 거죠.

글고문 겹치지 않더라도 분쟁이 생길 수 있어요. 저는 설거지를 하고 아내는 요리를 하는데요. 저도 가끔 요리를 할 때가 있거든요. 그런데 저는 요리를 하면, 하는 동안에 정리를 하는 스타일이에요. 하고서 바로 닦고, 되도록 도구를 많이 안 쓰고요. 하나로 쓸 수 있는 거면 금방 씻어서 또 쓰고 이런 식인데, 아내는 도구들을 주르륵 다 늘어놔요. 그러면 저는 '아 설거지는 내가 해야 되는데. 그리고 나는 요리할 때 저렇게 안 하는데' 이런 생각이 들죠. 다 그렇지 않나요?

김진선 그런 게 있죠. (웃음) 사실 역할이 조금씩 나뉘기는 하지만, 어쨌든 누군가는 더 많이 하고, 또 누군가는 덜 하는 것 같긴 해요. 왜냐하면 눈들이 다 다르니까요. 거실이 어질러져 있어도 누구는 전혀 신경 쓰지 않고, 또 누구는 저거 왜 안 치우지? 이런 마음이 계속 들고.

제책임 깔끔한 사람이 지는 싸움이죠. (웃음)

김진선 그런 불편함이 저도 좀 있어요. 저도 잘 안 치우는 쪽으로 가려고 (웃음) 계속 노력하긴 하는데요. '나누기'를 하는 밥상모임에서 그런 이야기들이 단골로 나와요. '누구는 잘 안 치우는 것 같다. 좀 하면 좋겠다', 아니면 '한 명이 분리수거를 몇 주째 하고 있는데 불편하다'……. 자기가 해서 불편한 사람도 있고, 한 사람이 계속 하는 게 마음이 불편한 사람도 있고.

금고문 근데 그 '나누기'를 한다는 밥상모임이 서로 불편했던 것, 속에 있는 얘기들을 밥 먹으면서 하는 거예요?

김진선 보통 밥을 다 먹고 나서 차를 마시면서 이야기 나눠요.

금고문 그러다가 말싸움으로 번지는 경우는 없나요.

김진선 그것도 흥미진진할 것 같긴 한데, 아직까지 그런 경우는 없어요. (웃음)

'나누기' 시간을 둔다

금고문 규칙을 정하지 않으면 소소한 갈등이 쌓이기 쉬울 것 같은데, 갈등을 조율하는 방법이 있나요?

김진선 우동사 초기 멤버 중에 정토회 활동을 하던 친구들이 있어요. '나누기'는 정토회 활동에서 많이 쓰는 방식이라고 해요. 시작할 때 각 개인의 상태, 그러니까 요즘 나는 이렇고 마음이 저렇고 무슨 일이 바쁘고, 이런 이야기를 쭉 나누고 나서 공통의 이슈, 같이 살면서 생긴 불편함, 함께 해결해야 하는 문제, 같이 결정해야 하는 일들을 이야기해요. 불편한 감정들을 공격적으로 표출하는 방식이 아니라 본인의 상태에 집중해서 이야기하는 방식이에요. 같은 내용이더라도 "네가 맞다, 틀리다"가 아니라 "이런저런 상황에서 내 마음이 불편했다, 요즘 내 마음이 어떻다" 이런 식으로요.

제책임 부부싸움을 할 때 '네가'로 시작하지 말고 '나는'으로 시작하라는 조언을 들었던 기억이 나네요. "네가 이랬잖아!"라고 하지 말라고. (웃음)

김진선 그 과정을 훈련하는 게 재미있더라고요. 같이 사는 다른 친구가 들려준 경험인데요, 예를 들어 세탁기가 다 돌아가고 난 후에도 빨래가 계속 세탁기에 남아 있을 때 내 마음이 어떻게 올라오는지. 이게 상황에 따라 다 다른 거예요. 내가 기분이 좋을 때는 괜찮고, 또 A라는 사람이 그랬을 때는 내가 꺼내서 널어주지 이랬다가, B라는 사람이 하면 탁 치워놓고 내 빨래 돌리고. 이렇게 그때그때 다르게 반응하는 자기를 살펴보는 거죠. 이게 다 공부라는 생각도 들고요.

제책임 그런 식으로 다른 사람들과 살면서 시시각각 일어나는 마음의 변화를 살펴보는 게 자기 자신을 깊이 이해하는 경험이 되기도 하겠네요. 말씀하신 것처럼, 자신의 마음이라는 게 항상 일정하지 않고 오르락내리락하고, 그러면 그게 주변 사람들에게 영향을 끼치잖아요. 그걸 뒤집어 생각해보면, 여러 사람들과 같이 살 때는 그 사람들의 감정 상태에 영향을 받게 되고, 그 때문에 혼자 살 때보다 감정 소모가 훨씬 더 많을 것 같은데요. 솔직히 저는 바로 그런 점이 함께 살기를 생각할 때 제일 두려운 부분이에요. 저는 학교 다닐 때 기숙사 생활을 오래 했는데요, 그때도 차라리 잘 모르는 사람이랑 룸메이트가 되면 서로 적당히 조심하고, 상대의 감정을 살펴야 할 정도의 친밀감이 없으니까 오히려 편하더라고요. 그런데 우동사처럼 여러 명이서 가족처럼 살다 보면 감정 소모가 많을 것 같거든요.

김진선 고백하자면, 저희 집이 검암역 근처인데 공항철도를 타고 서울에 왔다 갔다 할 때 가끔 멀리서 우동사 사람들을 봐요. 근데 저는 아는 척 안 하는 경우가 좀 많아요. 왜냐하면 애매하게 친한 관계일 때는 특히 더더욱 불편하고, 그냥 혼자 가면서 책 보거나 음악 들으며 가고 싶기도 하고요. 분명히 같이 살기 때문에 소모라면 소모랄 게 있긴 해요.

이런 일도 있어요. 제가 월요일마다 하는 일이 있는데, 그날 어면 친구가 안 좋은 일이 있어서 이야기를 들어주고 해결을 해줘야하는 상황이 생겼어요. 그 이야기를 들으면서도 '아, 일 해야 되는데' 이런 생각이 머릿속에 계속 떠오르더라고요. 그렇다고 친구 이야기를 안 들어주고 내 일을 하는 것도 마음이 불편해서 결국 좀 늦게 일을 처리하는 쪽을 택했죠. (웃음) 여럿이 살다 보면, 분명히 이런 순간이 많긴 하죠. 근데 뒤집어 생각해보면, 저도 그런 도움을 받으니까요.

지금 같이 살고 있는 친구가 예전에 혼자 오피스텔 원룸에 살았었는데, 요즘 겪는 일을 그때 겪었더라면 완전히 멘붕이 되어서 집에서 안 나왔을 것 같다고, 너무 다행스럽고 고맙다고 하더라고요. 어떤 때는 그런 게 피곤하게 여겨질 때도 있지만요, 들어주고 같이 이야기 나누고 싶은 마음 역시 공존한다고 생각해요. '대화하고 싶다'와 '대화 안 하고 싶다'가 무 자르듯 딱 구분되지는 않는 것 같아요. 피곤해서 쉬고 싶은 마음보다 듣고 이야기 나눠보고 싶다는 마음이 크면 그런 방향으로 가게 되는 것 같아요. 또 그런 게 없으면 같이 사는 의미가 없지 않을까요.

제책임 듣고 보니까 제가 어리석은 질문을 한 것 같아요. (웃음) 이렇게 얘기하면 역시 너무 건조한 표현일 수도 있겠지만, 저축 같은 거란 생각도 드네요. 나도 언젠가 누군가의 감정 노동이 필요할 때가 있을 테니까. 그럴 때 그 누군가는 역시 머릿속에서 해야 할 일들이 마구 스쳐 지나갈지언정, 앉아서 나의 이야기를 들어주고 공감의 제스처를 해줄 테니까요.

금고문 진짜 건조하긴 하네요. 저축이라뇨. 적금은 없나요?

제책임 아니, 적금이 저축보다 낫나요? (웃음)

김진선 그래도 두 명이 살 때는 그게 오롯이 나한테 오잖아요. 근데 여럿이 살면 내가 좀 바쁘면 다른 친구한테 토스하기도 해요. "얘 좀 상태가 안 좋은 것 같은데, 나는 오늘 좀 바쁘니까 네가 오늘 일찍 들어갈래?"라든지. 이걸 오롯이 나 혼자 감당하지 않아도 되는 데서 오는 편안함도 있어요.

공동주거의 모습도 나이가 들어간다

금고문 우동사에 사는 분들은 다 싱글이세요? 아니면 결혼하신 분도 있나요?

김진선 싱글이 많고요. 결혼한 사람이 세 커플.

금고문 아이도 있어요?

김진선 한 커플이 아이를 낳아서 기르고 있어요. 1년 반 정도 되었어요.

금고문 보통 생각하는 건 〈프렌즈〉처럼 싱글들끼리 모여서 사는 건데, 거기에 결혼한 커플이나 아이가 있으면 양상이 완전히 달라질 것 같아요.

김진선 저도 처음부터 같이 있었던 게 아니라서, 이 변화를 제가 체감한 건 아닌데요. 처음부터 결혼한 상태로 들어온 건 아니고, 공동주거로 같이 살다가 결혼한 경우라고 하더라고요. 그러면서 아이가 생겼고요.

제책임 그럼 커플과 싱글들이 같이 사나요?

김진선 네. 어차피 2인 1실이어서 싱글 둘이 사는 방도 있고, 커플이 사는 방도 있어요. 아이가 사는 집은 저희 바로 윗집인데, 아이가 생긴 후로는 진짜 식구 같은 느낌이 진해졌다고 해요. 애기 보러 다들 일찍 퇴근하고. 집에 오면 애기한테 모이고.

금고문 진짜 좋은 것 같아요. 요즘에는 부부 두 명만 살고, 부모님은 멀리 살고 이러면 엄마나 아빠 중 한 명이 아이를 오롯이 봐야 하는 거잖아요. 근데 이렇게 삼촌도 있고 이모도 있으면, 엄마나 아빠가 바쁠 때 놀아줄 수도 있고. 정말 좋네요.

제책임 전 드라마 〈풍문으로 들었소〉가 생각나는데요. 마지막에 고아성과 이준 부부가 아기를 데리고 아버지 집에서 나오잖아요. 원래 둘의 고시 공부를 봐주던 독선생이 마련해준 집에서 살게 되는데, 이 아이를 이준의 아버지에게 반격해서 일을 그만두고 나온 사람들이 돌아가면서 봐주는 거예요. 고아성의 친정엄마도 아이를 봐주지만, 그 아저씨 아주머니들이 아이를 돌봐주면서 고아성과 이준이 고시 공부를 할 수 있게 끔 도와주는 거죠. 이런 모습이 드라마 마지막회에 나오는데, 전 '이게 미래다'라고 생각했거든요. 하나의 공동체로 보였어요. 고아성과 이준의 아이는 그냥 둘만의 아이가 아니라 모두가 키우는 아이였고요. 그런 얘기도 하잖아요. 요새는 애를 키우려면 부모 둘로는 모자라고 할머니 할아버지까지 포함해서 네 명이 있어야 한다고.

금고문 아이 하나를 키우려면 온 마을이 필요하다는 말도 있죠.

제책임 (웃음) 육아를 가족 또는 혈연공동체 안에서만 해결해왔던 게 과거의 방식이라면, 그 경계가 조금 허물어지고 새로운 방식의 공동체들이 생겨날 수도 있지 않을까 상상해보곤 하는데, 그 드라마가 그런 모습을 보여주는 것 같았어요. 어떻게 보면 생뚱맞은 엔딩이었지만 저는 가장 현실적인, 아니 유일한 대안이라고 생각했거든요. 지금 우동사 아이 이야기를 하시니까 그 드라마가 딱 떠오르네요.

금고문 미래가 여기 있군요.

김진선 미래가 여기 있습니다. (웃음) 지난 1월 1일에 한 집에서 떡국 먹으러 오라는 메시지를 돌렸어요. 그때만 해도 저는 두 달 정도 된 때여서 아직 사람들과 약간 서먹서먹했거든요. 처음에는 좀 어색했는데, 테이블을 길게 펼쳐놓고 사람들이 둘러앉아서 떡국을 같이 먹고 그 사이에서 아기가 이모와 삼촌들 사이를 왔다 갔다 하는데 진귀한 광경이라는 생각이 들었어요. 저에게는 인상적인 장면이었어요. 스무 명 정도가 모인 대식구처럼. 아, 재밌다. 이런 느낌이 들었어요.

금고문 듣고만 있어도 좋네요. 스무 명 정도의 대식구인데, 만약 일반적인 혈연공동체라면 서열이 있잖아요. 게다가 결혼은 언

제 하니, 애는 언제 낳을 거니, 취직은 언제 할래, 나 어디가 아
프다…… 이런 이야기를 하고요. 하지만 여기는 그런 게 아니
잖아요. 너무 산뜻하고 좋네요. 진짜 미래가 거기 있군요.

김진선 네. 아이가 있어 모두 좋아하지만, 그럼에도 불구하고 오
롯이 엄마 아빠가 책임져야 하는 영역이 있고, 아이가 하나밖
에 없어서 안타까운 건 있어요. 같이 육아를 하는 친구가 있으
면 좋겠다 싶은 거죠. 그래서 누군가 빨리 다음 아이를 낳기를
바라면서, 누가 다음 타자가 될지 기대하고 있어요. (웃음)

제책임 저는 마지막 말씀이 굉장히 중요하게 들려요. 사실 공동
주거 실험을 하는 곳이 늘고 있지만, 대부분 임시 상태로 보이
는 거예요. 이 사람들이 나이가 들고 결혼을 하고 아이를 낳으
면 그런 임시 상태에서 벗어날 거라고 자연스럽게 생각하게
되잖아요. 근데 그런 공동주거를 하는 무리가 하나씩 늘어나
마을을 이루고, 그 안에서 결혼해서 아이를 낳고, 그 집을 떠나
지 않고 계속 거기서 아이를 기르고. 이렇게 사람이 나이 드는
것과 마찬가지로 공동주거의 모습도 나이가 들어간다는 게 제
상상을 뛰어넘는 것 같아요. 아, 진짜 이게 뭐가 될 수도 있겠
구나 하는 생각이 들어서 참 기분이 좋네요.

금고문 갑자기 떠오른 질문인데, 커플이나 부부가 있잖아요. 그
러면 약간 눈꼴이 시다거나 갈등이 생겼을 때 둘이 한편 먹고
하는 문제는 없나요?

제책임 (웃음) 아니면 혹시 둘이 싸워서 다른 사람들을 불편하게
한다거나.

김진선 할 말이 많지만, 어디까지 해야 할지…… (웃음) 저는 정
말 좋다고 생각하는 게, 사실은 저도 거기서 남자친구를 만났
어요. 이렇게 연애하기 힘든 시대에 가까이서 보면서, 어떤 사

람인지 아니까 안심하게 되어서 참 좋았어요. 저도 집에서 바퀴벌레라고 불리는데 (웃음) 연애를 하다 보니 다른 사람을 소외시키는 면이 있긴 하겠죠. 오롯이 둘이 하고 싶은 것들이 있으니까요. 이를테면 둘이서 산책을 간다거나 하는. 좀 불편한 마음이 있다고 털어놓았더니 어떤 친구는 연애하고 싶은 마음이 생기고 자극이 되어서 좋다고 말하더라고요. 지금 모든 집에 커플이 한 쌍씩 있어요.

글고문 아, 1가구 1커플.

김진선 (웃음) 아까 말씀하신 것처럼, 한 집에 커플이 한 쌍 정도 있을 때 안정감이 다르다고 하더라고요. 우동사 전체에 결혼한 커플이 세 커플이고 연애하고 있는 커플이 두 커플이에요. 그래서 훨씬 더 안정감이 생길 수 있다고 말하는 친구도 있어요.

제책임 말씀하신 대로 진짜 그 사람이 어떤 사람인지를 숨김없이 다 볼 수 있다는 건 큰 장점이겠네요. 더구나 그 안에서 만나서 커플이 되고, 결혼을 하고 이러면 공동체 자체가 훨씬 탄탄해질 수밖에 없겠죠.

글고문 부부 양쪽을 다 아는 공통의 친구들이 있는 거잖아요. 회사에서 만났다거나 맞선을 봐서 만났다고 하면 친구들도 각각 따로 있을 텐데, 여긴 공동의 친구들이 많으니까 좋을 것 같아요. 함께 할 수 있는 일도 많을 테고.

김진선 또 재미있는 건, 모든 커플들이 갈등을 겪게 되잖아요. 근데 알고 보면 누구나 겪는 일이거든요. 우동사 안에서 다른 사람들과 이야기하다 보면, 그 갈등이 나만의 문제가 아니라 공통의 주제가 되기도 하고, 다른 입장을 자기 파트너한테 들을 때는 수용이 안 됐는데 다른 친구를 통해서 들으면 수긍하게 되기도 해요. 관계가 다양할 때 생기는 어떤 상쇄효과도 있는 것 같아요.

제책임 이야기를 듣고 보니, 좀 전에 금고문 님이 말씀하신 것처럼 위계가 없는 마을살이라는 생각이 드네요. 보통 마을살이에는 꼭 친척들 간의 위계뿐 아니라 나이도 중요하게 작용하잖아요. 근데 우동사 같은 공동체는 그렇지 않을 거라는 생각이 들고.

김진선 네, 맞아요.

제책임 전통적인 마을 공동체의 단점은 없으면서도, 어떤 면에서는 마을살이의 장점을 갖춘 삶의 형태가 아닌가 싶어요. 제가 상상했던 것보다 훨씬 더 그런 모습에 가깝다는 생각이 듭니다.

금고문 아, 정말 기분 좋았어요. 저는 그 우동사에 한 명 있는 아이, 미래의 아이, 〈칠드런 오브 맨〉 같은 느낌인데 그 아이가 굉장히 부럽네요.

제책임 헬조선이라고 불리는 요즘, 그곳에서 한 아이가 밝고 따뜻하게 자라고 있다고 생각하니 기분이 좋네요. 저는 얘기 들으면서 저를 돌아보게 되었어요. 저는 '함께 살기의 기술'이라고 했을 때 정말 오랫동안 함께 살 수 있나? 감정 소모가 엄청 클 것 같은데? 청소 때문에 싸울 텐데? 이런 생각이 먼저 들었거든요.

그런데 재미있는 게, 제가 협동조합으로 롤링다이스를 하잖아요. 롤링다이스에 대해서 이야기하면, 맥락은 조금 달라도 비슷한 질문을 많이 받아요. 일은 어떻게 나눠서 하냐. 모두 한 사무실에 모여서 일하는 게 아닌데도 정말 각자 자기 일들을 잘하냐. 그리고 책임이 명확하지 않은데 일의 질이 떨어지지 않느냐. 딱 잘라 대답하기가 어려운 질문들이에요. 그냥 돼요.

하다 보면 다 돼요. (웃음) 이런 거죠.

그리고 "나는 개인주의자라서 협동조합 같은 건 자신이 없다"는 말을 저 역시 많이 듣거든요. 그러면 "나도 개인주의자인데" 이런 생각이 먼저 들어요. 개인주의자라고 같이 뭘 할 수 없는 것은 아니거든요. 저는 모든 사람에게는 혼자 하고 싶은 일과 함께 하고 싶은 일이 혼재되어 있다고 생각해요. 다만 어떤 사람은 전자의 비중이 크고, 어떤 사람은 후자의 비중이 크죠. 이 비율이 사람마다 조금 다르고, 또 살면서 그 비율이 달라지기도 하고요. 저도 롤링다이스를 시작하기 전에는 전자의 비중이 훨씬 더 큰 사람이었는데, 시간이 지나면서 후자의 비중이 점점 늘어나고 있거든요. 이 기세로 가다 보면 공동주거를 할 수도 있겠구나 싶은. (웃음)

글고문 대관령에 마을 차리셔야죠.

제책임 언젠가는 그러고 싶습니다. 오늘 즐거운 얘기 나눴고요. 함께 해주셔서 고맙습니다.

함께 살기의 기술 핵심 정리

〰〰〰〰〰〰〰〰〰〰〰〰〰〰

① 잘 듣고 잘 말하기

나의 상황, 나의 마음에 집중해서 말하고, 다른 사람이 말할 때는 귀를 기울여 잘 듣되 앞서 판단하지 않는다.

② 듣고 말할 시간 만들기

잘 듣고 잘 말하기 위한 조건은 여유가 있는 일상이다. 빡빡한 일상 속에서 숙제처럼 시간을 내야 한다면, 마음을 열어 듣고 말하기가 어렵다. 우동사에서는 일주일에 한 번, 두세 시간씩 '나누기' 시간을 가진다. 이 시간이 진짜 '나누는' 시간이 되려면 일상에 마음의 여유가 머물 여백이 있어야 한다.

③ 자신에게 좋은 에너지 만들기

즐거운 일, 자신에게 좋은 일을 찾으려는 에너지가 있어야 하고, 그런 사람들이 모여야 서로 좋은 기운을 주고받을 수 있다. 나에게 좋은 일, 하고 싶은 일을 하려는 사람들이 서로를 꼬드기고, 또 꼬드김을 당하면서 좋은 에너지를 키워야 지속 가능한 함께 살기의 방식이 생겨난다.

〰〰〰〰함께 살기의 핵심은 자신의 상태를 제대로 파악하고 명료하게 이야기할 수 있는가에 달렸다. 상대의 잘잘못에 초점을 맞추는 대신, 자신이 어떤 상태에 놓여 있으며, 그 상태에 작용하는 원인이 무엇인지에 집중한다면, 상대를 굳이 교정하지 않고도 문제의 실마리가 풀리기도 한다. 동시에 자신의 상태를 상대에 대한 원망을 섞지 않고 담백하게 말할 수 있으면, 서로 다른 양쪽이 만날 수 있는 중간지대가 자연스럽게 형성된다.

그러나 이 모든 것이 가능하려면, 일상에 여백을 남겨두어야 한다. 자신의 마음 상태를 들여다보는 데도, 조급하게 결론을 내려는 욕심 없이 담백하게 이야기를 나누는 데도, 에너지와 시간이 필요하기 때문이다.

5장_____

몸의 감각을 깨우는
몰입의 즐거움
* 손으로 만드는 기술

: : '문화로놀이짱'의 아랑 : :

손을 직접 움직여 무언가를 만들어본 게 언제인가요? 나에게 손이 있다는 감각에 집중하며 시간이 얼마나 흘렀는지 모를 만큼 몰입했던 경험이 언제였는지 떠올릴 수 있나요?

쓸모 있는 일을 하면서 사는 게 당연하고, 그러다가 조금 여유가 생기면 그저 놀거나 돈을 쓰는 것으로 시간을 보내는 게 어른이 된 우리에게는 자연스럽습니다. 그렇게 살다 보니 '쓸모'가 우리 삶을 판가름하는 기준이 되어버린 것 같습니다. 돈이 되는 일을 해야 쓸모 있는 사람이 되는 것 같고, 돈 되지 않는 일은 곧 돈 쓰는 일이기 마련인지라 쓰는 돈에 견주어 또 쓸모를 따져보게 됩니다. 우리의 일상은 노동(돈 버는 일)이 아니면 소비(돈 쓰는 일)로 나뉘고, 우리는 노동자(돈 버는 사람, 싫은 일이라도 참고 해야 하는 사람)와 소비자(돈 쓰는 사람, 지불하는 돈만큼의 권리를 주장할 수 있는 사람) 사이를 오가며 하루를 보냅니다.

어쩌면 손으로 무엇이든 직접 만드는 일은 소비라고 하기에는 분명히 무언가를 생산하는 활동이지만, 노동이라고 하기엔 돈벌이가 안 되는 활동입니다. 그렇기 때문에 '손으로 만들기'는 노동과 소비로 나뉘는 이분법의 일상에 균열을 내는 일이기도 합니다. 그 균열을 몸으로 느끼며 몰입할 때, 일상이 생각지 못했던 방향으로 확장되곤 하지요. 그곳에서 미리 기획하지 못했던 삶의 다른 가능성들과 만나게 될지도 모를 일입니다.

오늘의 기술자 아랑의 이야기는 바로 그 가능성을 몸으로 겪어온 시간들을 담고 있었습니다.

아랑

#1 문화 창작이 물건.제작으로 이어지다

2006년, 주말이면 홍대 한 귀퉁이에 OO시장이 열렸다. 누군가는 공공시장, 누군가는 땡땡시장이라고 불렀던 이곳은 이름이 가리키는 것처럼 누구든 와서 무엇이든 팔 수 있는 열린 시장이었다. 당시 홍대 문화를 만들어가던 다양한 문화창작자들은 OO시장에 이런저런 공구를 가져와서 그 자리에서 뚝딱뚝딱 일상의 소품을 만들기도 했고, 누구나 그런 만들기에 동참하고 배울 수 있었다. 당시 OO시장을 기획하고 운영했던 이가 오늘의 기술자인 아랑이다.

아랑 역시 OO시장을 통해 직접 쓸 의자를 손수 만들어보는 경험을 하게 된다. 그때 생전 겪어보지 못한 몰입의 경험을 하게 되었고, 그 경험이 '만드는 사람'으로 살게끔 이끈 전환점이 되었다. 아랑은 현재 폐목재를 활용하는 업사이클링 제작소를 운영하는 기업이자 생활 공동체 '문화로놀이짱'의 대표다.

#2 물건을 사지만, 물건'만' 사지 않는 사람들

이케아에 가면 10만 원으로 4인용 탁자를 살 수 있는 시대다. 경제적으로만 따지자면, 자기 손으로 직접 나무를 자르고 붙여 만든 가구가 경쟁력을 갖기는 어려울 것이다. 기업으로서 시장에 내다 팔 물건을 만든다면 더욱 그러하다. 문화로놀이짱의 사업이 "어떻게 경제적으로 지속 가능한가"를 묻는 질문에 아랑은 "누가 만드느냐, 어떻게 만드느냐를 중요하게 생각하는 사람들이 있다"고 둘러 답한다. 그런 사람들이 문화로놀이짱이 만든 물건을 찾

152 ⋯⋯⋯⋯⋯

고, 그 덕에 작은 규모로나마 지속 가능성이 생겨난다는 뜻일 터다. 사람들은 자연스럽게 지속 가능성과 시장 경쟁력을 동의어로 받아들인다. 여기서의 시장 경쟁력은 계량 가능한 단기적 효용으로 환산된다. 그러나 '어떻게 만들어지는지 이해하는 사람'은 단기적 효용만을 소비하는 데 머무르지 않는다. 이들은 단기적 효용 뒤에 숨은 층위를 볼 수 있는 사람이고, 그럼으로써 객관적으로 보면 쓸모없는 것에서 주관적이고도 개인적인 쓸모를 찾아낸다.

시장이 규정하는 테두리 밖에서 쓸모를 찾아내는 것은 일상 속 자유의 여지로 이어진다. "자신에게 쓸데없는 일을 허락하라"는 아랑의 조언이 "조금씩 더 자유로워지라"는 이야기와 다르지 않게 들리는 이유다.

제책임 오늘 연구할 주제는 손으로 만드는 기술인데요. 금고문 님은 혹시 만드는 거 좋아하세요?

금고문 어릴 때는 만드는 거 굉장히 좋아했다고 생각했는데, 지금 와서 보면 꼭 그랬던 것 같지는 않아요.

제책임 (웃음) 어렸을 때 어떤 거 만드셨는데요?

금고문 남자아이들이랑 같이 놀면 뻔하죠. 레고나 모터 자동차라고 하죠, RC카 그런 것들. 이것저것 많이 만들었죠.

제책임 언제부터 그런 거 안 하기 시작하셨어요?

금고문 책을 읽고 나서부터 안 한 것 같아요.

제책임 아 (웃음) 책이 문제…… 저는 손이 곰 같은 사람, 흔히 곰손이라고 하잖아요. 제가 딱 그래요. 손으로 하는 걸 좋아하긴 해요. 의욕은 있는데 잘 안 돼서 좌절하죠. 남편은 손재주가 좋거든요. 목공도 하고요. 제가 뭔가 하다가 망쳐놓으면 남편이 수습하는 식이죠. 남편이 작업할 때 옆에서 거들면서 부러워하고. 그래서 나도 잘해보고 싶다, 이런 생각만 하죠.

오늘의 연구 주제는 손노동의 기술인데요. 오늘 모실 기술자는 '문화로놀이짱'의 대표 아랑 님입니다.

아랑 안녕하세요. 아랑입니다.

제책임 문화로놀이짱은 폐목재를 재활용한 가구를 만드는 일과 명랑에너지발전소, 비빌기지, 해결사들의 수리병원 등등 이름만 들어도 궁금해지는 창작의 공간들을 만들어가는 사회적 기업으로 알고 있는데요. 이건 공식 소개이고 본인 소개를 직접 해주시죠.

아랑 이곳에 오면서 저를 어떻게 소개할까 생각해봤는데요. 저는 열두 살 된 닥스훈트를 키우고 있고, 사회가 규정하는 규칙을 지키지 않으면서도 사는 방식을 모색하다 보니 어느새 친구들과 함께 살게 되었고, 성소수자에 대한 차별과 그 밖의 모든 차별을 반대하고, 만드는 사람들을 좋아하고, 만들기는 잘 못하고, (웃음) 그런 아랑입니다.

제책임 짧은 소개였지만, 어떻게 사시는지 그림이 그려지는 소개네요. "만드는 사람을 좋아하고, 만들기는 잘 못하고"……저와 비슷하군요. (웃음)

글고문 그런데 왜 이름이 아랑인가요?

아랑 아랑은 닉네임이고요. 2001년에 처음 불리게 되었어요. 아톰 동생을 닮았다고 아랑이라는 닉네임이 생겼어요.

제책임 아톰에게 동생이 있었나요?

아랑 네. 여동생이 있어요. 그 동생과 닮았다고 아랑이라는 닉네임으로 불리기 시작했는데, 나중에 알고 보니 아톰 동생의 이름은 아롱이었어요. (웃음) 제가 아랑이라고 불리기 시작한 건 2001년 즈음인데요, 그때 만났던 사람들 사이에서 '이름이나 직책' 대신 닉네임으로 서로를 호칭하는 문화가 있었어요. 그렇게 시작해서 쭉 그 닉네임을 쓰고 있어요. 닉네임을 부르다 보면 격이나 서열 같은 게 사라지거든요. 제가 일하는 곳에서도 서로 그렇게 불러요. 그러다 보니까 꽤 오래 사용한 이름이 되었습니다.

글고문 이름을 착각한 게 오히려 다행인 것 같아요. 아니었으면 지금 아롱 님이라고 부를 뻔했는데.

아랑 그렇죠. 그리고 'ㅇ'이 많이 들어간 이름은 굉장히 경쾌한 느낌을 주는데, 지금 보면 안 어울린다 하시겠지만 그때만 해도 제가 아주 명랑하고 경쾌했어요. (웃음)

'만드는 사람'이 되다

제책일 소개에서 말씀하신 것처럼 보편적인 기준, 그러니까 사람들이 말하는 이른바 정상 혹은 평균치라는 것들을 그냥 받아들이는 대신, 한 발짝 떨어져서 자기만의 질서, 조직화를 꿈꾸면서, 또 시도하면서 살아가는 분인 것 같은데요. 2004년부터 '문화로놀이짱'이라는 이름으로 활동하기 시작하신 것으로 알고 있습니다. 어쩌면 그때가 이른바 '홍대 문화'가 활발히 움터나던 시기였는데, 그때부터 이어져온 역사를 가볍게 나눠주실 수 있을까요?

아랑 가볍게가 가능할지 모르겠지만. 문화로놀이짱은 2004년에 홍대 앞에서 문화예술기획이라는 범주의 활동을 염두에 두고 모였던 팀 이름이고요. 1990년대 후반부터 2000년대 가장 활발했던 홍대 앞 문화, 활동 등을 10대들에게 매개하는 역할로 기획했던 팀명이자 프로젝트명이었어요. 그래서 10대들에게 홍대 앞에 있는 문화자원들을 소개하는 일을 했었고요. 실제로 10대가 참여할 수 있는 활동을 만들어서 그들과의 만남을 매개하는 방식으로 이루어졌어요. 그런데 이런 매개 활동이 일회성으로 끝나다 보니까 10대들이 단편적인 이미지만 체험하고 가는 것이 아쉬웠어요. 그래서 상시적인 접촉면을 만들려고 토요일마다 마켓을 열어보자는 생각을 하게 되었죠. 그렇게 만든 마켓이 현재 문화로놀이짱의 전신인 OO시장(공공시장)이라는 프로젝트였어요. OO시장은 자기가 가지고 있는 도구나 재료들을 내놓고 공유하거나 대여해주면서 소유가 아닌 순환을 지향하는 실험의 장이었어요.

제책임 OO시장은 몇 년도의 일인가요?

아랑 2006년에 시작했어요. 홍대 앞도 2002년 월드컵이 끝나고 나서, 관광자원으로서의 지역화가 이루어지는 과정이 있었어요. 홍대 앞은 원래 신촌의 부동산 값이 오르면서 밀려난 사람들이 자리 잡으면서 클러스터가 형성된 지역이었거든요. 굉장히 자생적인 이동이었죠. 그런데 그렇게 자생적으로 생겨난 문화가 관광이나 여러 소비문화와 맞물리면서 엄청나게 상업화되기 시작하죠. 제가 그곳을 발견했던 2000년대 초반만 해도 굉장히 다양한 형태의 삶이 존재했거든요. 그게 저에게 주는 안정감이 있었어요. 꼭 주류에 편입되지 않아도 제각각의 모습으로 살아갈 수 있다는 안정감. 그런데 그곳에 있으면서 상업화에 밀려나는 사람들을 목격하게 된 거죠. 계속 그곳에서 활동하고자 하는 사람들에게는 대안이 필요했고, 가진 물건을 최소화하고 필요한 물건은 공유를 통해 순환시키는 데서 그런 대안의 실마리를 찾을 수 있지 않을까 생각했어요. 그렇게 하면 내가 점유하는 면적을 줄일 수 있으니까요. 그리고 이런 공유와 순환이 사람과 사람의 연결고리들을 만들어내잖아요. 그 과정이 10대들 그리고 그 지역에 사는 사람들과의 연결고리를 만들어낸다면, 그 자체가 풍성한 교육의 현장이 될 수도 있겠다는 생각에 OO시장을 만들었어요. 그래서 OO시장에

는 나에게 있지만 다른 사람에게 없는 것을 빌려주는 가게, 아
는 만큼 가르쳐주는 가게 같은 게 있었어요. 이런 가게들 안에
는 먹을거리, 입을 거리, 읽을거리, 쓸거리, 이런 품목들이 있
어서 누구나 참여할 수 있는 구조였어요.

이 과정에서 자기 일상에 필요한 것을 스스로 만들어 쓰는
행위의 힘을 느끼게 되었어요. 자기 생활을 스스로 구성하는
역량을 키워주기도 하고, 또 내가 얼마나 소비 의존적인 인간
인지를 깨닫게 되기도 하고요. 창작자들이 일상의 문제를 스
스로 해결하는 것을 보고, 저도 거기에 동참하면서 이런 작업
을 위한 자원 또는 사회적 시스템이 필요하다고 생각했어요.
그 작업이 '생각하는 대로 살기 위한 힘'을 준다고 느꼈거든요.
그래서 그 일환으로 시작한 게 창작 도구를 공유하는 일종의
도서관이자 업사이클 제작소인 문화로놀이짱이에요.

제책임 00시장을 열면서 처음으로 자기 손으로 직접 만들어보
는 경험을 시작하신 거죠? 그전에는 아랑 님도 '만드는 사람'
은 아니셨다고.

아랑 네. '만드는 사람'은 아니었어요. 20대 때 철없이 "목수
남편과 결혼할 거야" 이런 정도의 지향이 있었죠. 만드는 사람
을 그냥 좋아하는 정도였어요.

제책임 처음 만들기를 직접 경험했던 순간을 기억하시나요? 처
음에 만드는 걸 잘하지는 못하지만 만드는 사람을 좋아한다고
얘기하셨는데, 지금은 어쨌든 직접 손과 몸을 쓰는 일을 많이
하시잖아요. 그런 전환의 계기나 순간이 있지 않았을까 싶은
데요.

아랑 네, 그런 전환점이 있었어요. 사실 10대 때 학교 수업에
서 만들기 숙제를 내주잖아요. 저는 늘 엄마 아빠한테 부탁했

거든요. 생각해보면 부모님은 손재주가 있는 분이셨어요. 그래서인지 무언가 만드는 손에 대한 동경이 있었어요. 지금도 얼핏 기억나는 게, 늘 아빠가 나를 옆에 앉히고 무언가를 만들어주셨거든요. 그때 아빠의 손이 아직도 기억나요.

근데 00시장에서 어쩌다 보니 직접 만들기를 하게 되었어요. 처음에는 사람들이 이 시장을 어떻게 활용해야 할지 낯설어 하니까, 저희가 호객행위로 만들기를 시작한 거예요. "00시장은 이렇게 사용하는 겁니다"를 보여드리려고, 00시장에서 재료를 구매하고, 도구를 빌려서, 사무실에서 필요한 가구를 하나 만들어본 거죠. 그때 처음 만들어본 게 의자였어요. 그날 의자를 만들었던 기억이 아주 생생해요.

이 작업을 하기 며칠 전에 10대들과 창작 작업을 하는 워크숍을 홍대 앞 클럽에서 했었거든요. 10대 서른 명을 모아놓고 소통한다는 건 굉장히 어려운 일이잖아요. 그 에너지가 엄청나고, 제가 용기를 내서 작은 목소리로 자기소개를 해도 아무도 관심이 없어요. 그런 어색한 시간을 거쳐서 창작 도구들을 나눠주고, 이 아이들이 작업을 시작하는 순간, 갑자기 정말 괴물 같던 10대들이 엄청나게 조용해지는 거예요. 그 자리에서 제가 어떤 10대 친구한테 저도 모르게 "지금까지 살면서 이렇게 집중해본 적 있어?" 하고 물어봤거든요. 그 친구가 "그런 적 없었어요"라고 대답하는 순간, 그 친구와 제가 동시에 어떤 특별한 발견을 했다는 교감을 느꼈어요. 며칠 후에 제가 좀 전에 말씀드린 것처럼, 00시장에서 처음 의자를 만들면서 똑같은 경험을 하게 된 거예요. 엄청난 몰입의 경험이었죠.

'아, 창작이라는 게 재능을 발현하기 위한 표현 수단만은 아니구나. 재능이 있든 없든 인간이 자신의 에너지를 힘껏 모아

보거나 쫙 풀어보면서 자기 기운과 에너지를 사용하는 방법을 배우는 활동이구나'라는 생각을 하게 됐어요. 그런 생산 활동이 내 세계를 구성하는 힘이라는 것도 깨달았고. 그때 만났던 그 10대 친구, 그리고 제가 만들었던 그 첫 번째 의자가 저를 이 일로 이끌어준 힘이라고 생각해요.

제책임 금고문 님은 그런 경험 있으세요?

금고문 저는 오늘 여기 오기 전에 몸을 좀 써야겠다고 해서 집 안 대청소를 했거든요. 제가 원래 청소하는 걸 정말 싫어해요. 세상에서 제일 싫어하는 게 걸레질인데요. 걸레질을 하고 나면 걸레를 빨아야 하잖아요. 그런데 저는 정말 손재주가 없는 것 같아요. 걸레를 빨면 항상 냄새가 나요. 그래서 걸레질을 너무 싫어하게 되었고, 혼자 살면서부터는 일회용 물걸레포를 구입해서 썼어요.

제책임 어우, 제가 사랑하는 녀석입니다.

금고문 일상을 구성하는 힘, 손으로 만들면서 느끼는 에너지, 그런 말씀하셨는데, '아 내가 아랑 님과는 대척점에 있구나' 하는 생각이 들었습니다.

제책임 금고문 님도 공감하실 것 같은데, 글을 쓸 때는 나에게 몸이 있다는 걸 잊게 돼요. 글을 쓴다는 건 일종의 평행우주처럼, 내 머릿속에 있는 세계를 종이 위로 꺼내놓는 작업에 가깝잖아요. 책 읽고, 글 쓰고, 이런 일을 계속 하다 보면 내 몸이 뭘 하고 있다는 느낌이 전혀 들지 않고, 뇌와 컴퓨터만 존재하는 것 같거든요. 몸이 사라지는 느낌.

그래도 저는 집이 대관령이다 보니까 어쩔 수 없이 꼭 해야 하는 육체노동이 있는데, 바로 눈 치우는 일이에요. (웃음) 아, 부끄럽지만 눈 치울 때, 새삼스럽게 느끼게 되는 감각이 있더라고요. 어떻게 힘을 줘야 허리에 무리가 안 가는지, 또는 힘을 덜 써도 되는 방법을 연구하게 되고, 그게 좀 잘되면 아무도 알 아주는 사람이 없는데 신이 나는 거예요. 내가 세상에서 눈을 제일 잘 치우는 사람 같아! 이런 기분이 들 때, 이게 참 우스운 건데, 순수한 기쁨을 느낀다고 해야 하나요. 저는 뭔가를 만드는 재주는 없지만 몸이라는 건 누구한테나 다 있고 그걸 쓰면서 사는데, 그런 감각을 일깨워주는 계기가 일상에는 많지 않은 것 같아요.

자립의 감각

제책임 그런데 말씀하시면서 여러 차례 자기 세계를 '구성한다', 자기 생활을 '구성한다'고 하셨는데, 삶을 구성하는 힘과 손노동은 어떤 관계가 있을까요?

아랑 우리 사회가 강요하는 일정한 삶의 양식이 있잖아요. 그런 사회에서 내가 스스로 생각한 것을 실천하고 유지하면서 살려면 스스로 생산하는 능력이 필요하다고 생각해요. 사실 손으로 직접 뭘 만든다는 게 요즘 트렌드가 되고 있잖아요. 이게 어떤 상징인 것 같아요. '제작하는 인간'으로서의 삶, 그러니까 효율적인 생산력을 가진 노동자로서가 아니라 살아가는 데 필요한 기술을 생산할 능력을 가진 제작자로서의 삶을 원하는 마음이 많이들 있는 거죠. 그 물건이 무엇이든지 간에 생산하는 방법에 대한 인지가 있느냐 없느냐에 따라서 소비하는 인간으로서만 존재하는 나를 넘어설 수 있어요. 무엇보다 소비가 충족되지 않았을 때 느끼는 불안을 또 다른 소비나 또 다른 벌이로 해결하려고 하는 구조에서 빠져나오는 실마리가 되기도 하고요.

영화 〈설국열차〉를 보면, 꼬리 칸에서 일등칸으로 가려고 그렇게 애를 쓰다가 열차에서 나오고 나니까 아무것도 아니었잖아요. 저는 그것과 비슷하다고 생각하거든요. 나올 수 있는 상상력을 주는 게 손노동이라고 생각하고요. 생산하는 기술로서만이 아니라 일단 몸을 움직이는 노동이라는 게 사실 인간의 근본적인 잠재력이거든요. 근대 이후의 생활방식이 그 잠재력을 많이 퇴화시켰다면, 그 잠재력의 복원을 꿈꾸는 요즘의 트렌드는 그런 근대 이후의 세계가 종착점을 향해 달려가고 있다는 걸 무의식적으로 느끼는 사람이 많다는 뜻이 아닐까요. 내가 내 몸과 손을 움직일 때, 그 결과물의 좋고 나쁨을 떠나 스스로 각성하게 되는 게 정말 있거든요. 그 몸의 깨어남을 통해 상상하게 되는 내 생활에 대한 상이 있어요. 그리고 그 상을 실현하고자 하는 에너지가 다시 내 몸을 움직일 때 또 만들어지고요.

제책임 주문 제작으로 물건을 만든다고 들었는데, 가장 최근에는 뭘 만드셨어요?

아랑 가장 최근이면 오늘일 텐데요. 2011년쯤에 여의도 성모병원에 갔다가 가구들을 버리는 걸 우연히 발견했어요. 성모병원이 아시다시피 가톨릭 병원이어서 목가구를 굉장히 멋지게 짜는 전통이 있어요. 근데 이걸 요즘의 시스템 가구로 교체하려는 거였죠. 그때 저희가 이걸 발견해서 가져가겠다고 부탁했고요. 정말 어마어마하게 많은 약장들을 몇 년에 걸쳐 수거해왔어요. 그때 수거해서 모셔둔 약장, 그러니까 일종의 서랍장인데요. 정말 예뻐요. 모든 게 사람 손으로 만들어진 물건이죠. 그걸 가지고 조명 상자를 만들다가 왔어요.

제책임 조명 상자요?

아랑 네, 전구를 안에 넣고 뚜껑을 달아서 세워놓거나 걸어놓을 수 있게. 되게 쓸데없는 물건 같죠? (웃음)

제책임 어떻게 쓸지 상상하긴 어렵지만, 예쁠 것 같다는 생각이 드네요. (웃음)

아랑 정말 빈티지하고 예뻐요. 옛날 목수들이 만든 서랍장이 더 아름답고 근사하고요. 저희는 그냥 거기에 숟가락을 얹는 마음으로.

제책임 그런 만들기 작업도 일상의 중요한 요소일 텐데, 하루를 어떻게 보내시는지 궁금해요. 보통 회사 다니는 분들에겐 상상하기 어려운 일상일 수도 있을 것 같아요.

아랑 저는 햇볕을 받으며 아침에 자는 걸 좋아해서 아침에는 빈둥빈둥대고요. 저희 노령견, 아까 말씀드린 닥스훈트가 밥을 달라고 하면 그때부터 하루가 시작돼요. 제 밥은 안 챙겨먹어도 그 녀석 밥은 챙기고 잠깐 데리고 나가서 햇볕을 쪼여줘요. 그러고는 출근해서 친구들과 놀며 일하고요. 문화로놀이짱은 '비빌기지'라는 공간 안에 자리 잡고 있어요. 비빌기지는 마포 석유 비축기지 안의 주차장에 위치하고 있는데, 문화로놀이짱이 이곳에 온 지는 7년째예요. 지금은 저희 말고도 다른 생산 집단들이 함께 공간을 채우고 있어요. 이 비빌기지에서 작년부터 '자란다'라는 팀명의 도시 농부들과 농사를 짓고 있어요. 먹을거리를 키워서 먹는 프로그램으로 연결 짓기도 하고요. 종 다양성에 대한 실험도 해보고요. 물론 매일 이런 일상을 유지하지는 못해요. 외부 일정이 많고, 미팅이나 회의로 하루를 시작하는 경우가 많거든요. 제가 가장 좋아하고, 유지하고 싶어하는 하루의 시작이죠.

글고문 어떤 걸 키우세요?

아랑 일단 토종씨들을 받아서 토종작물을 키우는 일을 한 축에서 하고요. 다른 한 축에서는 허브류나 쌈채소류를 키워요. 키우다 보면 먹고 싶고, 나눠주고 싶어지거든요. 제가 출근해서 하는 일은 얘네들을 보살피는 일이에요. 해가 쨍쨍해지기 전에 물을 줘야 하거든요. 자란 게 있으면 점심으로 먹어볼까 해서 따기도 하고.

글고문 그럼 밥도 다 같이 해드시는 거예요?

아랑 저희는 해먹기도 하고 싸오기도 하는데요. 석유 비축기지는 상암 월드컵경기장 바로 옆에 있어요. 묘하게 마포구에 있고 홍대 문화권에 있으면서도 근처에 소비할 곳이 없어요. 상업시설이 없는 거죠. 경기장 안에 있는 게 대부분이고, 그러다 보니까 나가서 밥을 사먹기가 어렵거든요. 그래서 한 1년 정도 사먹다가 너무 질려서 도시락을 싸오기 시작한 게 벌써 6년째예요. 또 채소를 키우기 시작하니까 자연스럽게 요리도 하게 되고요. 이런 식으로 일상을 보내요. 퇴근하기 전에도 너무 더울 때는 물 한 번 더 주고. 그리고 고양이가 많아요. 일부러 키우는 건 아니고, 길고양이들이 밥 준다는 소문을 듣고 찾아와요. 뒤에 산이 있거든요. 고양이가 네다섯 마리 있어서 먼저 온 사람들은 보통 고양이 밥을 주고, 집에 갈 때도 고양이 밥 주는 게 마무리. 이렇게 하루가 갑니다.

글고문 굉장히 평화롭네요.

아랑 네. 이렇게만 들으면 평화로운데…… (웃음) 바쁠 땐 또 일상이 깨지잖아요. 깨진다는 말은 일단 빨래가 밀리고, 집 안에 머리카락과 먼지가 굴러다니고, 그럼 그걸 보면서 스트레스 받고. 그런데도 치우기 싫어서 눈 감고 맥주 한 잔 마시고 잠들고. 이런 생활? 그래서 오늘 아침에는 모처럼 열심히 청소하고 나왔어요.

제책임 경제적 자립이라는 말과 방금 이야기하신 일상을 포개서 생각해보게 되네요. 실제로 일상 안에 들어가 보면, 물론 당연히 구매하는 경우도 있겠지만, 일단 농사를 지어서 그걸 먹으면, 시장을 경유하지 않는 생활이 한 부분 생기는 거잖아요. 물론 모든 재료를 다 농사지을 수야 없겠지만요. 시장에서 산 게 아니라 일터 앞에서 따먹는다, 이 자체가 자립에 대한 감각을 느끼게 해줄 것 같아요.

'카드 긁기'가 채워주지 못하는 욕망

제책임 아까도 잠깐 언급하셨는데, 손으로 뭘 하는 게 유행이잖아요. 컬러링북이 작년에 굉장히 인기 있었고, 30~40대 남성들의 로망처럼 목공 열풍이 불고요. 어떤 면에서는 그것도 하나의 소비행위처럼 소모되는 측면도 있지만, 그럼에도 불구하고 많은 사람들이 어쨌든 손으로 하는 일에 매력을 느끼는 것 같아요. 그래서 심오한 이유까지는 아니더라도, 손으로 하는 일이 사람들을 매료시키는 뭔가가 있다 싶은데요. 아랑 님은 손으로 하는 일의 매력이 뭐라고 생각하세요?

아랑 일단 간단하게 이야기하자면, 몸에 힘을 빼는 경험으로 가는 통로라는 점에서 저는 매력을 느껴요. 몸에 힘을 뺀다는 게 어느 정도 숙련이 돼야 경험할 수 있는 일이긴 한데요. 대부분의 사람들이 긴장하는 삶을 살고 있잖아요. 근데 만들기를 손으로 직접 하다 보면, 꼭 만들기가 아니라 농사도 그렇고, 생각만 그런 게 아니라 몸도 합이 맞으면 힘을 전혀 들이지 않고도 딱 제대로 맞는 순간이 있거든요. 이걸 경험하고 나면, 모든 것을 너무 무겁게 생각하지 않게 돼요. 그게 저한테는 제일 중요한 것 같아요.

제책임 얘기 듣다 보니까 저희가 처음에 말씀 나눌 때, 손으로 만들기를 '손노동'이라고 이름 붙였었는데요, 노동이라는 말이 붙으면 뭔가 쓸모 있는 걸, 돈까지 벌지는 못하더라도 실용적인 걸로 연결돼야 한다는 생각이 들잖아요? 저는 손으로 뭘 만든다는 게, 그런 쓸모에서 기쁨을 느끼는 건가 짐작하기도 했었는데요. 근데 계속 이야기를 들어보니까 뭔가 꼭 쓸모 있는 걸 만들어서라기보다는, 몸의 감각이랄까요? 그런 걸 일깨우면서 다른 차원으로 정신이 쑥 넘어가는 데서 느끼는 기쁨이 있는 것 같아요. 그걸 신체적 몰입의 느낌이라고 해야 할까요? 금고문 님은 그런 거 느껴보신 적 있으세요?

금고문 차원이 다르긴 한데, 제가 결혼할 때 아내에게 레고 심슨 하우스라고, 수천 피스짜리로 된 집 만드는 블록을 선물했거든요. 이런 집을 같이 꾸리자는 의미로. 이걸 같이 3박4일 동안 만들었어요. 물론 완성된 형태가 있으니까 그걸 보고 조립하면 되는 거지만, 그걸 만드는 데도 시간이 어떻게 가는지 모르겠더라고요. 그렇게 며칠 동안 고생해서 만들었더니 제 친구 아들놈이 와서…… (웃음) 그 이후로는 엄두가 안 나서 뭘 만들지 못하고 있어요.

아랑 요즘은 만들기라는 키워드로 검색만 하면 참여할 수 있는 게 많아요. 실과 천을 가지고 하는 만들기도 있고, 나무를 가지고 하는 만들기도 있고.

제책일 가죽공예를 하는 사람도 많더라고요.

아랑 선택의 폭이 넓어진 것 같긴 해요. 제과제빵도 엄청 커졌고, 단순히 취미활동의 영역을 넘어섰죠. 한국은 자영업 비율이 굉장히 높아서, 창업을 염두에 둔 사람도 많고요. 이게 전부 성장시대가 끝나가면서 나타나는 징후라고 생각해요. 더 이상 카드 긁기로는 해결이 안 되기 때문에 많은 사람들이 만들기를 하고 싶어하고, 또 검색만 하면 수많은 길을 찾을 수 있고요. 경제활동을 위한 만들기만이 아니라 좀 더 나다운 방식으로, 자기주도적으로 생활을 일굴 수 있는 힘을 키워주는 만들기에 관심을 가진 사람들의 커뮤니티도 생겨나고 있고요. 내가 어떤 관점에서 만들기를 원하는지 잘 살펴보고 찾아보시면 그 목적에 부합하는 만들기 과정이나 모임이 있을 거예요.

금고문 저도 작업실 테이블이 하나 필요해서 검색해봤는데 너무 비싼 거예요. 싼 건 마음에 안 들고, 마음에 드는 건 비싸고. 그래서 차라리 직접 만들어볼까 하는 생각이 잠깐 들었는데, 어디서부터 시작해야 할지 모르겠더라고요.

아랑 직접 배울 수 있는 공방이 많이 생겼어요. 그런 공방을 활용해보는 것도 한 가지 방법이에요. 저도 시작은 비슷했어요. 여러 정보를, 심지어 바다 건너 정보까지도 접근할 수 있는 시대이기 때문에 취향은 아주 높아졌는데, 내 수중에 있는 돈으로 취향을 만족시킬 수가 없고. 그렇다면 가진 돈을 온전히 재료비로만 쓰고 내가 비슷하게 만들 수 없을까? 이런 욕구도 만들기를 시작하는 중요한 경로가 될 수 있다고 생각해요. 요즘은 이런 필요를 느낄 때 공유해서 쓸 수 있는 공방이 많이 생겼고, 그런 곳에서 만드는 법도 어느 정도 가르쳐줘요. 이런 곳에서부터 천천히, 스스로 필요성을 느끼고 시작하다 보면 무아지경의 세계로 빠지면서 (웃음) 저처럼 자립의 세계로서의 만들기를 추구하는 사람이 될 수도 있고, 또는 눈에 보이는 결과물을 만드는 것 자체에 성취감을 느끼는 사람이 될 수도 있고요.

제책임 지금 작업실 테이블을 직접 만들고 싶다고, 싼 건 마음에 안 들고 마음에 드는 건 너무 비싸다고 하셨는데요. 마음에 드는 수준의 테이블을 직접 만드는 건 정말 어렵지 않나요?

이랑 원하는 게 단지 좋은 재료를 써서 정교하게 제작하고 마감이 좋은 물건이 아니라, 형태감이 딱 마음에 드는 물건일 수도 있으니까요.

금고문 맞아요. 저는 아주 심플한 것을 원하는데, 싼 건 뭐랄까 불필요하게 복잡하다고 해야 하나요. 눈만 높아져서. (웃음)

제책임 제가 그런 말씀을 드렸던 게 금고문 님의 가능성을 폄하하려고 했던 게 아니라 (웃음) 뭔가를 만들려고 시작할 때 꿈은 늘 창대하잖아요. 나는 이런 멋진 걸 만들어야지 하고. 근데 시작해보면 금세 좌절하게 되더라고요. 내 손이 내 마음같이 안 움직이고. 제가 곰손이라서 그런지 모르겠지만.

제가 사실은 산업디자인을 전공했거든요. 그런데 대학을 졸업하고 산업디자인과 관련한 일을 한 번도 하질 않았어요. 대학에 다니는 내내 '내가 이 일을 직업으로 하면 안 되겠구나'를 실감했던 거죠. 손으로 뭘 하면, 정말 내가 보기에도 아닌 거예요. 제품 디자인 수업이 많았는데, 처음에 생각하는 디자인을 그리죠. 그다음에 목업(mock-up)이라고 해서 일종의 시작품을 만들어요. 그럴 때도 힘들지만, 목업 만들 때는 매번 좌절했어요. 내 머릿속에는 아름다운 디자인이 있는데, 손으로는 도저히 그게 안 나오는 좌절감. 그러니까 점점 싫어지더라고요.

사실 시골에 가서 눈 치우게 되기 전까지는 난 몸 쓰는 일을 못하는 사람이라고, 나는 해봤자 안 된다는 생각을 했어요. 해 봤는데 좌절했던 경험, 너무 거창한 표현이지만, 어쨌든 그런 경험을 하고 나니까 오히려 벽이 생기더라고요. 반면 눈 치우는 건 잘하고 못하고의 차이가 없으니까, 그냥 힘으로 때우면 되니까 즐겁게 하지 않았을까 생각해요. 그래서 저 같은 곰손은 시작하는 단계의 그런 장애물을, 자기 결과물에 실망하는 그런 과정을 어떻게 극복할 수 있을지 궁금해요.

아랑　저희도 늘 그걸 넘느냐 못 넘느냐는 개개인의 취향과 한계에 달렸다고 얘기하긴 해요. 아마 시장 영역에서는 그런 장애물을 넘을 수 있도록 능수능란하게 안내해주는 재미난 조력자들이 많을 것 같은데요. 하지만 저도 그 장애물을 넘어서 만들기를 하는 것 같지는 않아요. 제가 어쩌면 무아 상태에 빠지는, 말하자면 힘 빼는 데 관심을 가지는 이유는 결과물 자체에 만족하는 수준이 아니기 때문일 수도 있어요. 쭉 밀고 나가는 힘이 저에게는 부족한 거예요. 그렇기 때문에 그냥 과정만을 즐기는 거죠. 그런데도 제가 이 일을 계속 할 수 있었던 건 동료들이 있었기 때문이죠. 저를 소개할 때 얘기했던 것처럼, 만드는 사람들을 좋아했고, 실제로 구현하는 사람들 옆에 있는 것이 즐거웠기 때문에 저는 그 외에 제가 잘할 수 있는 일을 하면서 이 공동체의 구성원으로 살아가는 거예요. 눈 치우는 일 말씀하셨는데, 저희도 눈이 오면 직접 치워야 하거든요. 저 역시 눈을 치우면서 삽질도 허리 바운스와 손목 스냅을 어떻게 주느냐에 따라 일이 달라지는 순간을 발견하는 수준에서 몸 쓰는 일의 기쁨을 느껴요. 저는 누구나 생존을 위해 필요한 몸의 감각을 본능처럼 가지고 있다고 생각해요. 제가 만들기를 즐겁게 할 수 있는 건 그런 감각, 그런 찰나를 느낄 때의 본능적인 기쁨 때문이에요. 하지만 만드는 사람들이 모두 그렇다고 생각하진 않아요. 말씀하신 것처럼 결과물에 대한 만족감 때문에 만들기를 계속 하는 사람도 있을 테니까요.

금고문 저는 아까부터 궁금했던 게 경제 공동체라고 하셨잖아요. 이를테면 노동과 생활을 나누는 공동체인데, 어쨌든 만들기를 통해 경제적인 행위를 하고 생산품을 시장에서 평가받잖아요. 결국 만든 물건을 팔고, 또 사는 사람이 있어야 하니까요. 이 부분에서 어려움은 없나요?

아랑 있죠. 늘 있고, 경제적으로 지속 가능하게 만드는 게 저희에게도 가장 중요한 일 중 하나예요. 그런데 어쨌든 꾸준히 매일매일 하다 보면, 숙련도가 점점 높아지고, 점점 더 좋은 물건을 만들게 되죠. 그럼에도 값싼 물건을 빠르게 소비하는 세상에서 그렇지 않은 일을 한다는 건 답이 안 나오는 일이잖아요. 그걸 지속할 수 있는 힘은 일단 우리가 하는 일이 가치 있다는 믿음이에요. 그리고 이 작업이 주는 이야기로서의 가치가 있거든요. 지금은 흔히 볼 수 없는 재료들도 있고, 또 저희가 쓰는 재료가 훨씬 건강한 재료이기도 하고요. 그런 가치를 눈여겨보는 사람들이 있어요. 트렌디하게 매번 변하는 제품이 아니라 자기만의 취향을 가진 사람들이 저희 물건을 찾기도 하고요.

　아까 시장을 거치지 않는 경제활동에 대한 이야기를 제책임님이 하셨는데, 그와 더불어 시장을 우리 스스로 만드는 것도 하나의 대안이라고 생각해요. 시장에는 그냥 물건 자체만이 아니라 그 물건을 누가 만들었느냐를 중요하게 여기는 사람들도 있어요. 저도 물건을 소비할 때 누가 만들었느냐, 적은 금액이라도 내가 쓰는 돈이 누구에게 돌아가느냐를 중요하게 생각하거든요. 그런 사람들이 서로 연결된 시장이 생기면, 작지만 나름의 지속 가능성이 생길 수 있어요. 그런 지속 가능성을 만들고 싶어서 계속 저희를 찾는 사람도 있고요.

제책임 손으로 만들기를 이야기하다 보니 결국은 우리가 어떤 사회에서 살고 있나, 어떤 욕구를 갖고 있나, 어떤 결정들을 내리면서 사나, 이런 문제에 대해서 생각해보게 되네요.

쓸데없는 일을 자신에게 허락하기

금고문 만들기를 시작하고, 또 계속해나가는 데 중요한 것을 마지막으로 정리해서 요약해주신다면 무엇일까요?

아랑 우선 몸에 힘을 빼는 순간을 찾는 것, 어떤 활동에서든 이게 저에게는 굉장히 중요하고요. 두 번째는 스스로 선택할 수 있는 것들을 많이 만들어내는 것. 그냥 주어진 걸 아무 생각 없이 따르는 게 아니라, 내 생각에 의해서 선택할 수 있는 걸 많이 만들어내면 점점 자유로워지는 것 같아요. 그리고 마지막으로, 정말 쓸데없는 일을 나 자신에게 허락해주는 마음이 중요하다고 생각해요

제책임 저는 마지막 말에 특히 공감해요. 쓸데없는 것, 쓸데 있는 것이 무슨 의미인지 곰곰이 생각해보면, 결국 그건 다른 사람들이 만든 기준이잖아요. 그런 것과 상관없이 남들이 보기엔 쓸데없는 일이지만 나한테는 재밌는 일이거나 해보고 싶은 일을 그냥 할 수 있는 것, 남들이 쓸데없다고 생각하건 말건 상관없이 밀고 나가는 것, 그 안에서 생겨나는 게 자기완결성이라고 생각해요. 객관적 쓸모와 상관없이 끝까지 밀고 나갔을 때

생겨나는 만족감이 삶의 안정감을 주는 것 같아요.

손 쓰는 일과는 영 거리가 먼 일이긴 하지만, 저도 그런 쓸데 없는 일을 나름대로 끝까지 해본 경험이 있어요. 회사를 그만 두기 전에 시작해서 한 2년 반 동안 독서 모임을 했었어요. 진 짜 어쩌다 보니까 하게 되었는데, 이 모임에서는 다 같이 철학 책을 읽었거든요. 그리고 이 모임을 하던 중에 회사를 그만두 고 지금처럼 조직에 매이지 않고 살게 되었어요. 이런 이야기 를 하면 사람들이 "무슨 책을 읽어서 그런 결심을 하게 됐느 냐"고 물어요. 그러면 저는 무슨 책을 읽었는지는 중요하지 않 다고 답하거든요. 그 2년 동안 아무 쓸데없는 일을 계속했더 니, 남들이 말하는 '쓸데'에 그렇게 집착하면서 살지 않아도 되 겠다는 생각이 들었어요. 물론 철학을 업으로 삼는 사람에게 는 그렇지 않겠지만, 저 같은 보통 사람의 기준에서는 사실 철 학책을 읽고 공부하는 거야말로 쓸데없는 일이잖아요?

금고문 그렇죠.

제책임 당장 돈이 되는 것도 아니고, 열심히 읽는다고 누가 칭찬 해주는 것도 아니지만 그냥 좋아서 하는 거죠, 말 그대로. 근데 내가 정말 열심히 하고 있더라고요. 정말 열심히 했어요. 예전 에 읽었던 책들을 꺼내서 보면, 엄청 밑줄 그어가며 읽었더라 고요. 메모도 쓰여 있고. 지금은 무슨 얘긴지도 잘 모르겠어요. (웃음) 그래도 그때는 너무 좋았거든요. 그때 나 자신에 대한 새 로운 이해가 생긴 거예요. 그전에는 뭔가 쓸데 있는 것, 사회적 으로 의미 있다고 여겨지거나 돈이 벌리거나, 남들이 보기에 근사한 일을 해야만 살 수 있다고 생각했어요. 그런데 정말 쓸 데없는 걸, 아무도 알아주는 사람도 없는데 2년 넘게 하고 있 는 나를 보면서, 내가 나를 오해하고 있었구나 하는 생각이 들었어요. 그 후에는 그냥 그렇게 내 기준으로 하고 싶은 걸 하면서 살아도 되겠다고 믿었어요. 그 과정 자체가 오히려 저에게는 엄청난 전환이었어요. 그때 읽었던 책들이 너무 어려워서 이제는 기억도 가물가물한데, 이 전환의 느낌만큼은 강하게 남아 있어요. 금고문 님은 쓸데없는 일 하는 것 있으세요?

금고문 저는 쓸데 있는 걸 거의 안 하는 것 같은데…….

제책임 그렇게 말하실 줄 알았어요. (웃음)

금고문 진짜 곰곰이 생각해봤는데, 만날 트위터하고 텔레비전 보고 야구 보고 책도 많이 읽고 영화 보고. 영화는 제가 B급 할리우드 코미디를 좋아하거든요. 정말 쓸데 있는 걸 거의 안 해요. 정말 그렇습니다.

제책임 쓸데없는 것을 자신한테 허용하는 게 중요하다는 말은, 만들기를 시작했을 때 처음부터 잘하는 사람이 없기 때문이라고 이해했어요. 누구나 비숙련 과정을 거쳐야지만 잘하게 되는데, 쓸데 있는 일만 해야 한다고 생각하면 그 과정을 견디는 게 무척 어렵죠. 그때는 만들어도 제대로 된 물건이 안 나오고 진짜 쓸데없는 결과물만 나오니까요. 그 시간을 어떻게 견뎌야 하는가를 생각해보면, 어쨌든 솜씨가 늘고 있다는 사실, 혹은 내가 지금 무엇에 집중하고 있다는 사실에 의미를 둬야 해요. 내가 만든 결과물이 얼마나 쓸모 있나, 이게 돈 주고 사는 것보다 낫나, 이런 생각을 자꾸 하면 안 된다는 거죠. 그런 생각에 빠져 있으면 비숙련의 과정, 객관적으로 볼 때 아직 쓸데없는 그 시간을 견디기 어려울 테니까요.

그런데 생각해보면 금고문 님은 트위터하고 텔레비전 보고 이런 거 다 쓸데없는 일이라고 하지만, 많은 사람들이 바로 그런 이유로 그런 얘기를 대놓고 못하잖아요. 대신 뭔가 재충전

중이라거나 휴식 중이라거나, 일을 하기 위해서 필요한 시간이라고 말하죠.

금고문 다 거짓말이에요. (웃음)

제책임 그러니까 그렇게 대놓고 말하는 금고문 님은 이미 아랑님이 얘기한 중요한 조건을 갖추신 게 아닌가······. (웃음)

금고문 그런가요? 근데 저도 쓸데없는 시간을 허하라는 말이 정말 와닿아요. 제가 회사 다닐 때는 스트레스를 받고 그러면 글을 썼거든요. 당시에는 아무짝에도 쓸모없는 글이었고, 누가 읽을 것 같지도 않고 혼자 쓰는 글이었는데요. 지금은 그걸로 돈을 버니까 일기도 안 쓰거든요. 블로그 안 하는 건 물론이고요. 누가 돈을 안 주면 아무것도 쓰기가 싫어요.

또 몸에 힘을 빼라는 말이 정말 와닿는 게 스물여섯 살 때부터 10년째 경제활동을 하고 있는데, 목이랑 어깨에 항상 힘이 들어가 있어요. 지금은 프리랜서 생활을 하고 있지만, 회사를 2년째 다녔을 때부터 느낀 건데 제가 가만히 뭔가를 생각하면서 집중하면 이를 꽉 물고 있더라고요. 그래서 이가 굉장히 안 좋아졌는데 이게 사실 몸을 많이 안 쓰고 생각만 해서 그런 것 같아요. 오늘 아랑 님의 이야기를 들으면서 제 일상을 이루는 활동들에 대해서 다시 한 번 생각하게 되었어요. 감사합니다.

제책임 저도 두고두고 떠오를 것 같아요. 아랑 님, 금고문 님, 오늘 즐겁고 감사했습니다.

아랑 저도 덕분에 생각을 다시 한 번 정리하는 시간이 되었습니다. 감사합니다.

손으로 만드는 기술 핵심 정리

~~~~~~~~~~~~~~~~~~~~~~~~~~~~~~~~~~~~~~~

① 몸에 힘을 빼는 순간을 찾기

당장 무언가를 만들지 않더라도, 일상의 어떤 순간에 자신이 몸에 힘을 빼고 있는지 찾아본다. 어느 순간에 나도 모르게 긴장을 풀고 몸을 자연스럽게 움직이고 있는지, 그때 어떤 느낌을 받는지 확인해보자. 내 몸의 감각에 집중하는 시간을 갖는 것이 손으로 뭔가를 만드는 일의 출발점이다.

② 스스로 선택할 수 있는 것을 늘려가기

별 생각 없이 시간을 보내고 물건을 사들이는 일로 일상을 채우면, 스스로 의지를 갖고 선택할 수 있는 일이 점점 줄어들기 마련이다. 꼭 해야 해서 한 일은 아니지만, 내가 원해서 선택한 일도 아닌, 주인 없는 일들로 가득한 일상이 되어버리는 것이다. '나는 어떤 선택을 하고 있는가' 생각해보는 대상을 조금씩 늘려보자. 우리 사회는 이른바 '정상적'이라고 여겨지는 삶의 양식을 요구한다. 그런 압력에 나도 모르게 휩쓸려 스스로 늘 부족하다고 다그치고 있지는 않은가? 그런 압박에서 벗어나는 첫걸음이 일상 속 작은 선택들을 진짜 내 '선택'으로 만드는 일이다.

③ 쓸모없는 일을 자신에게 허락하기

처음부터 쓸 만한 물건을 뚝딱 만들어낼 수 있는 사람은 많지 않다. 쓸모없는 일을 해도 좋다는 마음의 여유가 없으면, 비숙련의 시간을 견뎌내기 어렵다. 내가 무엇을, 어떤 수준의 물건을 만들어냈느냐가 아니라, 만드는 시간 동안에 자신에게 일어나는 변화, 내 손과 몸의 감각에 집중하는 게 중요하다. 객관적으로는 쓸모가 없는 물건을 만드는 일이라 하더라도, 그 과정에서 즐거움을 느끼고 변화에 집중하다 보면 어느덧 '만드는 사람'으로 살게 된다.

6장_____

잘 쌓고 잘 찾는
나만의 심플라이프

* 축적과 정리의 기술

:: 다음사전을 만드는 정철 ::

심플라이프라는 말이 한때 유행했습니다. 깔끔하고 단순하고 잘 정돈된 집에 대한 로망, 누구나 갖고 있지 않을까요. 그렇지만 현실은 하나둘 사들인 물건들이 한가득, 맘먹고 정리하려고 해도 어디에서 시작할지 까마득해지곤 합니다. 물건들만이 문제가 아닙니다. 인터넷 여기저기에서, 소셜미디어 타임라인에서 모아둔 정보들은 늘어만 가는데, 차분히 읽고 정리할 시간을 내기는 어렵습니다. 양이 늘어나는 건 한순간이고 어느새 처리 불능인 잡동사니 한 무더기가 되어버립니다. 그러다가 어느 날 눈 질끈 감고 '삭제' 버튼을 눌러버린 경험이 제게만 있는 건 아니겠죠?

물건이든 정보든 다종다양하게 넘쳐나는 시대, 쌓으려면 제대로 축적하고 싶고, 차곡차곡 꺼내보기 좋게 정리하고 싶지만, 늘 마음뿐입니다. '축적과 정리의 기술'을 제대로 배운다면, 좀 나아질 수 있을까요?

오늘의 기술자 ✳ 수집하기 위해 정리하는 '음악 덕후'이자 사전 전문가

정철

#1 각종 수집과 사전 읽기가 취미였던 아이, 웹사전 기획자가 되다

우표, 지우개, 딱지 따위를 모으고 대백과사전을 읽으며 성장한 정철은 자신이 언어와 수집에 매혹되어 있는 사람이라는 걸 깨달았다. 그런 자신이 일할 최적의 분야는 '사전'이라고 생각하여 네이버에 입사했다. 종이사전이 점점 그 지위를 잃어가고 웹사전이 그 자리를 차지하기 시작하던 2000년대 초중반에 네이버와 다음을 거치며 한국 웹사전의 기본 틀을 디자인하고 콘텐츠를 채우는 일을 했다. 지금은 카카오에서 웹사전 서비스를 기획, 운영 중이다.

#2 그러나 진짜 정체성은 과도한 문화 소비자이자 음악 덕후

언어와 수집 외에 정철이 매혹된 또 다른 분야가 있는데, 바로 음악이다. 사춘기부터 록 음악에 꽂혔고 PC통신이 절정이던 시기에 대학 시절을 보냈다. 그 덕에 PC통신에 모여든 음악 덕후들의 커뮤니티와 접속하게 되었고, 그 후로 지금까지도 순도 높은 음악 덕후로 살아가고 있다. "무엇보다도 나는 과도한 문화 소비자로 살고 싶다"는 정철은 레코드판을 사모으며 20대를 보냈고, 여전히 록 음악 듣기와 레코드판 수집에 시간과 돈을 마음껏 '탕진'하며 살고 있다. 그 결과 '세는 게 불가능해 1만 장쯤'이라고 말하는 양의 레코드가 집에 쌓여, 아니 정리되어 있다.

#3 단번에 찾을 수 없다면 정리된 게 아니다

사전은 정보를 축적하고 정리해놓은 결정체. 그런 사전을 다루는 전문가인 정철은 정리와 축적의 핵심이 검색 가능성에 있다고 말한다. 그러나 사전이 담고 있는 '정보'에서만 검색 가능성이 중요한 것은 아니다. 오히려 보관하는 데 물리적 품이 드는 '물건'을 정리할 때야말로 검색 가능성이 가장 중요한 목적이다. 단번에 찾을 수 있게 정리하려면, 무엇보다 자신의 선호와 행동 패턴을 잘 이해하고 있어야 한다. 자신이 어떤 상황에서 어떤 생각으로 물건을 꺼내 쓰는지 이해하면, 그에 맞춰 가장 효과적인 기준과 분류법을 찾아낼 수 있다. 1만 장의 음반 더미를 한정된 공간인 집에 잘 쌓아놓고, 언제든지 듣고 싶은 음반을 손쉽게 찾아낼 수 있는 것. 정철이 음반을 정리하는 첫 번째 이유다.

제책임 금고문 님은 어떤 스타일이세요? 잘 모으는 스타일인가요, 잘 버리는 스타일인가요.

금고문 저는 잘 모았다가 한꺼번에 버리는 스타일이에요. 한도가 찰 때까지는 일단 다 모았다가 한도가 차면 버티기가 힘드니까 한 번에 버리는 거죠. 이를테면 어제도 책을 500권 정도 버렸거든요. 책이 너무 많은데도 버티고 버티다가 어떤 책이 꽂혀 있는지도 잘 기억이 안 나서 울며 겨자 먹기로 500권 정도를 골라서 버렸죠.

제책임 저는 애초에 잘 안 모으거든요. 하나하나에 세심함을 기울이는 사람들이 잘 모으는 경향이 있던데, 저는 정확히 반대되는 사람인 것 같아요. 웬만하면 버리고, 다시 안 볼 책 같으면 팔고. 그런 식으로 애초에 많이 쌓아두지 않으려고 노력해요. 그렇지만 뭔가를 축적하고 정리해서 깊이를 획득하는 사람을 보면 부럽더라고요.

　'축적과 정리'라는 주제로 나눌 수 있는 얘기가 많지 않을까 싶은데요, 오늘도 이 분야의 기술자 한 분을 모셨습니다. 축적과 정리에 능한 사람을 어디서 구할까 궁금해하실 분이 많을 것 같아요. 저희가 찾아낸 기술자는 최근에 《검색, 사전을 삼키다》라는 책을 펴내신 정철 님입니다. 현재 인터넷 기업에서 사전 서비스 기획자로 일하고 있고요. 어렸을 때부터 우표, 지우개, 딱지 같은 걸 수집하기 시작해서 지금은 음반으로 집을 가득 채울 정도로 음반 수집광이라고 합니다. 정철 님 모시겠습니다. 안녕하세요.

정철 · 안녕하세요.

제책임 저희가 처음으로 직장인을 모셨어요. (웃음) 소개를 덧붙여 직접 해주시면 어떨까요.

정철 네, 직업으로 얘기하자면 웹사전을 만들고 있는 사람이고요. 남는 시간은 음악을 듣거나 공연을 보거나 음반을 사는 것으로 주로 보내는 사람입니다. 도대체 왜 사는 걸까? 스스로 이런 생각을 해본 적이 있는데요. 이때 찾은 답이 "문화 소비를 위해서다"였어요. 문화생활을 하고 있으면 뭔가 좋으니까요. 그래서 과도한 문화 소비자가 되기로 결심했고요, '과도한'에 방점을 찍어서 과도하게 살고 있습니다.

제책임 (웃음) 네. 과도하게 살면 무언가 축적이 될 테고 또 어쩔 수 없이 정리를 해야 할 테니까 오늘 기대해보겠습니다.

사전은 축적과 정리의 집약체

제책임 《검색, 사전을 삼키다》는 정철 님 자신에 대한 책이기도 하고 사전에 대한 책이기도 하더라고요. 그런데 '축적과 정리의 기술'을 연구하자면서, 왜 사전과 검색 전문가를 모셨나 궁금해하실 분도 있을 거라고 생각합니다. 그 둘이 어떻게 연결되는지 한번 얘기해주실 수 있을까요.

정철 사전은 '공구서(tool book)'입니다. 어떤 분야를 공부할 때

참조 삼아 계속 찾아봐야 하는 책들이 있는데, 그걸 공구서라고 불러요. 해당 분야에 대한 일종의 지도 같은 책이라고 할 수 있죠. 모국어로 좋은 공구서를 갖춘 나라가 학문이 발달한 나라라고 볼 수 있습니다.

공구서 중에 대표적인 게 사전이에요. 사전도 단어의 집합, 결국 개념의 집합이잖아요. 책이나 논문을 읽다 보면 새로운 단어가 등장하곤 하는데, 그 개념들을 설명하는 각주들이 있잖아요. 그 각주들만 모은 것을 사전이라고 부르게 된 거죠. 이런 작업이 다 정리거든. 그래서 사전은 정리의 결과물이라고 생각합니다.

제책임 사전을 그런 의미로 생각해본 적은 없는데, 신선하네요. 정철 님은 2000년대 초반부터 사전 서비스 기획 일을 시작하셨는데, 그때만 해도 웹사전이라는 개념이 보편적이지 않았을 것 같아요.

정철 그렇지 않아요. 사람들이 어떤 것을 검색했을 때, 무엇이라도 보여줄 수 있는 바탕이 되는 게 사전이거든요. 특히 사전은 정보량에 있어서 어느 정도 균형을 갖추고 있어요. 예를 들어 사과가 있으면 배도 있고 수박도 있고. 그런데 웹상의 정보에는 이런 균형이 없어요. 사과를 좋아하는 사람이 사과에 관한 웹사이트를 만들 수는 있지만, 꼭 배에 대한 웹사이트가 있는 건 아니에요. 사전은 그런 균형을 맞춘 콘텐츠예요. 그래서 웹상에 콘텐츠가 아직 많지 않던 시절에는 사전이 검색 서비스의 질을 높여줄 수 있는 콘텐츠였죠. 웹사전은 인터넷 초창기에 빠르게 만들어진 서비스 중의 하나였어요.

인터넷에서 검색하는 행위는 사전을 찾아보는 행위와 기본적으로 같다고 생각해요. 종이책은 아직도 살아 있지만, 종이

사전은 이미 없어져버린 것이나 다름없는데요. 그게 종이사전이 웹사전과의 경쟁에서 졌기 때문이 아니에요. 인터넷 자체가 종이사전을 밀어낸 거죠. 인터넷으로 검색에 대한 욕망을 해결할 수 있게 되었으니까요.

제책임 언어에 관심이 있어서 웹사전 일을 직업으로 선택하게 되었다는 이야기를 책에서 읽었는데요. 보통 언어에 관심 있다고 하면 미디어, 콘텐츠 서비스 쪽 일을 생각하게 되잖아요? 사전을 업으로 생각하신 걸 보면 그 바탕에 수집이나 축적에 대한 열망이 있지 않았을까 싶어요. 수집광이기도 하다면서요. 그동안 어떤 것들을 모으셨나요?

정철 어릴 때는 딱지, 구슬, 우표, 지우개, 메모지 이런 것들을 모았어요. 친구들이 부러워하니까요. 그게 되게 중요하거든요. 그러다가 좀 더 체계적으로 모으게 된 건 우표였고요. 우표는 지금도 보면 그냥 좋아요.

그러다가 음반으로 넘어갔는데요. 중학생 때 한참 메탈이 유행했어요. 친구가 빌보드 차트를 보다가 전부 살 수 없으니까 자기가 좋아하는 건 직접 사고, 들어보고 싶은데 살 수 없는 건 친구들 꼬드겨서 사게 했어요. 그래서 저도 그렇게 바꿔가며 들으면서 음악에 빠지기 시작했어요. 그게 제 음반 수집의 시작이었죠.

글고문 집에 음반이 몇 장 정도 있으세요?

정철 그냥 말하기 쉽게 만 장이라고 해요. 일부러 세지 않고 있어요. 일단 셀 수도 없고, 저한테 불리한 수치는 기억하지 않습니다.

글고문 저희 집에는 책이 한 5천 권 정도 있어요. 저도 사실 안 세어봐서 모르겠는데.

정철   4, 5천 권이면 제 음반보다 더 부대낄 것 같은데요?

금고문   아무래도 책은 부피가 있으니까요. 이 정도만 되어도 사실은 뭘 찾기가 힘들어요. 어느 순간부터는 같은 책을 또 사는 일도 많아지고요. 최근에 책 정리를 했는데, 아 정말 좋은 책이라고, 제가 읽지는 않고 얘기만 들었던 책들이 막 나오는 거예요. 있는 줄도 몰랐던. 정말 깜짝 놀랐죠.

정철   그럼요. 그 정도 있으면 집에서 발굴이 되죠, 발굴.

제책임   (웃음) 정철 님 얘기 듣기 전에, 금고문 님은 책 5천 권을 어떻게 정리하세요?

금고문   저는 인터넷 서점 직원 출신이거든요. 서점에 취직하면서 독립을 했고 그때부터 책을 쌓기 시작했어요. 그때는 서점 직원이라는 자의식이 강해서 진짜 서점에 책을 진열하듯이 정리를 했어요. 개인적인 편리보다는 인문, 문학, 사회과학, 자연과학, 예술 분야별로. 다음에 출판사별, 저자별, 가나다순으로요. 그런데 시간이 흐르고 책이 점점 늘어나면서 요즘에는 의식의 흐름을 따라간다고 할까요. 제 머릿속에서 인접한 것들을 붙여놔요. 예술하고 문학을 붙여놓아야 할 것 같지만 철학을 붙여놓는다거나, 제가 생각하기에 비슷한 것, 연관성 있는 것들끼리 놓아요. 최근에는 변화가 생겼는데 지금 읽고 있는 책들, 내가 지금 좋아하고 필요한 책들을 다른 맥락과 상관없이 꽂아놓는 특별 책장을 마련했어요. 그랬더니 좋더라고요.

정리는 '검색'할 수 있게 만드는 것

금고문   정철 님은 음반 정리를 어떻게 하세요? 그 많은 음반을?

정철 적당한 곳에 놓습니다. (웃음)

제책임 세상에서 제일 어렵다는 그 "적당하게". (웃음)

정철 제가 파악할 수 있는 카테고리, 개념 같은 걸 만드는 수밖에 없고요. 말하자면 덩어리를 지어서 관리해요. 일단 CD랑 LP는 매체상으로 확 분리되는 거라 같이 모아놓진 않고요. LP를 놓을 때는 나라, 언어, 장르로 구분하는데, 일관성 있게 촘촘히 구분하면 좋겠지만 사실 일관성을 유지하기가 힘들거든요. 그래서 내가 파악 가능한 형태의 덩어리를 지어서 놔요. '스웨덴 음악이 듣고 싶다'고 할 때 일단 북유럽 쪽으로 가면 바로 찾을 수 있죠. 하위 분류를 여러 단계로 나누기보다는 2단계 또는 3단계 정도로만 정리하는 거죠. 그런데 이렇게 하려면 주기적으로 조각 맞추기를 해야 해요. 음반을 새로 샀는데, 이미 덩어리가 꽉 차 있으면 뭔가를 빼서 다른 곳에 옮겨놓는 작업을 해야 하는데, 이게 죽어나는 거죠.

글고문 한번 설정해놓은 구역을 통째로 옮겨야 할 때도 있잖아요.

정철 그건 하면 안 됩니다.

글고문 그렇죠. 저도 최근에 책 정리를 하면서 그걸 한번 했다가 지금 굉장히 혼란스러운 상태거든요.

정철 네. 그거 굉장히 고통스럽습니다. 가급적 하지 말아야 합니다.

제책임 가급적 하지 않으려면, 어떻게 해결하죠?

정철 제가 쓰는 방법은 이래요. 자기가 좋아하는 뮤지션이 있잖아요. 예를 들어 저는 핑크플로이드 음반만 한 50~60장 가지고 있어요. 그러면 핑크플로이드는 어디 있어도 괜찮아요. 언제든지 단번에 찾을 수 있어요. 그 자체로 덩어리를 이루고 있으니까. 근데 딱 한 장만 있는 밴드는 못 찾거든요. 그래서 한 카테고리가 넘칠 것 같으면 음반이 많은 뮤지션을 빼요. 그럼 공간이 생기잖아요. 새로 산 음반을 거기다가 꽂는 거죠. 문제는 이게 임시변통이라는 거예요. 어느 정도 되면 결국은 또 한 번 뒤집어엎어야 해요.

　이 작업을 불가피하게 해야 하는 순간도 있죠. 이사 갔을 때인데요. 이사 가서 새로 꽂아놓으려면, 진짜 큰맘 먹어야 해요. 그래도 한번 그렇게 해놓으면 몇 년은 버티더라고요. 그렇지 않고 대충 꽂아놓으면 그냥 끝이에요.

제책임 이사를 가야 새로 정리가 되는. (웃음)

정철 그럼요. 이사야말로 인생 리셋버튼이죠.

금고문 이게 조금씩 증식하잖아요. 처음에는 책꽂이가 다섯 개 있다고 하면 거기에 딱 맞게 정리해요. 그런데 책이 늘어난다고 책장 하나를 더 사서 새로 들어온 책을 거기에 다 꽂을 수는 없거든요. 분류가 흐트러지니까. 그래서 계속 조금씩 옮기고 빈자리에 넣고 했는데 어느 순간 그게 무너진 지도 벌써 2~3년이 돼버렸어요. 최소한 책등이 보이게 꽂아놔야 하는데 이중 삼중으로 꽂아넣다 보니까 나중에는 책을 찾을 수가 없고. 말씀하신 것처럼 못 견디는 순간이 오는 거죠.

정철 저는 그래서 요즘에 CD 플라스틱 케이스 있잖아요. 거기다 CD를 두 장씩 끼워요. 예를 들어 핑크플로이드 1집과 2집을 같이 껴놔요. 케이스 하나는 버리는 거죠. 근데 그래봐야 금방 늘어나요. 진짜 요즘에 CD들끼리 연애하는 거 아닌가 싶기도 해요.

금고문 자가증식. (웃음)

정철 산 적이 없는 것 같은데 계속 늘어나고 있는 거죠.

제책임 저는 비교할 수 없이 적지만, 처음에 책을 세팅할 때 새 책꽂이를 마련해도 나름의 분류체계를 가지고 꽂으려면, 그 분류에 따라 각각 빈칸을 만들어놔야 하잖아요.

정철 여유는 꼭 있어야 돼요.

제책임 근데 비어 있으면 보기가 안 좋잖아요.

금고문 저는 비어 있는 게 보기가 정말 좋아요.

정철 꽂을 수 있으니까.

금고문 너무 좋은데.

정철 아름다워요, 정말.

제책임 (웃음) 역시 제가 말을 잘못 꺼냈군요. 저는 그 빈칸을 못 참겠더라고요. 빈칸을 보면 책을 빨리 사서 채우게 되는 거예요.

금고문 칸이 비어 있으면, 아 저기가 비어 있으니까 책을 사도 되겠구나 싶죠.

정철 좋은데요. 저는 빈 공간이 생겨도 바닥에 깔린 거 꽂으면 끝나요.

제책임 (웃음) 얘기를 하면 할수록 점점 미궁에 빠지는데요? 들으시는 분들이 기술자 제대로 모신 거 맞는지, 이분 정리 잘하시는 거 맞나 생각할 것 같은데요. 바닥에 깔려 있는 게 너무 많다, 이런 얘기를 하는 순간 신뢰도가 와르르……. (웃음)

정철 그래도 꽂을 때는 쉽게 찾을 수 있게 꽂습니다. 결국 검색 가능성이 중요해요. 어디 있는지 잘 아니까 그 좌푯값에 딱 찾아가서 바로 꺼내오거든요. 남들은 못 찾아도, 내가 손을 뻗어서 금방 찾을 수 있는 상태라면 만족할 수 있어요. 컴퓨터가 해주는 게 사실 그런 거죠. 예전에는 순서대로 다 뒤져야 했지만, 지금은 검색어만 넣으면 바로 나오니까요. 백과사전만 있을 때는 귀찮아서 애써 뒤져보지 않았을 내용도, 요즘에는 궁금하면 바로 검색해서 찾아보는 거죠.

잉여력은 태양 에너지와도 같다

글고문 요즘은 오히려 인터넷에 데이터가 넘치다 보니까 어떤 걸 찾은 다음에 '아, 이거 재밌겠다, 나중에 봐야지' 하고 스크랩을 해두잖아요. 근데 나중에는 스크랩했다는 사실조차 잊어버려요. 그런 데이터들을 관리하는 방법이 있나요?

정철 저는 위키를 좋아해요. 위키를 개인적인 메모장으로 써요. 제가 필요하다고 생각하는 내용, 그중에서 정리가 필요한 것들은 아예 위키백과에 올려버려요. 그러면 나중에 다시 찾아보기도 좋고, 고치기도 좋고, 심지어 다른 사람이 막 고쳐줘요. 결과적으로 내용이 좋아져요. 필요할 때 금방 찾을 수도 있고요.

검색하기 제일 좋게 만드는 기술 중 하나는 확 개방해버리는 거예요. 더구나 위키백과 같은 경우는 틀이 잡혀 있는 텍스트이고, 사람들이 계속 참여해서 완성도를 높여가는 방식이잖아요. 그렇게 쓰는 사람이 많지는 않은 것 같지만, 저는 위키백과가 메모장으로 쓰기에 굉장히 좋은 도구라고 생각해요.

이게 한 번만 편집해보면, 별거 아니구나 싶거든요. 보통은 한 번도 편집할 기회가 없으니까 '내가 이걸 고쳐도 되나?' 이렇게 생각하죠. 끝나고 이따 편집 한번 해보세요. (웃음)

제책임 (웃음) 위키를 메모장으로 쓰신다니, 정말 생각해보지 못한 일이에요. 한 번만 해보면 된다고 얘기하시지만, 그 한 번을 해보겠다는 마음이 들어야 하잖아요. '내가 위키백과에 정보를 넣겠다.' 이런 마음을 먹기가 저 같은 사람한테는 쉽지 않은 일이에요. 어떤 분들이 그런 걸 하는 거죠? 어쩌다 그런 것에 관심을 가져서 시간과 노력을 많이 쏟게 되는 걸까요?

정철 　요즘에 '잉여력'이란 얘기 많이 하잖아요. 저는 잉여력이 태양 에너지 같다고 생각해요. 태양 에너지는 계속해서 존재하지만, 태양열발전으로 과소비할 수 있을 만큼 전기를 만들어내는 건 아니잖아요. 그러니까 잉여력도 항상 꾸준하게 존재하는 건데, 어떻게 잘 활용하느냐가 중요한 거죠. 그 잉여력으로 누구는 술을 먹고, 누구는 영화를 보고, 누구는 위키 편집을 하는 거예요. 그런데 사람들은 뭔가 피드백이 있어야 행동해요. 위키백과에 내가 어떤 항목을 편집했는데 그 내용이 받아들여지고 다른 사람들이 그 내용을 또 편집해주고. 이런 피드백이 중요해요. 이런 순간을 여러 번 경험하면 중독되는 거죠. 자기가 엉망으로 써놓은 텍스트를 누가 구조화해놓고 링크 걸어놓고 주석 달아놓고, 이런 걸 보면 신기하기도 하고 고맙기도 하고. 그러다 보면 나도 뭔가 기여할 수 있는 게 없을까 찾게 되죠. 그래서 어떤 사람들은 다른 사람들의 링크를 고치거나 맞춤법 고쳐주는 일만 계속 해요. 맞춤법 고쳐주는 게 그래도 쉬우니까요. 어떤 사람들은 그냥 위키백과에 올리기 위해서 공부를 해요.

글고문 　대단한데요.

정철 　쓰기 위해 공부를 한다는 건 일반적인 행동이에요. 네이버 지식iN도 질문하고 답변하는 서비스잖아요. 그런데 누군가가 질문을 했다는 건 엄청난 호출이에요. '아, 내가 나서야 할 것 같아' 하고 느끼는 거죠. 산이 있기 때문에 올라간다는 거랑 비슷해요. 그래서 지식iN(다음에서는 TiP) 서비스는 검색 대행 서비스에 가까워요. 질문을 던져놓으면 누군가 이 질문을 해결해주기 위해서 검색하고 공부를 해서 답변을 달아요. 위키백과에 뭔가를 쓰는 행동도 비슷해요. '이런 중요한 게 빠져 있네?' 해서 쓰기 시작하는 거죠. 그러다 보면 공부도 많이 하게 돼요.

위키백과에 어떤 항목을 만들어 올리면 스스로 뿌듯하기도 하고 다른 사람들의 칭찬을 받기도 해요. '좋은 글'과 '알찬 글'이라는 제도가 있는데, 알찬 글은 하나 만들려고 하면 어지간한 학술 논문 하나 쓰는 것보다 힘들어요. 사람들이 크로스체크를 해요. 이건 이러이러한 요건을 갖췄기 때문에 알찬 글이고, 이건 이러이러한 부분이 부족해서 알찬 글은 아니고 좋은 글 정도다. 이렇게 평가를 해요. 알찬 글로 뽑히면 글 제목 옆에 별표가 붙어요. 그건 명예예요. 어떤 일에 빠져드는 건, 결국 내가 얼마만큼 시간과 노력을 투자해서 직접 참여했느냐로 결정되는데요. 그렇게 참여도가 높아지면 이미 내 것이거든요. 거기에 저런 피드백을 받게 되면 훅 빠져드는 거죠.

제책임 위키백과 콘텐츠를 만드는 사람들 사이에도 역할 구분이 있다는 게 신기하네요. 내가 엉망으로라도 뭔가 올려놓으면, 마치 출판사 편집자가 해주듯이 다듬어주고 맞춤법을 고쳐주는 사람이 있고, 링크를 다는 사람이 있고. 이렇게 자연스럽게 역할이 나눠져 있다는 게 굉장히 흥미로운데요.

정철 위키백과라는 게 구조화된 텍스트이기 때문에 그 틀이 잘 깨지지가 않아요. 왜냐하면 한국어 위키백과에서 새로운 관습이 생긴다 하더라도 그게 전 세계적인 위키백과 관습에서 어긋나면 지속되기 어렵거든요. 세계적인 표준이 이미 형성되어 있기 때문에 사람들도 거기에 맞춰서 행동하게 돼요. 그러니까 나름대로 질서가 잡히는 거죠. 규칙이 어느 정도 있는 상태라야 자유도 느낄 수 있거든요. 규칙이 아예 없으면 오히려 자유를 느끼기가 어려워요. 뭘 해야 할지 모르니까요. 그런데 규칙이 정해져 있으면 그 안에서 어떻게 할지 결정하면 되니까 오히려 훨씬 재미있게 접근할 수 있죠, 집중해서. 난 이것만 하면 돼, 이런 식으로.

금고문 약간 게임 같다는 생각이 들어요.

정철 맞아요. 게임적인 요소가 있습니다. 이런 얘길 하면 이상한 놈이구나, 하실 수도 있겠지만.

제책임 이미 늦었어요. (웃음)

정철 (웃음) 알겠습니다.

덕질의 커뮤니티

제책임 사람이 어떤 인풋을 주면, 그에 대한 피드백을 최대화해서 돌려주는 게 게임이잖아요. 돌아오는 피드백의 강도가 세면 사람들은 더 쉽게 꽂히고요. 피드백이 강할 때 빠져드는 건 인간의 보편적인 특성이지만, 다양한 종류의 피드백 중에서 특히 한 가지에 꽂혀서 아주 오랜 시간 동안 그것만 파고드는 사람을 보통 덕후, 오타쿠라고 부르잖아요. 뭐든 하나를 하면 쌓아가는 사람들, 축적하는 사람들이 다 그렇겠지만, 정철 님도 끝장을 볼 때까지 계속하시는 것 같고 그 잉여력을 한곳에 꾸준히 집중한다는 생각이 드는데요. 저는 사실 관심사의 주기가 짧은 인간이라 그런 사람을 보면 부럽기도 하고 신기하기도 해요. 그런 깊이는 어떻게 생기나 물음표가 찍히거든요.

오늘 덕후를 모신 김에 그런 '덕질'의 기술도 여쭤보고 싶은데요. 약간 주제가 벗어나고 있긴 하죠? (웃음) 그래도 한번 말씀 부탁드립니다.

정철　글쎄요. 일단 인정 욕구가 작용하는 것 같아요. 저는 결국 주변 사람들과 함께 뭔가를 '파고 있다'는 느낌이에요. 광산에 있는 동료 광부들, 이런 느낌이에요. 함께 일하면 즐겁잖아요. 그게 핵심 같아요. 함께 뭔가를 한다는 거.

제책임　그 안에서 일종의 커뮤니티를 찾아내는 게 결국은 덕질로 빠져드는 지름길이군요.

정철　그럼요. 어떤 동료, 어떤 레벨의 동료 광부를 찾느냐가 모든 걸 결정해요. 어렸을 때 굉장히 높은 수준의 덕후를 만나면, 정말 빠른 시간 내에 높은 수준으로 올라가요.

금고문　이것도 온라인 게임하고 비슷한데, 초보가 게임 시작할 때 레벨 99짜리 따라다니면 경험치를 많이 얻거든요. 그런 느낌이네요.

정철　그럼요. 저는 현실에서의 낙수효과는 별로 믿지 않지만, 덕질에는 낙수효과가 확실히 존재합니다.

제책임　이 역시 정말 덕후가 될 수 없는 인간의 뻔한 질문일지 모르겠는데, 그래도 일상과의 균형이랄까 이걸 어떻게 맞춰서 가는지 궁금합니다.

정철　아 네. 질문이 잘못되었네요. 덕질이 일상인데, 뭘 맞추나요.

제책임　(웃음) 가산을 탕진한다고 말은 하시지만, 정말 전부 탕진하면 안 되잖아요. 먹고살아야 하고 직장도 다녀야 하고.

정철　그렇죠. 저도 그렇게 아주 탕진하는 건 아니고요. 제가 스스로 평가해보면 평균적인 남자들 술 마시고 담배 피우는 비용 정도를 쓰는 것 같아요. 그래서 아주 무리하게 하지 않고요, 무리하게 할 수도 없어요. 공간 때문에. 지금 그나마 브레이크 역할을 해주는 유일한 장치는 공간입니다. 여기서 넘어가면 창고가 필요해지는 건데, 그러면 산으로 가는 거죠.

금고문 그렇죠. 정말 책이 많은 분들 중에는 상자에 넣어서 대여창고에 보관하는 경우도 있더라고요. 그런데 필요한 책이 창고에 있으면 가서 찾기 귀찮잖아요. 그래서 또 사고.

정철 그렇게 공간을 분리하는 순간 끝이에요.

금고문 저도 그렇게 생각합니다.

쌓고, 관찰하고, 그다음에 정리한다

제책임 다시 정리 얘기로 돌아와 볼까요? '덩어리 짓는다'는 표현을 쓰셨는데, 제가 기존에 가지고 있던 정리의 개념과 굉장히 다르다는 생각이 들어요. 제가 생각했던 정리의 결과물은 딱딱 구획되어 있고 계보도가 착 그려진 그림 같은 거였거든요. 그런데 정철 님이 말씀하시는 정리는 일단 뭔가 덩어리로 많이 쌓여 있고, 거기에 어떤 구조화의 논리가 숨어 있는 느낌이에요. 딱 떨어지게 구조화된 상태를 만드는 것보다는 섞여 있는 와중에도 검색을 통해 내가 쉽게 찾을 수 있는 상태를 만드는 데 집중하고 있는 거죠. 저의 이런 느낌이 맞나요?

정철 설명하신 두 가지 방식이 각각 연역과 귀납처럼 느껴지는데요, 저는 모든 게 귀납적인 사람이에요. 연역적으로 접근하는 게 대개 인위적이거든요. 현실에서는 일단 분류한다고 하면 분류할 대상이 먼저 있어야 하고 그에 따라서 기준이 달라져야지, 체계 그 자체를 위해서 기준을 세우는 건 린네 같은 학자가 하는 일이죠. 원소 주기율표도 그렇고요. '아직은 이 자리에 들어갈 원소가 없지만 찾아보자'라는 생각이 학문의 세계이고 이런 연역적인 사고가 중요한 영역이 있어요. 그런데 우리가 삶에서 마주치는 일에서는 귀납적인 게 더 잘 맞아요. 정리해야 할 대상이 있다면, 일단은 가만히 관찰하는 데서 시작하는 거예요. 그렇게 관찰하면 반드시 특성이 보이고, 그 특성이 나를 설득했을 때 그 특성에 따라서 분류를 하는 거죠. 그러니까 결국은 먼저 모으는 게 핵심이에요. 모아야 관찰할 것도 생기죠. 뭔가가 모여야만 그게 나한테 어떤 의미가 있는지 고민하게 되고, 그 과정에서 내 필요에 따라 정리하는 거죠.

정리를 한다는 것은 결국 모인 것들 중에 지금 필요한 걸 찾아서 쓰기 위한 건데요. 음반이라면 찾아서 듣기 위해서, 책이라면 찾아서 읽기 위해서죠.

근데 요즘에는 좀 헷갈려요. 뭐가 어디에 있는지 알면 일단 만족하는 것 같아요. 그러다 보니 음반이 어디 꽂혀 있는지 아는 게 더 즐거운 건지, 그 음반을 듣는 게 더 즐거운 건지 모르겠어요. 예전에는 듣기 위해서라는 게 명확했어요. 음반도 몇 개 없잖아요. 어렸을 때 메탈리카의 'Master of Puppets'를 마르고 닳도록 들었는데, 지금은 일단 음반의 양이 엄청 많기 때문에 '새로 들어온 음반을 한 번은 꼭 듣자', 이러고 있죠. 그다음에 그걸 어디에 꽂을지 고민하고, 꽂고 나면 일단 만족하는 것 같아요. 그래서 문제라고 생각하고 있습니다. 본말이 전도되었기 때문에.

제책임 음반을 정리하는 건 정보의 분류이면서, 동시에 물성을 가진 물건의 분류이기도 하잖아요. 그 두 개를 나눠서 볼 수도

있을 것 같아요. 정보 정리만 놓고 보면, 사람마다 컴퓨터 폴더나 파일을 정리하는 기준도 다르고, 온라인상에 스크랩한 자료를 정리하는 방식도 다르고요. 어떤 사람은 바탕화면에 다 늘어놓기도 하고, 어떤 사람은 번호가 좌르륵 붙은 폴더를 만들기도 하더라고요. 다양한 방식이 있겠지만, 검색하기 편하게 정리한다면 어떤 식의 기준을 만들면 좋을지 팁을 알려주세요.

정철 일단 계속 말씀드리게 되는 단어가 '검색'인데요. 무엇이 어디에 있는지 나는 그 '주소'만을 가지고 있는 거예요. 그러다가 필요할 때 그 주소를 찾아가서 가지고 오는 거죠.

주소를 체계적으로 잡는 게 십진분류 같은 건데, 십진분류가 체계적으로 잘 짜인 거지만 엄청나게 폭력적이에요. 새로운 것이 들어갈 여지가 별로 없어요. 굉장히 자의적이고요. 그리고 십진분류의 제일 큰 문제점은, 한 아이템은 무조건 한 군데에 들어 있어야 한다는 거예요. 제가 좋아하는 조지 오웰을 예로 들면, 조지 오웰의 작품에는 소설도 있고 에세이도 있고 르포도 있잖아요. 이것들이 각자의 장르로 분류되는 게 기본이지만, 제 기준으로는 그냥 조지 오웰은 소설가로 분류하고, 같은 분류함에 오웰 작품이 다 들어 있는 게 좋아요. 그런데 십진분류를 따르면 오웰 작품을 한꺼번에 볼 수 없어요. 물론 검색을 하면 나오겠지만, 도서관 서가에는 어쨌거나 여러 군데 분산되어 꽂혀 있죠.

제책임 정말 공감해요. 한 아이템이 여러 분류에 속하도록 하는 게, 말하자면 '태깅'일 텐데요. 저는 태깅을 하는 방식이 물건을 정리할 때도 가능하면 좋겠다는 생각을 많이 하거든요. 그런데 물건은 정보와 달리 동시에 여러 곳에 속할 수 없으니까요.

정철　네. 실제로 어떤 것도 한 분류에만 속하지 않아요. 중복되는 것도 많고, 그 사이에 점이지대 같은 것도 존재하고요. 그래서 분류를 객관적으로 한다는 것은 이상적이지만, 도달할 수 없는 이상이라는 것을 아는 게 중요합니다. 제가 굉장히 좋아하는 것 중의 하나가 '기타'예요. A, B, C, 기타. 이 정도로 분류해야 좋아요. A, B, C, 세 가지 정도는 중요하니까 딱딱 구분하면 되는데, 나머지 모호한 것들을 분류하자면 D, E, F, G를 만들어야 하고 그러면 분류의 의미가 없어져요. 나머지는 다 기타에 넣는 거죠. 결국 분류를 잘하는 방법은 기타를 잘 활용하는 겁니다.

금고문　그러면 기타가 너무 방대해지지 않나요?

정철　그렇게 되면 이제 D도 만들어야죠.

금고문　기타를 감당할 수 있을 정도로만 유지하는 거군요.

정철　네. 기타가 너무 많이 늘어났다 싶을 때, 가만히 들여다보면 반드시 D가 있어요. 그때 바로 얘들은 이제 D가 된다, 이런 식으로 꺼내는 거죠. 하지만 D로 충분히 무르익기 전까지는 기타에 넣어둬요. 일종의 인큐베이터죠.

제책임　진짜 귀납적인 방식이네요.

정철　네. 분류하기 애매하면 기타에 넣으면 돼요. 너무 깊이 생각하면 안 돼요. 그냥 모르겠으면 바로 기타로.

제책임　그런데 A, B, C, 기타가 있다가 기타에서 뽑아내서 D를 만들면 A, B, C, D 사이의 위계나 일관성이 안 맞을 수도 있잖아요.

정철　그건 상관없어요. 그냥 집에서 뭔가 정리를 할 때는 물리적인 공간이 모든 것의 지배자이기 때문에 항목별 위계나 깊이가 맞든 안 맞든 어느 정도 덩치가 되면 하나의 자리를 차지

하는 거죠. 근데 많은 것들이 그래요. 그렇게 계층이 딱딱 떨어지게 분류되는 건 별로 없어요.

제책임 '덩어리 짓는다'는 표현이 이제야 확 이해가 되네요. 분류를 하는 개념이라기보다는 하나로 뭉칠 수 있는 덩어리들을 묶어낸다는 느낌이 훨씬 더 강한 정리법인 것 같아요.

이쪽은 저도 해볼 수 있겠다는 생각이 드는데요. 일반적으로 정리한다고 하면 초반에 체계를 정해야 한다는 압박이 있거든요. 하다못해 주방을 정리할 때도 아침 TV 프로에서 보면 전문가가 나와서 본인이 가지고 있는 체계적인 분류 기준을 가르쳐주더라고요. 그럼 그걸 따라해 보잖아요. 그런데 해보고 나면 자기 생활 패턴과 안 맞는 거죠. 살아온 관성이 훨씬 세니까 그 분류가 흐트러져버리고 그러면 자책하고요. 말씀하신 대로 오히려 자신에게 맞는 최소한의 기준만 정해놓는 게 중요하겠네요. 그 기준에서 넘치는 게 생겨나면 다시 내 생활 패턴에 맞추어 정리할 수 있는 덩어리들을 찾는다, 이런 식으로 접근하면 훨씬 부담이 적을 것 같아요.

정철 그럼요. 음반만 하더라도 100장을 정리할 때와, 천 장을 정리할 때, 또 만 장을 정리할 때가 완전히 달라요. 거기에 같은 기준을 적용할 수는 없어요. 그렇기 때문에 먼저 자기 상황을 파악하는 게 중요해요.

제책임 이야기를 듣다 보니, 정리를 잘하려면 정리 대상에 대한 자신의 선호를 잘 이해해야겠다는 생각이 드는데요. 속성을 잘 파악하고 있을수록 나름의 분류 기준을 세우게 되는데, 그러려면 나에게 감각됐던 것들을 세밀하게 관찰하고 기억하고 있어야 말씀하신 방식으로 덩어리를 쉽게 지을 수 있겠구나 싶어요.

어떻게 보면 나한테 의미 있는 것, 뭐가 중요하고 중요하지 않다는 것을 파악하는 데도 노하우나 기술이 필요할 것 같아요. 그리고 잘 생각해보면 저희가 일상기술 연구소에서 모셨던 대부분의 기술자들이 그런 데 능했다는 생각이 들어요. 자신에 대한 이해가 깊다고 할까요? 정철 님도 어떤 식으로 그런 것들을 찾아내고 포착하시는지 궁금해요.

정철 저는 자아가 강한 사람이에요. 제 의견을 표현하는 데 주저하지 않고, 또 나는 누구냐, 나는 뭘 좋아하느냐 이런 종류의 의문을 늘 가지고 사는 편이에요.

제책임 그러게요. 첫 인사하실 때 왜 살고 있는지 고민한다고 하셨어요. (웃음)

정철 (웃음) 그러니까 음반을 살 때도, 내가 왜 사지? 내가 왜 좋아하지? 내가 정말 좋아하나? 이런 고민을 해요. 이런 식으로 물어보면 그 대상에 관심을 안 가질 수가 없고요. 관심이 쌓이다 보면 거기에서 나에게 의미 있는 무언가가 반드시 보이게 되어 있어요. 그러다 보면 점점 더 사들이게 되고, 모으게 되는 거고요.

예를 들어 누가 저에게 돈을 엄청 많이 주면서 "원하는 그림들을 사와봐"고 했을 때 저는 음반 사는 것만큼 그림을 금방 살 수 없어요. 그러려면 그림에 대해서 공부해야 하고, 애정을 가져야 하고, 계속 접해야 하는 거거든요. 그러니까 사는 행위, 모으는 행위 자체가 이미 그 대상을 잘 알고 있다는 뜻이에요. 그 안에서 자기만의 기준도 생기는 거고요.

기계의 정리와 인간의 정리

제책임 정보 정리에 대한 이야기를 해보자면, 디지털화된 정보를 축적하고 정리하고 분류하고 검색하는 일, 여기에서는 기계의 방식이 힘을 발휘할 수 있겠죠. 그러니까 보편적 기준을 쭉 적용해서 무엇이든 똑같은 방법으로 분류하는 건, 기계적 분류라고 할 수 있겠죠. 그런데 인간의 분류라는 것은 좀 다를 수 있다는 생각도 들어요. 아까 말씀하신 것처럼, 내 애호나 선호의 기준에 따라서 덩어리를 짓는 일, 내가 직관적으로 파악하고 접근할 수 있는 방식으로 분류하는 건, 보편적인 기준에 따라 나누는 기계적 분류와는 다르잖아요. 이걸 비교해보는 것도 재미있을 것 같아요. 기계의 분류와 인간의 분류라는 건 어디가 같고 어디가 다를까요.

정철 일단 컴퓨터는 단순한 계산을 엄청나게 빨리 하는 기계거든요. 이미지나 소리, 이런 것들도 전부 다 비트로 바꿔서 처리하고요. 컴퓨터가 뚜렷한 기준에 따라서 빠르게 분류하고 처리하는 장점이 있다면, 인간은 모호한 것도 대충은 처리할 수 있다는 장점이 있죠. 컴퓨터는 모호한 거 던지면 바로 에러 나오거든요. 근데 인간은 모호한 것은 대충 기타에 넣든지 아니면 외면하든지 아무튼 어떻게든 처리를 해요.

또 물리적 특성에 차이가 있죠. 사람은 자기가 다룰 수 있는 공간이 한정되어 있어요. 앞서 이야기했듯이, 멀리 떨어진 창고로 물건을 옮기면 내 관리 범위에서 벗어나게 되는데, 컴퓨터는 단순하게 정의된 데이터를 처리할 때 공간의 제약이나 양의 제약이 없어요. 사전을 만들 때도 표제어가 만 개냐 10만 개냐, 또는 100만 개냐는 중요하지 않거든요. 정보의 유형이 몇 가지인지가 중요해요. 그러니까 그릇이 늘어나면 일이 두 배 세 배 되는 거예요. 그 대신 그릇이 하나인데 거기에 똑같은 형태의 데이터가 많이 들어 있는 건 별문제가 안 돼요. 그냥 하드 하나 더 사서 꽂으면 되니까요. 그래서 디지털화된 정보를 정리한다고 하면 정보의 유형이 단순한 게 중요해요. 그래야 검색하기도 쉽고요. 단적으로 이야기해서 주로 이메일로 사람들이랑 뭔가 주고받는다고 하면, 메모도 그냥 적당히 쓴 다음에 이메일로 자기에게 보내놓는 게 낫다는 거예요. 그럼 언제든 이메일로 들어가서 검색하면 되니까요. 또 에버노트를 쓰기 시작했다고 하면 그 사람은 앞으로도 계속 에버노트를 써야 관리가 가능해져요. 새로운 앱이 나올 때마다 옮겨가면 망하는 거죠. 그러면 관리가 안 돼요.

그리고 인간이 잘 못하는 건 일관성을 지키는 거예요. 진짜 인간은 일관성이 없어요. 만약에 천 권의 책을 두고 키워드로 태깅을 한다고 생각하면, 첫 번째 태깅한 것과 천 번째 태깅한 것의 기준이 완전히 다를 가능성이 높아요. 하면서 계속 바뀌기든요. 인간은 그런 점에서는 절대 믿을 수 없는 존재예요. 뭔가 일관성 있는 작업을 할 때는 기계한테 맡기는 게 나을 수도 있어요. 요즘은 웬만한 건 기계가 자동으로 잘 처리해주니까요.

제책임 일단 기계적 분류라고 하면 공간적·물리적 제약은 없지만, 질적인 선명함이 보장되지 않으면 다루기 어렵다는 거군요. 그리고 인간은 부동산에 얽매일 수밖에 없는 존재구나 싶고요. (웃음) 요즘 '심플라이프'라는 말이 유행처럼 번지는데, 그런 말과 함께 하얀 벽에 깔끔하게 정돈된 집의 이미지가 딱 뜨잖아요.

정철　그러려면 아무것도 안 사야죠.

제책임　아무것도 안 사든가 아니면 큰 집에서 살든가. 결국 부동산이 왕이다. (웃음)

금고문　아, 결론인가요?

제책임　(웃음) 아, 이러면 안 되는데.

정리의 기술은 곧 '좋아함'의 기술

제책임　오늘 거듭해 말씀하신 게, 어떤 제약이 주어졌을 때, 그러니까 정리를 하지 않을 수 없을 때 정리를 하게 된다는 건데요. 그래서 스크랩한 정보나 자료를 정리하지 않는 건, 한도 끝도 없이 쌓아둬도 되니까 그런 것 같아요. 디지털화된 것들은 끝없이 쌓을 수 있으니까요.

정철　그럼요. 그런 것들은 그냥 어떻게 검색할지 정해지면, 거기에 던져놓으면 돼요. 그럼 그냥 나오니까요.

제책임　저의 경우 페이스북에서 보면 페이스북에서 저장하고, 트위터에서 보면 트위터에 마음글 찍어놓고, 기사는 기사대로 즐겨찾기 해놓고, 이러면 내가 스크랩을 해놓은 건 기억이 나는데 어디에 모아뒀는지는 기억이 안 나니까 찾기가 어렵더라고요. 한번 날 잡아 한곳에 모아야 하나 봐요.

정철　아, 그걸 합치려고 하면 큰일 나고요. 그냥 그것대로 내버려두되 종류가 너무 많이 늘어나지 않게 관리해야 해요. 예를 들어 페이스북, 트위터, 에버노트, 그 정도까지만. 웬만하면 그 세 군데 안에서만 하는 게 좋다는 거죠. 이걸 옮겨서 전부 한군데 모으는 건 어차피 유지가 안 됩니다. 한군데 모으다가 지쳐서 '아, 이제 하지 말자' 이렇게 되는 거죠.

제책임 그러니까 한군데 모으려고 노력할 필요도 없고, 적당한 숫자면 된다, 이런 말이군요.

정철 네. 노력을 안 하는 게 중요해요.

제책임 (웃음) 노력을 안 하는 게.

정철 아까 여러 가지 한정된 것들에 대해 얘기했잖아요. 시간도 한정, 공간도 한정. 또 하나 한정된 게 있는데 체력.

금고문 특히 체력, 정말 공감합니다.

정철 이렇게 한정된 자원은 많이 쓰면 큰일 나요. 그걸 엉뚱한 데 쓰고 있으면 안 돼요.

그래서인지 모든 인터넷 서비스들이 귀차니즘을 만족시키는 방향으로 가고 있어요. 하나라도 일 덜하게 하는 방향으로 가고 있거든요. 귀차니즘을 이기는 건 거의 불가능해요. 정말 어마어마하게 강렬한 의지가 아니고서는 귀차니즘을 당해낼 수가 없죠.

제책임 귀차니즘에 부합하는 방식으로 모든 서비스가 변해간다고 하셨는데요. 그러다 보니 자신의 선호나 애호를 발견해주는 것조차 이런 서비스들이 해주는 것 같아요.

정철 네. 그건 정말 문제라고 생각해요.

제책임 생각할 필요가 없게 만들잖아요.

정철 영화 추천도 자동으로 해주니까요. 수준이 정말 좋아지고 있어요. 이제는 정말 유의미한 추천을 해주거든요. 음악은 더 그렇죠. 영화는 1년에 개봉되는 작품이 수백 편 안 된대요. 거기에 비해 음악은 정말 제약이 없잖아요. 너무 많으니까요. 그렇기 때문에 추천해주는 걸 따라가게 되죠. 그래서 음악 같은 경우는 추천 서비스가 훨씬 강력하고, 책이나 영화는 아직은 개인의 선호가 더 많이 반영되는 면이 있죠.

예전에 비해서 자동으로 해주는 게 늘어나고 있는데, 그러다 보면 사람들을 몰개성화하기가 쉽거든요. 내 취향이라는 게 사라지고, 매스미디어에 휘둘리게 되는 측면이 분명히 있어요.

제책임 골라주는 것을 '어, 좋네' 하면서 계속 따라가다 보면 내가 왜 좋아하는지 알기 어려워지는 것 같아요. 왜 좋아? 뭐가 좋아? 물어봐도 답하기 어렵고요.

정철 결국은 '넌 누구냐?'에 답을 못하게 돼요. 사실 음악 덕후들은 서로 집에 놀러 가면 얘기를 잘 안 해요. '이 인간 뭐 가지고 있지?' 그러면서 음반 랙을 봐요. 그걸로 그 사람을 알 수 있기 때문에.

제책임 (웃음) 재밌네요.

금고문 제가 만약에 요즘 10대였다면 음악에 대한 취향을 키우기가 굉장히 힘들었을 것 같아요. 제가 어렸을 때는 용돈으로 딱 CD 한 장, 테이프 한 개만 살 수 있었거든요. 그러니까 굉장히 고심해서 사고, 막상 샀는데 노래가 별로여도 계속 들어요. 그냥 앨범 하나를 끊임없이 들으면서 가사도 보고 영어 해석도 하고 들으면 좋아져요. 사실 모든 노래는 많이 들으면 좋아져요. 요즘에는 보통 스트리밍 서비스로 음악을 듣잖아요. 그러니까 100순위에 들어간 음악을 그냥 들어요, 배경음악처럼. 그리고 그 순위가 만날 바뀌니까 계속 듣는 음악은 별로 없고, 그나마 몇 번 듣게 되는 건 좀 더 캐치한 노래들인 거죠. 이런 상황에서는 아무리 풍요로워도 오히려 취향을 만들기가 더 힘들어질 수밖에 없다고 생각해요.

정철 고를 수가 없게 되는 거죠. 내가 얼마나 개입하느냐가 중요하거든요. 내가 그걸 선택하기 위해서 얼마만큼의 노력을 했느냐는 거죠. 예전에 음반 구하기도 힘들고 이랬을 때는 심야 라디오 듣다가 좋아하는 노래가 나오면 직접 녹음하고 그랬죠. 이렇게 좋아했던 음악은 잊을 수가 없어요.

제책임 네, 그렇게 접한 건 몸이 기억하니까요. 저희 시간이 많이 흘러서 방송을 마무리할 시간인데요. 어쩌면 오늘 주제는 '좋아함의 기술'이었던 것 같기도 하네요. '좋아함'을 통해 무언가를 쌓아나가고, 그렇게 쌓이다 보니 정리하지 않을 수 없어서 정리하게 되고요. 그 정리의 기준도 철저히 자신의 방식과 우선순위에 맞춰서 해야 한다는.

금고문 좋은데요. 오늘 재미있는 이야기 많이 들려주셔서 감사드립니다.

정철 저도 즐거웠습니다. 감사합니다.

축적과 정리의 기술 핵심 정리

〜〜〜〜〜〜〜〜〜〜〜〜〜〜〜〜〜〜〜〜〜〜〜〜〜〜

① 분류의 기준을 최소화. '기타'를 활용할 것

하나하나 다 분류하려는 노력을 하지 않는다. 기억할 수 있는 수준으로 분류 기준을 정하고, 나머지는 '기타' 항목에 넣는다.

② 검색 가능성을 높이는 게 정리의 목표

분류하는 것, 정리하는 것 자체가 목표가 되어서는 안 된다. 자신의 생활방식이나 우선순위에 따라서 얼마나 편리하게 찾을 수 있는지를 기준으로 삼아 정리한다. '보기 좋게', '완결성 있게' 정리된 상태는 오래 가지 않는다.

③ 결국은 버려야 한다

아무리 정리를 잘해도 결국은 물리적인 한계까지만 축적할 수 있다. 자신의 우선순위를 정했다면, 중요하지 않은 것은 과감히 버려야 한다.

＿＿＿정리의 목표는 무엇보다 검색 가능성, 다시 말해 원하는 물건이나 정보를 손쉽게 찾을 수 있게 하는 것이다. 이때 검색하는 행위의 주체는 바로 자기 자신이다. 그러니 무엇보다 자기중심적으로, 자신이 직관적으로 파악하기 좋은 분류의 기준을 세울 수 있어야 한다. 보기 좋은, 객관적으로 합당한 정리의 구조가 아니라, 철저히 자신에게 맞는 '주관적' 구조를 만들어내는 것이 지속 가능한 정리의 핵심 기술이다. 그러려면 자신의 선호와 사고방식, 생활방식을 잘 파악하고 있어야 한다. 아마도 획득하기 가장 어렵지만, 제일 중요한 기술일 것이다.

7장_____

운동 자존감을 키우는 보디 멘토링

* 생활 체력의 기술

: : '마이리얼짐'의 이준우, 신동민 : :

작은 일에도 자꾸 화가 나거나 서글퍼지고, 닥쳐올 일에 지레 자신감이 없어지고, 어떤 일에도 의욕이 생기지 않는다면? 그 이유는 그냥 체력이 달리기 때문일지도 모릅니다. 이런 당신에게 필요한 것은 몸짱이 되기 위한 대단한 '운동'이 아니라, 생활 체력을 만들어주는 최소한의 '움직임'입니다. 헬스클럽 회원권을 끊고서는 3일 만에 포기해본 경험이 있는 분들, 그래서 운동을 또다시 시작할 엄두가 나지 않는 분들을 위해 오늘 준비한 연구 주제는 '생활 체력의 기술'입니다. 좋은 일상의 가장 단단한 밑바닥이 생활 체력일 테니까요.

오늘의 기술자 신동민 님은 "운동에 대해서만큼은 다들 너무 빠른 효과를 얻으려고 하는 것 같다. 당장의 기대를 낮추고, 운동을 하지 않고 지내온 시간을 고려했으면 좋겠다"라고 조언합니다. 어쩌면 우리는 내 몸에 대해서조차 당장 빠른 성과를 내려고 안달하고, 운동의 기준치를 너무 높게 잡고 있는지도 모릅니다. 그래서 마음먹고 시작했다가도 그 기준에 못 미친 채로 운동을 포기하고 마는 거죠. 우리가 원하는 게 남 보기에 좋은 몸이 아니라 내가 살기에 좋은 체력이라면, '완벽하지 못한 자세로 운동한 10분'만으로도 일상이 달라질 수 있습니다.

오늘의 기술자 ✽ 몸매가 아니라 체력을 가꿔주는 트레이너

이준우 ✽ 신동민

#1 공연 기획자 이준우, 색다른 시장으로 눈을 돌리다

원래 공연 기획을 하던 이준우는 2014년 세월호 참사로 불어닥친 공연계 한파에 직격탄을 맞았다. 그 후로 이 일 저 일 닥치는 대로 하며 돈 문제를 해결하는 데 매진했다. 돈 문제에서 간신히 한숨 돌리고 나자 다시 기획의 욕망이 솟구쳤고, 그때 눈에 들어온 것이 운동하는 사람들이었다. 문화 기획과 가장 먼 곳에 있을 것 같은 체육 전공생들을 모아 스스로 진로를 기획하고 배움을 만들어나가는 커뮤니티를 꾸려보자는 마음으로 시작한 것이 '마이리얼짐'이다.

#2 체육 전공자 신동민, 망가진 몸을 일으켜 '마일리얼짐'에 합류하다

체육대학을 졸업한 신동민은 진로를 고민하며 방황하던 시기에 군대 후임이었던 이준우의 전화를 받는다. 체육을 전공한 사람이라고 좋은 몸이 저절로 유지되는 것은 아니다. 이준우의 전화를 받던 당시 신동민은 몸이 엉망으로 망가져 있었다고 털어놓는다. "키가 170센티미터도 안 되는데, 몸무게는 90킬로그램이 넘는 상태였어요. 만날 술만 먹고 운동은 전혀 하지 않았거든요. 준우 씨가 마이리얼짐을 함께 하자고 제안했을 때 이 상태로 뭘 할수 있을까 싶었어요."

마이리얼짐을 준비하는 시간은 신동민에게 몸을 다시 만들고, 그러면서 스스로 '운동 자존감'을 회복하는 시간이기도 했다. 다시 운동을 시작하니 팔굽혀펴기 세 개 만에 팔이 저려올 정도였지만, 8개월 동안 꾸준히 운동량을 늘려가며 28킬로그램을 몸에서 덜어냈다. 몸무게가 줄자 이제 뭔가 할 수 있겠다는 자신감이 붙었다.

#3 생활 체력을 기르는 '득근득근' 프로그램

운동하는 사람들끼리 흔히 나누는 '득근하세요'라는 덕담에서 이름을 따온 '득근득근'은 '보통 사람들을 위한 체력 증진 프로그램'이다. 마이리얼짐에서 활동하는 체육 전공생들이 트레이너가 되어 일상에서 무리 없이 할 수 있는 운동을 가르친다. 신동민은 처음 득근득근을 시작했을 때 "기지개 켜는 정도의 스트레칭만으로도 여기저기서 곡소리가 나는" 장면을 보며 보통의 사람들에게 몸을 쓰는 게 얼마나 낯선 일인지 실감했다고 한다.

운동을 하기로 결심했을 때 보통 사람들이 만나게 되는 단어는 헬스장, 3개월, 9만 원, 닭가슴살 같은 것들이다. 이런 단어들 앞에서 9만 원을 내고 두 번 정도 헬스장에 나갔던 게 최근에 한 운동의 전부인 사람들이 허다하다. 이렇게 시도와 포기가 거듭될수록 '운동 자존감'은 점점 바닥으로 떨어질 수밖에 없다.

운동은 남 보기에 멋진 몸을 만들기 위한 것도, 남보다 더 무거운 무게를 들기 위한 것도 아니다. 땀 흘려 운동한 후 내가 느끼는 상쾌함, 나만 알아채는 내 몸의 작은 변화들에 집중할 때 운동을 할 수 있다는 자존감, 운동을 통한 일상의 자존감이 높아진다. 그저 자기 몸에 집중하여 하루 10분이라도 저축하는 마음으로 꾸준히 움직여보라고, 마이리얼짐의 두 기술자는 조언한다. 몸매가 아니라 생활을 지탱하는 체력이 먼저 조금씩 달라질 것이다.

제책임 오늘 연구할 주제는 많은 분들이 오랫동안 요청하셨던 생활 체력의 기술입니다. 많은 분들도 많은 분들이지만 무엇보다 금고문 님께서 가장 강력하게 필요하다고 느꼈던 연구 주제가 아닌가 합니다. 사실 저희 대본에는 "금고문 님 평소에 운동을 얼마나 하시나요?"라고 쓰여 있지만 차마 이렇게는 못 물어보겠고. (웃음)

금고문 (웃음) 저는 운동을 10년 주기로 하는 것 같아요. 열여섯 살 때 한 달 동안 헬스장을 다닌 적이 있고, 스물네 살 때 군대에서 고참들이 벌을 주는 것처럼 시켜서 하루에 팔굽혀펴기를 100개, 200개씩 한 적이 있었고, 재작년에 권투를 배우려고 도장에 다녔어요. 근데 3주 정도 하다가 발바닥이 너무 아파서 병원에 갔더니 의사 선생님이 "평소에 운동 안 하시죠?" 하고 묻더라고요. 안 쓰던 근육을 갑자기 많이 써서 발바닥이 부었다는 거예요. 그래서 그만뒀습니다.

제책임 슬픈 결말이네요. 근데 왜 하필 복싱을 선택하셨어요? (웃음)

금고문 제가 어렸을 때부터 만화를 많이 봐서 어떤 로망이 있었던 것 같아요. 〈더 파이팅〉 이런 거 보면 회오리 펀치 같은 게 나오고…….

제책임 (웃음) 오늘의 기술자 두 분이 웃음을 꾹 참고 계시네요. 생활 체력의 기술을 함께 연구해주실 분들을 모시겠습니다. 생활 속 운동 문화를 교육하는 프로그램, 득근득근을 운영하고 있는 마이리얼짐의 이준우, 신동민 님입니다.

체육 전공생들을 위한 실험실

이준우 안녕하세요. 이준우라고 합니다. 〈더 파이팅〉 때문에 우리나라 복싱 산업이 많이 일어났죠. (웃음)

신동민 안녕하세요. 신동민입니다.

제책임 '득근득근'이라는 이름도 재치 있고, 마이리얼짐도 귀에 쏙 들어오는데요. 일단 두 분이 함께 하시는 마이리얼짐에 대해서 소개해주시고, 각자 자기소개도 해주세요.

이준우 마이리얼짐은 체육 전공생들의 커뮤니티예요. 각자 가진 생각을 교환하고 업그레이드를 해볼 수 있게 모아보자는 가벼운 취지였는데, 하다 보니까 득근득근 같은 프로그램들이 태어나게 됐어요. 여러 체육 전공생이 모여서 유용한 프로그램이나 조금 색다른 운동 커리큘럼을 만들어보자고 뜻을 모았어요.

　'득근득근'이란 이름 재밌죠? 두근두근하는 느낌도 있고, 또 '근육을 득'한다고 해서 득근득근이고요. "득근하세요"는 운동하는 사람들끼리 흔히 나누는 덕담이에요.

제책임 체육 전공생의 커뮤니티로 출발했다고 하셨는데, 두 분 다 체육을 전공하셨나요?

신동민 그건 아니고요. 체육 전공은 제가 했습니다.

이준우 저는 원래 방송 영상 공부를 했고, 체육하곤 전혀 관계없

는 삶을 살았어요. 몸치죠. 몸치. 축구도 못하고 야구도 못하고
춤도 잘 못 추고. 그런데 어쩌다 보니 이렇게 색다른 분야에서
기획을 하게 되었어요.

제책임 어떻게 하다가 하필이면 체육 전공생의 커뮤니티를 기
획하게 되었나요?

이준우 원래 저는 공연 기획을 했어요. 공연 기획을 쭉 하다가
세월호 참사 때 힘든 시기를 거쳤어요. 그 후 공연 기획을 그만
두고 돈 문제를 해결하려고 열심히 돈을 벌었어요. 그런데 20
대가 또 격변기잖아요. 아, 제가 20대거든요. (웃음) 힘든 시기
를 거치고 돈 문제를 해결하고 나니까 다시 기획 일을 하고 싶
었어요. 조금 더 색다른 시장이 뭘까 고민하다가 체육을 공부
하는 대학생들에게 관심을 갖게 되었어요. 그때 신동민 님에
게 연락을 한 거죠.

금고문 어떻게 알고 연락하신 거예요?

신동민 저희가 원래 군대 선후임 관계예요. 제가 두 살 아래지만
선임이었어요. 그렇게 인연을 맺었는데, 제가 먼저 전역을 하
면서 헤어졌어요. 전역하고 좀 지나서 체육과 학생회장도 하
다가 졸업을 한 다음에 한참 힘든 시기를 보내고 있었거든요.
그때 마침 이준우 님이 연락을 해온 거죠.

제책임 그럼 처음에 이준우 님이 전화를 해서 "체대생들을 대상
으로 하는 프로그램을 기획해보려고 하는데, 같이 해보자" 이
렇게 제안하신 거예요?

신동민 아뇨. 그냥, 만나자. (웃음)

제책임 (웃음) 아, 일단 만나자고 한 다음에 그 얘기를.

신동민 딱 시기가 맞았던 게, 학생회장하고 졸업해서 일용직 근
로를 하고 있었거든요. 몸과 마음이 되게 힘든 시기였고 저 자

신뿐만 아니라 체대생들의 진로가 안 보이는 상황이라 안타까웠거든요. 일할 자리도, 배울 자리도 없고 답답했는데, 이 사람이 체대생을 위한 프로그램을 만들고 싶다는 말에 바로 매료됐었죠.

제책임 미리 살펴본 바로는 득근득근은 일반인을 위한 운동 프로그램 같았는데요. 체대생을 위한 프로그램과 득근득근은 어떻게 연결되나요?

이준우 일단 득근득근은 방금 말씀하신 것처럼 일반인을 위한 프로그램인데요. 이게 동시에 체육 전공생들을 위한 경험의 장이 되는 거죠. 체육 전공생들이 대부분 선생님이 돼요. 트레이너, 그러니까 생활체육 지도자가 되거나 학교에서 체육교사가 되기도 하고요. 그럼 취업하기 전에 자신이 하게 될 일을 미리 경험할 수 있는 공간이 필요하다고 생각했어요.

그리고 취업을 해도 트레이너라는 삶이 고단하거든요. 하루 근무 시간도 길고, 고객 응대하느라 내 생각은 잘하지도 못하고요. 그런 삶을 살기 전에 혹은 그런 삶을 사는 중에라도 자기의 작품, 그러니까 자기가 가르치는 커리큘럼에 대해서 고민해보고, 그런 고민을 풀어내볼 수 있는 실험공간이 필요하다고 생각했어요. 그래서 득근득근은 밖에서 보면 일반 GX, 퍼스널트레이닝 숍처럼 운동을 가르치는 프로그램으로 보일 수 있지만, 저희에게는 체육 전공생들을 위한 실험공간이라는 의미가 커요. 그 실험을 통해 돈도 벌 수 있고, 또 사람들에게 받은 피드백을 정리해서 방향을 설정할 시간도 벌고요.

'헬스장'의 문턱을 없애다

제책임 그럼 득근득근 프로그램을 찾아오는 분들은 어떤 분들인가요?

신동민 정말 초보들이 많이 오세요. 맨 처음 시작했을 때는 아직 아무것도 안 했는데도 곡소리가 나더라고요.

금고문 남 얘기 같지가 않네요.

신동민 보통 운동 시작하기 전에 스트레칭을 하잖아요. 그냥 기지개를 켜는 정도였는데, 여기저기서 어어 하는 곡소리가 났어요. 그래서 '아, 운동 경험이 정말 없는 분들이구나' 했지만, 운동을 하고 싶다는 열정은 충분히 느낄 수 있었기 때문에 재밌었어요.

이준우 마이리얼짐이 있는 곳이 서울혁신파크인데요, 여기에서 많은 분들이 일하고 있어요. 청년허브나 사회적경제지원센터 같은 서울시의 중간지원 조직들이나 사회적 기업, 저희처럼 막 사업을 시작하려고 하는 팀, 롤링다이스 같은 협동조합도 있고요. 그러다 보니 거기서 일하시는 활동가나 직원들이 많이 참여해주세요.

제책임 아, 그러면 '득근득근'에 참여하는 분들은 대부분 직장인이군요. 그분들은 뭘 기대하고 오시나요?

신동민 처음에 저희는 다이어트일 거라고 생각했었어요. 몸매를 만들고 싶어할 거라고. 근데 아니더라고요. 나쁜 자세나 근육 불균형으로 인한 통증, 어깨 결림 등에 대해서 많이 얘기했어요. 처음에는 청바지나 치마를 입고 오는 사람도 있었어요. 저는 운동을 전공했으니까 운동을 할 때 운동복 입는 게 당연한데, 그분들은 운동 경험이 정말 없으셨던 거죠. 그렇게 시작들 하셨는데, 운동복도 하나씩 구입하시고 몸도 점점 나아지는 걸 보니까 저도 정말 만족하고 있어요.

제책임 '득근득근' 프로그램을 체육관이나 헬스클럽에서 하는 게 아닌 거죠?

신동민 네. 서울혁신파크 내 빈 공간에서 하고 있습니다.

제책임 그러니까 일반 체육관이나 헬스클럽에 가시는 분들은 기본적인 준비를 갖춘 상태일 테고, '득근득근'은 그것보다 좀 더 문턱을 낮춘 프로그램이라고 볼 수 있겠네요. 일하는 공간 바로 가까이에서, 거의 같은 건물 안에서 운동을 하는 거라서 아무래도 운동복을 갖춰 입어야 한다는 생각을 안 하실 수도 있겠어요. 그럼 프로그램을 짤 때 그런 상황에 맞춰서 특별히 신경 쓰는 부분이 있나요?

이준우 방금 말씀하신 것처럼 공간이 헬스클럽처럼 갖추어져 있는 게 아니잖아요. 직장에서 근무하시다가 잠시 의자에서 일어나서 옆에 있는 빈 공간에서 운동을 하는 그런 콘셉트에 가까워요. 그냥 텅 빈 공간에 음악 틀어놓고 요가매트 깔아놓고서 운동하는 거죠. 운동을 하기 위해 필요한 준비는 최소화하려고 했어요. 그게 일단 기준이었던 것 같아요. 언제든지 할 수 있게 만들어보자는 욕심이 있었죠.

보통 운동을 처음 접하거나 습관이 안 돼 있는 사람이 운동을 해야겠다고 결심했을 때 만나는 단어들이 있어요. 헬스장, 3개월, 9만 원, 닭가슴살. 이런 단어를 만나고 헬스장에 등록했다가 두 번 정도 나가고 그만두죠. 저는 이게 단순히 의지의 문제가 아니라고 생각해요. 조금 더 하고 싶게 만드는 방법이 뭘까 늘 고민해요.

헬스장에 등록하면 오히려 운동하기가 껄끄러워지는 면이

있어요. 나는 2킬로그램짜리 아령으로 어깨 운동 시작하는데 옆에 우락부락한 아저씨가 와서 한 10킬로그램짜리 들고 그러면 내가 한없이 초라해지고 창피해져요. 특히 거울 보면서 하는 운동 말고 벽을 보고 턱걸이 같은 걸 하고 있으면 누가 나를 보고 있는 것 같고요. 뒤에서 누가 "뭐 세 개 하고 말 거면서 계속 붙잡고 있냐. 비켜라" 이런 소리 할 것 같고.

저희는 이런 걸 "운동 자존감이 없다"고 표현해요. 사실 사람마다 잘하는 게 다르잖아요. 수학을 잘하는 사람이 있고 국어를 잘하는 사람이 있고, 누구는 또 뭘 잘하고. 그런데 운동은 유독 자신감이 많이 떨어지는 것 같아요. '운동은 못하지만, 딴 거는 잘해'라고 생각이 안 되는 거죠. 그래서 운동이라고 하면 지레 겁을 먹는 사람들이 좀 더 편안하게 운동할 수 있게 만들어보자는 게 기본 생각이에요. 운동을 쉽게 포기하는 사람들이 겪는 문제가 운동 자존감이 떨어지는 거라고 보거든요.

운동 자존감 높이기

글고문 설명을 굳이 듣지 않아도, 운동 자존감이 무슨 말인지 잘 알 것 같아요. 저도 마음먹고 복싱하러 체육관에 가면 스트레칭부터 하는 게 너무 싫거든요. 복싱은 줄넘기를 많이 해요. 계속 뛰어요. 그러니까 조금만 해도 계속 지치고. 근데 옆에서 관장님이 여자도 하는데 왜 못하냐고 그래요. 이런 여성 비하 발언을 할 때, 지금 같으면 지적했을 텐데 '아, 난 왜 안 될까' 생각하다가 결국에는 부상을 핑계로 그만두었어요. 운동을 잘 안 하는 사람의 입장에서 '그럼 도대체 어떤 것을 해야 운동 자존감이 생기는가'가 궁금한데, 어떤 운동을 가르쳐주시는 거예요?

신동민 남자들은 꼭 무게를 따지더라고요. 팔뚝 이만한 사람 앞에서 내가 들고 있는 아령은 면봉 같고 사탕 같고 그래서 위축되고요. 그래서 저희는 일단 자기 몸무게를 가지고 하는, 맨몸으로 하는 보디 웨이트 운동을 주로 해요. 내 몸을 못 가누는데 무게를 더해 운동한다는 건 맞지 않거든요. 그리고 저희 운동 콘셉트는 '내 몸의 여기에도 근육이 있구나를 깨달아가는 과정'이라고 할 수 있어요. 그래서 평소 거의 하지 않는 동작, 다양한 스트레칭을 중시해요. 그리고 비틀린 부분, 과도한 사용으로 짧아지고 뭉친 근육을 마사지로 풀어주고 늘려주는 시간을 꼭 가져요. 이런 부분은 금방 눈에 보일 정도로 좋아지거든요. 2~3주만 꾸준히 하면 조금씩 변화가 보이고, 자연스럽게 운동 자존감도 올라가게 돼요.

제가 보기엔 보통 사람들이 조금 잘못 생각하는 게 있어요. 운동에 대해서만큼은 너무 빠른 효과를 얻으려고 하는 거예요. 그렇기 때문에 운동 자존감이 더 떨어지는 게 아닌가 싶고요. 그래서 조금 기대를 낮추고, 운동과 담 쌓고 살아온 시간을 고려했으면 좋겠어요. 20~30년 동안 운동을 안 하고 살았는데 2~3주 바짝 한다고 해서 20년 동안 운동한 사람을 따라갈 수 없잖아요. 그런데도 그렇게 되기를 바라는 것 같더라고요. 그래서 조금 기대를 낮추라고 조언하고 싶어요.

이준우 사실 운동 자존감이라는 말은 없는데요. 저희가 붙인 말이에요.

제책임 굉장히 잘 지으신 것 같아요. 듣는 순간 무슨 말인지 딱 와닿아요.

저희가 이름을 잘 짓나 봐요. (웃음) 득근득근 오시는 분들이 운동을 즐겁게 하신 다음에 이런 말을 하셨어요. 다른 데서는 그룹으로 운동을 배우면 열 명 중에 9등 또는 10등을 했대요. 그래서 트레이너한테 왜 이렇게 못 따라오느냐는 소리를 들었는데, 여기 와서는 '와, 이렇게 잘하실 수가 있냐, 엘리트다' 이런 소리를 듣는다고요. 만날 구박받다가 여기 와서 칭찬을 들으니까 기분이 좋잖아요. 사실 그게 운동 자존감이거든요. '어? 나도 할 수 있네'라는 거.

더 나아가면, '여기에 이런 근육이 있구나. 나는 선천적으로 어깨가 안 좋나? 어깨가 다른 사람보다 잘 안 움직이는 것 같네?' 이런 걸 인지하게 되는 거죠. 그러면 트레이너에게 "나는 어깨에 조금 문제가 있는 것 같다"고 이야기할 수 있게 되죠. 이런 게 운동 자존감이 아닐까 생각해요.

하루를 활기차게 보내는 데 필요한 체력

제책임 기본적으로는 자기 몸을 알아가고 이해하는 과정을 통해 운동 자존감이 생긴다는 말인 것 같아요. 그리고 같이 운동하는 동료들이라고 해야 하나, 득근득근에 모이시는 분들의 입장이 비슷하다 보니까 서로 재밌게 운동하는 분위기인 것 같아요. 말씀하신 대로 어디 가서는 내가 열 명 중에 9등 하는데 여기서는 잘한다는 느낌, 이런 건 아마도 같이 시작하는 분들이 서로 독려하는 분위기니까 가능한 게 아닐까 추측하게 되는데요. 그렇게 오시는 분들, 운동 한 번도 안 해보고 스트레칭만 해도 곡소리가 나던 분들이 그래도 마음을 먹고 득근득근 프로그램을 찾아올 때는 어떤 필요를 정말 강하게 느꼈기 때문일 거라고 생각해요. 그러니까 다이어트도 사치스러운 필요이고, 그것보다 더 근본적인 필요를 느꼈던 게 아닐까. 오시는 분들이 뭐라고 하세요? 왜 왔는지 이야기도 하시나요?

이준우 운동 하면 사실 다이어트나 몸매 관리를 먼저 떠올리잖아요. 근데 "나 운동 필요해"라는 단계까지 가신 분들이 의외로 많아요. "나 좀 안 예쁘다"가 아니라 "나 어깨에 문제가 있는 것 같아. 분명히 뭔가 하긴 해야 돼" 하는 상황까지 이른 분들이 찾아오세요.

제책임 이러다가 죽겠다 싶은. (웃음)

금고문 전 그래서 책을 사거든요. 《아프니까 스트레칭》 이런 책이 있어요. 그런 책 사놓고 안 펼쳐봐요.

제책임 (웃음) 아까 이준우 님이 자신은 체육 전공생이 아니라고 하셨잖아요. 신동민 님께 갑자기 묻고 싶어요. 이준우 님은 운동을 잘하시나요?

금고문 저도 그거 묻고 싶었어요.

신동민 이거 어떻게 답해야 하나…… (웃음) 사실 제로에 가깝죠. 공부를 하니까 아는 건 많은데, 운동은 이제 막 시작해서…… 그래도 매일 조금씩 해서 팔굽혀펴기 열여덟 개까지 늘었어요. 엄청난 운동량이죠. (웃음)

이준우 너무 어렵잖아요, 운동이. 제가 여기 앉아서 이런 말 하면 안 되는데, 운동이 힘들어요. 저도 팔굽혀펴기를 처음부터 막 100개씩 하고 싶은데 어차피 안 될 거 알아요. 그래서 열 개부터 시작해서 하루에 한 개씩만 늘리자고 마음먹고 있어요. 오늘은 열 개. 끝. 더 할 수 있어도 안 해. 내일은 열한 개. 그다음에 열두 개. 이렇게 늘려가고 있거든요. 지금 열여덟 개에서 멈춰 있어요. 시작한 지 며칠 안 됐거든요. 하지만 다시 열여덟 개부터 할 거예요. 그렇게 100개까지 하면 된다고 생각해요. (웃음)

제책임 사실 두 분을 모시면서, 이준우 님은 체육 전공생이 아니라고 해서, 보통 사람의 눈높이에 맞는 이야기를 할 수 있겠다고 기대했어요. 오늘 주제도 '생활' 체력의 기술이잖아요. 저희에게 체력에 대한 연구를 해주었으면 좋겠다고 하시는 청취자들도 "하루하루의 체력, 생활을 하는 데 필요한 체력도 유지하는 게 너무 어렵다"는 의미로 말씀하신 거라고 생각했어요. 사람들 대부분이 운동을 전공한 사람이나 그걸 업으로 삼는 사람처럼 멋진 몸을 만들고 대단한 퍼포먼스를 보일 수는 없으니까요. 저는 이준우 님한테 여쭤보고 싶더라고요. 본인의 운동 자존감? 그런 건 어떻게 만드셨어요?

이준우 일단 아직 못 만들었고요. (웃음) 만들고 있는 중이고요. 근데 잘하는 전문가들 옆에 있다 보니까 어깨 너머로 배우는 게 많아요. 그렇게 한 1년 정도 들으면서 운동 자존감이 약간 생기긴 했어요.

제책임 오히려 운동 자존감이 떨어질 수도 있겠어요. 전공생이 주변에 많으면 상대적으로 위축되잖아요. 신동민 님은 이준우 님의 운동 자존감을 높여주기 위해서 혹시 어떤 노력을 하고 있나요? (웃음)

신동민 일단 이준우 님은 좀 포기한 것 같아요. 그래서 억지로 운동 자존감을 높이려고 애쓰면서 스트레스를 받기보다는 해탈한 거죠.

금고문 그 말을 저 나름대로 생각해보자면, 요즘 자존감이란 말이 유행이잖아요. 그래서 운동 자존감이란 말도 직관적으로 이해가 가기도 하는데요. 근데 자존감이라는 말이 역효과가 있는 게, 사람들이 그 자존감 때문에 스트레스를 받는 거예요. '나는 왜 자존감이 낮을까' 하면서 자존감에 대한 책을 사보고. 그런데 이준우 님처럼 그냥 포기하는 게 오히려 더 자존감을 높이는 방법일 수도 있을 것 같아요.

일상을 존중하는 운동 프로그램

제책임 득근득근 프로그램을 진행한 지는 얼마나 되셨어요?

신동민 한 6개월 정도요.

제책임 처음 시작했을 때, 그러니까 신동민 님이 일반인들이 운동하는 것을 처음 봤을 때 어떤 느낌을 받으셨고, 6개월이 지난 지금은 어떤지 궁금합니다.

신동민 운동 자존감을 좀 더 설명하는 데서 얘기를 시작하고 싶은데요. 운동 자존감은 꼭 운동에서의 자존감만을 이야기하는 건 아니에요. 저랑 이준우 님이 대화하다가 나온 단어인데, 제가 자존감이 엄청 낮았거든요. 체육 전공생이지만 키가 170센티미터도 안 되는데, 이준우 님이 저한테 연락했을 때는 몸무게가 90킬로그램이었어요. 매일 술 먹고 몸에 안 좋은 것만 하면서 운동은 전혀 하지 않았으니까요. 그래서 처음 마이리얼짐이란 걸 해보자는 제안을 받았을 때도 내가 뭘 할 수 있을까 싶었거든요. 그러다가 한 번 해보자고 맘먹고 집에서 혼자 운동을 시작하게 됐는데, 제가 생각했던 것보다 몸이 엄청 망가져 있더라고요. 팔굽혀펴기도 세 개 하니까 팔이 저리고 윗몸일으키기는 아예 하지도 못하고 그랬어요. 그러다가 8개월 만

일상기술연구서

에 28킬로그램을 뺐거든요. 몸무게가 빠지니까 뭔가 할 수 있겠다 싶더라고요. 그러니까 저에게는 운동 자존감이 '운동을 통한 자존감'을 가리키는 말이기도 해요.

처음에 득근득근 시작할 때는 몇 달 동안 운동해서 몸을 만든 직후여서 그랬는지 기대치가 많이 높았나 봐요. 프로그램 시작한 첫날, 이분들이 이걸 할 수 있을까 싶을 정도로 심각하다고 생각했거든요. 그런데 두 달 정도 지나니까 정말 많이 좋아지더라고요. 스트레칭 같은 건 따로 설명하지 않아도 스스로 하시고요. 처음 시작했을 때 목표가 자기 몸을 이해하고 혼자서도 운동할 수 있게끔 만들어보자는 거였는데, 어느 정도는 이룬 것 같아요. 이번에 두 번째 과정을 진행 중인데 조금 강도를 낮췄어요. 그러니까 땀을 덜 흘리는 쪽으로, 업무에 지장을 주지 않을 정도로요. 이전 과정을 진행할 때는 프로그램이 거의 끝날 때쯤 되니까 사람들의 몸이 좋아지더라고요. 그래서 제가 신나서 좀 세게 했었어요. 그 때문에 "좀 할 만하니까 더 시켜서 너무 힘들다"는 말을 많이 들었거든요.

제책임 방금 얘기 들으면서 공감이 많이 갔어요. 체육관에서 트레이너와 운동하다 보면, 그분이 제 다른 일상을 이해하지 못하는 게 가끔 야속하거든요. 운동이 내 업은 아니고, 여기서 잘하는 것이 목표는 아닌데, 방금 신동민 님이 말씀하신 것처럼 트레이너도 욕심이 나는 거예요. 더 잘하기를 기대하고 가끔은 강도를 높이니까 제 다른 일상과 부딪힐 때가 있더라고요. 운동 끝나면 너무 힘들고. 그런데 일대일 대면 상황에서는 못하겠다고 말하기가 어려워요. 결국 그만두거나 운동하는 곳을 바꾸거나 이렇게 되는 거예요. 보통 사람의 관점에서는 운동은 일상의 일부이고, 건강한 몸, 좋은 컨디션을 유지하는 게 목적이니까, 강도가 세지 않게 지속 가능한 수준을 만드는 게 중요하다고 생각해요. 보통 체육관에서 전문 트레이너와 운동을 할 때 그런 공감대에서 지속하기가 좀 어렵다는 생각이 드네요.

이준우 제책임 님 말처럼 트레이너들이 일반인, 운동을 잘 못하는 사람들의 삶을 이해하지 못하잖아요. 저 사람이 여기서 두 시간 바짝 운동을 하는 시간만 생각하지, 집까지 가는 데 얼마나 걸리고, 운동 후에 약속이 있을 수 있고, 내일 아침 일찍 일어나야 하고, 얼마나 오래 어떤 자세로 일하는지 생각하기 어렵죠. 그런 면에 대해 이해하는 운동 프로그램을 만드는 게 저희 방향성일 것 같아요. 마치 어린이집에서 아이들의 삶을 이해하고, 아이를 맡긴 어머니들의 마음까지 이해해야 하는 것처럼요. 득근득근이 지금 그런 식으로 발전해가고 있다고 생각해요. 체육 전공생들이 이렇게 다른 사람들의 삶과 만나는 게 어떻게 보면 중요한 배움이 될 것 같기도 해요.

제책임 신동민 님도 비슷한 생각인가요?

신동민 네. 그런데 이런 말을 하면, 트레이닝 시장에서 일하시는 분들이 잘못됐다는 것 같아서 조심스러운데요. 물론 대형 피트니스 센터나 이런 곳에 문제점이 좀 있었던 것 같아요. 트레이너로 일하는 친구들이 자기계발을 할 시간이 전혀 없는 거죠. 수업을 한 만큼 돈은 벌겠지만, 자기계발이 없다 보니까 수명이 짧다고 하더라고요. 지금은 많이 달라지고 있다고 들었어요. 저희는 트레이너 스스로 직접 커리큘럼을 자기 작품처럼 디자인하고, 직접 실험해보고 또 조정해나가는 것이 중요하다고 생각해요. 특히 운동에 접근하기 어려운 사람들을 위해서라면 뭐든지 만들어보고 싶어요.

금고문 체육 전공생에게 커리큘럼이 하나의 작품이라는 부분이 인상적이에요. 제가 받았던 체육교육은 초중고등학교 체육시간, 한 달쯤 다녔던 헬스장, 복싱장, 이게 전부거든요. 그러다 보니까 체육에는 정석적인 체계가 있고, 거기에 맞춰서 하는 거라고 생각했어요. 그런데 가르치는 사람이 창의성을 발휘할 수 있고, 그런 장을 만들어간다는 얘기가 굉장히 인상 깊었습니다.

내 몸을 알아가는 즐거움

제책임 저는 비교적 오랫동안 꾸준히 운동해온 셈인데, 사실 여성들은 운동과 만나는 게 쉽지 않아요. 남자들은 학교 다닐 때 축구나 농구를 하면서 운동장에서 뛰어놀잖아요. 근데 여자는 어릴 적을 제외하면 몸을 써서 하는 경험을 접하기가 굉장히 어려워요. 점심시간에도 운동장에 나가 뛰어노는 건 남자아이들뿐이고요. 그래서 정말 자기 몸을 쓰는 방법을 모르고 계속 지내거든요. 그러다 보니까 성인이 돼서 이대로는 안 되겠다는 생각이 들어도 시작하기가 어려울 수밖에 없어요. 득근득근에 오는 사람들의 성비가 어떻게 되나요?

이준우 열 명 중에 일고여덟 명은 여성이에요. 여성분들이 많이 찾으세요. 남성분들은 스스로 '왕년에 좀 했지' 하는 생각 때문에 굳이 이런 교육 프로그램을 찾지 않는 것 같아요. 그에 반해 여성들이 많이 참여하는 건, 항상 운동에 거리감을 느껴왔기 때문인 것 같아요. 게다가 운동이란 게 우리나라는 다이어트라는 이미지와 결부되어 있거든요. 입시 준비에 돌입하는 시기가 되면 체육시간이 자율학습 시간으로 바뀌고, 성인이 된 후에도 운동과 만날 수 있는 지점이 별로 없어요. 그러다가 어느 날 운동을 좀 해야겠다고 생각하는 순간 마주하는 이미지는 날씬한 연예인들인 거죠. 그러면 이제 자괴감에 사로잡히죠. 그리고 나도 운동해서 저런 몸을 만들어야겠다고 생각하게 되고요. 거기서 운동과 점점 더 멀어지고요.

제책임 저는 아까 굉장히 인상적으로 들은 게, "여기에도 근육이 있구나"라는 걸 깨달아간다는 말이었어요. 저도 운동을 시작하면서 처음 느꼈던 게 그거였거든요. 여기에도 이런 근육이 있구나. 어떻게 이런 신기한 곳이 아플 수가 있지? (웃음) 그런 감각을 일깨우면서 자기 몸을 알아가는 과정, 그 자체에서 짜릿함이나 즐거움을 느끼는데, 그건 정말 나만 아는 거잖아요. 다이어트라고 하면 남에게 보여주는 게 중요한데, 그것과 상관없이 내 몸을 알아간다는 건 자기만 아는 즐거움인데요. 그 과정에서 신동민 님의 얘기처럼 운동을 통한 자존감이 생기는 것 같아요.

금고문 운동에는 3단계가 있다고 들었는데, 좀 더 설명해주시겠어요?

신동민 정답이 있는 건 아닌데, 제가 생각하는 기본 개념이에요. 1단계가 몸의 안정화 단계고요. 2단계가 근력 단계, 3단계가 파워 단계예요. 안정화 단계는 근지구력이나 안정성을 기르는 단계죠. 예를 들어 팔굽혀펴기를 그냥 맨땅에서 할 수도 있지만, 짐볼 위에서 할 수도 있잖아요? 근데 짐볼에서 하면 몸이 엄청 흔들려요. 그러면 더 많은 근육을 쓰게 되거든요. 이런 훈련이 일종의 안정화 작업인데, 이 과정을 거치지 않고 바로 근력운동이나 웨이트 트레이닝을 하면 부상의 위험이 크죠. 안정화 단계에서 관절 가동 범위를 늘려놓고, 안정성을 높이면 다칠 확률이 확 줄거든요.

금고문 그러니까 안정화라는 건, 몸의 구조를 잘 잡아주고 균형 감각을 키워주고 이런 건가요?

신동민 그렇죠. 같은 동작을 해도 짐볼에서 하면 몸이 흔들리니까, 아무래도 신경계도 활성화되고요.

금고문 두 번째가 근력을 늘리는 단계이고, 세 번째가 파워를 높이는 단계. 그러면 대부분의 사람들이 1단계에서 출발해야 할 텐데요. 어떤 식으로 운동을 시작할 수 있을까요?

신동민 가장 쉽게 얘기하면, 요즘에 거북목이나 라운드숄더 이런 얘기 많이 들어보셨을 거예요. 이게 몸의 불균형에서 나타나는 대표적인 증상인데요, 이런 것을 바로잡아놓고 가야지 바로 운동에 들어가면 오히려 근육 불균형이 더 심해지거든요.

　이런 말을 하면 어떻게 해야 되나 지레 겁을 먹는데, 자세를 점검하는 데서 출발하면 돼요. 가장 나쁜 자세가 다리를 꼬는 건데요. 다리를 꼬면 골반이 틀어지고, 그 위에 척추를 둘러싸고 있는 근육들도 짧아지게 돼요. 이렇게 몸이 불균형해지면 걸음걸이도 틀어지고 목은 자꾸 앞으로 나가고. 이런 상태에서 운동을 하면 가동 범위가 안 나오거든요.

제책임 제가 지금 꼰 다리를 풀고, 허리를 펴고 점점 자세가 높아지고 있어요. (웃음)

이준우 아시다시피 저도 운동 전문가가 아니기 때문에 이런 이야기 들으면 저도 모르게 자세를 바로하게 되는데요. (웃음) 운동하시는 분들이랑 이야기를 하면 걸어라, 허리를 펴라, 가슴을 펴라 이런 말을 자주 듣는데, 되게 멋이 없게 들렸거든요. 그게 뭐야, 다 아는 거잖아. 그런데 조금씩 경험할수록 이 간단한 게 제일 중요하다는 걸 실감하게 돼요. 보디빌더처럼 근육

을 막 키운다든지 모델처럼 군살 없는 탄탄한 몸매 만드는 거, 좋긴 하죠. 근데 건강한 삶을 위한 건강한 몸을 만들어내는 거라면 안정화, 근력 증가, 파워 증가, 3단계 중에서 안정화 단계에만 머물러도 충분하거든요.

제책임 안정화가 1단계라고 해서 그건 손쉽겠거니 생각했는데, 짐볼에서 팔굽혀펴기를 예로 들어서 충격받긴 했어요. (웃음) 그건 이미 고난도 아닌가요?

신동민 예를 잘못 들었네요. 더 쉬운 예를 들면 가만히 서 있는 것 대비 다리 한 쪽을 들고 서 있는 것?

이준우 조금 더 풀어서 설명하면, 다들 많이 걸으시잖아요. 점심 시간에 밥 먹으러 식당 갈 때나 지하철 환승을 할 때나 많이 걷게 되는데, 우리가 걷는 길은 너무 평평해요. 근데 길은 울퉁불퉁해야 제 맛이거든요. 등산을 가면 바위도 있고 좀 미끄러운 길도 있고 웅덩이를 피해가야 하기도 하고, 그런 길을 걸으면 평소 평평한 길을 걷던 때와 조금 달라져요. 울퉁불퉁한 길을 걸으면 허리가 운동을 하게 되죠. 아까 신동민 님이 말씀하신 짐볼에서 팔굽혀펴기 하기와 같은 개념이거든요. 사실 요즘에는 동네에도 둘레길이 잘 조성되어 있는데, 그런 좀 거친 길을 걷는 게 안정화 작업이라고 생각해요.

금고문 헬스클럽 러닝머신 위에서 TV를 켜놓고 걷는 것과 야외에서 흙길, 숲길을 걷는 건 똑같은 걷기라도 안정화 측면에서 굉장히 다르다는 말이군요. 자전거 타기도 실내 자전거 타는 것과 야외 울퉁불퉁한 길에서 자전거 타는 게 다를 테고요. 근데 걷기도 어떻게 걷느냐가 중요하지 않나요? 저희 어머니가 종편에서 하는 건강 프로그램을 너무 많이 보시거든요. 건강 전문가들이 나와서 걷기 자세에 대해서 많이 설명하거든요. 그래서 내가 걷는 모습을 어머니가 보면서 팔자걸음 걷지 마라, 허리를 쭉 펴라 계속 그러세요. 저는 항상 그렇게 걸으니까 어떻게 고쳐야 될지도 모르겠고요. 올바르게 걷는 방법이 있을까요.

신동민 길거리에 다니는 사람들을 보면, 사실 스마트폰만 안 봐도 훨씬 올바른 자세로 걷게 되거든요. 컴퓨터 앞에서나 밥 먹을 때도 좀 구부정한 자세가 되는데, 밖에서도 스마트폰을 보면서 걸으니까 목은 앞으로 구부러지고 보폭도 짧아지고, 또 무엇보다 위험하고요.

올바른 자세로 걷는 법을 알고 싶다면, 정말 편하게 걷다가 무의식적으로 자기 발을 바라보세요. 그때 11자가 아니라면 11자로 맞춰보려고 노력하는 거죠. 그리고 허리를 펴고 가슴을 펴고 걷는 것. 그리고 내 정수리에 실이 하나 달려 있는데, 천장에서 그 실을 잡아당긴다고 생각해보세요. 그러면 목이 앞뒤가 아니라 위로 쭉 올라가거든요. 그 자세가 목에는 제일 부담이 적은 자세라고 해요. 팔도 앞뒤로 조금 흔들어주고요.

왜 뻔한 걸 못할까

이준우 사실 걷기 이야기를 하고 있지만, 안타깝게도 너무나 뻔한 처방이잖아요. "바른 자세로 걸으면 돼요"라는 게.

제책임 모두가 방법은 알고 있을 거라고 생각해요. 그런데 그 뻔한 것을 왜 사람들은 못할까요? 왜 우리는 다 그 뻔한 것을 못하고, 어떤 식으로 극복할 수 있을까요? 이런 이야기가 어떻게 보면 제일 핵심적인 기술일 수도 있을 것 같아요.

이준우 운동 자존감을 또 끄집어내보면, 뭐든지 조금 할 줄 알게 되면 재밌잖아요. 성적 오르는 재미가 있고, 그래서 더 열심히 하게 돼요. 그런데 이 건강이라는 것도 내가 건강해지고 있는 건지 아닌지 감이 없으니까 안 하게 되는 거예요. 예를 들면 제가 고등학교 때 수학을 잘 못했었거든요. 9점 받은 적도 있어요.

금고문 풉. (웃음) 아 웃어서 죄송합니다.

제책임 9점 맞기도 쉽지 않을 텐데, 답을 잘 피해 다니시나 봐요. (웃음)

이준우 그렇죠. 이게 일자로 쭉 긋고 잤어도 9점은 아닌데.

금고문 저도 생각해보니까 한자 5점 맞은 적 있어요.

이준우 (웃음) 제 입장에서 수학이라는 건 사실 9점이 나오건 40점이 나오건 상관없는 과목이었어요. 잘 찍었냐 못 찍었냐로 결정되는 거라 어차피 얼마나 노력했는지는 상관없으니까요. 마찬가지로 나에게 걷기나 스트레칭, 건강하게 먹는 건 별로 의미가 없어요. "건강이 최고다"라고 말은 하지만 와닿지 않는 거죠. 제가 수학에서 어느 정도까지는 노력을 기울여보고 그 효과를 느껴봤다면 아예 자포자기하지는 않았을 거예요. 운동 자존감도 마찬가지라는 생각이 들었어요. 내가 걸음걸이를 바로했을 때 내 몸의 변화를 느껴야 달라질 것이고, 그러려면 우리는 한 가지 노력은 해야 돼요. 수학에서 항상 집합까지만 공부하고 그만두셨다면 행렬, 수열까지는 한 번 나가보셔야…….

금고문 어우, 수학 굉장히 잘하시는 거 아니에요?

이준우 9점에서 나중에 올랐죠. (웃음) 운동에서도 우리는 매일 집합만 배우고 있는 거예요. 집합까지 배우고, 한 번 해보고 만 거죠. 그다음까지 해보고 '아 내가 바뀌었구나'라는 걸 인지

할 수 있을 만큼, 딱 한 달 정도만 시간을 투자해본다면 바뀔 거예요.

신동민 운동할 때 "3개월 만에 몸 만들었다"고 하면 "우와!" 하시는데, 물론 대단한 일이지만 저는 좀 더 촘촘하게 생각했으면 좋겠거든요. 사람들이 3개월 후에 바뀐 사진은 보는데 그 사람의 하루, 이틀, 일주일 단위의 사진은 잘 안 보더라고요. 그러니까 누군가의 달라진 몸만 보고 너무 쉽게 생각하면 금세 포기하게 돼요. 숀 리라는 유명한 트레이너가 한 말이 있는데 무척 재밌었어요. 작심삼일 다이어트라고, 3일 다이어트 하고 하루 먹는 거예요. 운동도 작심해서 3일 운동하고 하루 쉬고. 이렇게 3일씩 작심을 계속 하는 거죠. 운동을 안 해본 사람한테 3개월은 어쩌면 긴 시간이거든요. 한 번 마음먹고 3일 운동해보고, 또 하루는 쉬고 먹을 거 먹고 이런 식으로 하는 것도 하나의 방법이 되지 않을까요.

이준우 결국 자기만의 기준을 세우는 게 중요해요. 하루에 세 시간 걷겠다, 이런 기준이 아니고 그냥 꾸준하게 할 수 있는 수준의 목표를 세우는 거요. 팔굽혀펴기 열 개부터 시작하겠어. 하루에 한 개씩 늘리자. 이런 거죠. 그런데 예를 들어 팔굽혀펴기 열다섯 개까지 했는데 그다음에 4일 동안 쉰 거예요. 그러면 자괴감이 몰려와요. 나 쉬어버렸네. 다시 열 개부터 시작하자. 아예 그런 생각을 하지 마세요. 열여섯 개부터 하면 돼요. 그냥 기준을 스스로 선택하고 재미있게 고르는 거예요. 득근득근 운동 프로그램을 진행하면서 느꼈던 건데, 여럿이 함께 운동하다 보면 서로에게 힘이 되더라고요. 동료애가 생긴다고 해야 하나. 못하는 사람끼리 모여서 하면 재미있는 것처럼.

혼자서도 얼마든지 운동할 수 있다

제책임 운동을 같이 하면서 동료애가 생긴다고 하셨는데, 득근득근처럼 모여서 운동할 수 있는 프로그램에 참여하거나 아니면 퍼스널 트레이닝같이 아예 트레이너를 고용할 수 있는 여건이 되면 좋을 텐데요. 그런 게 쉽지 않은 사람들도 있잖아요. 그런 사람들은 어떻게 동료를 구할 수 있을까요?

이준우 혹시 방송을 들으시다가 지금 운동이 절실하게 필요한 상황이라고 느끼는 사람은 주변 친구들에게 같이 운동하자고 해보세요. 그런 게 그냥 계기가 될 수 있어요.

신동민 그런데 친구들이랑 같이 하는 게 꼭 좋기만 한 건 아니에요. 친구 둘이서 또는 셋이서 하다가 한 명이 그만두면 셋 다 안 하더라고요.

금고문 맞아요. 같이 하다가 한 명이 "야, 오늘 비도 오는데" 이러면 막걸리 마시러 가고.

신동민 그래서 저는 매일 씻기 전 5분 운동하기를 추천해요. 하루에 다섯 시간 한다고 좋은 게 아니라 일주일에 세 번 네 번 꾸준히 하는 건 절대 못 이기거든요. 처음엔 5분씩 투자하던 게 한 달이 되고 두 달이 되면 아마 5분 만에 안 끝날 거예요. 그 처음 5분은 정말 아무것도 아니거든요. 텔레비전 보면서 잠깐 앉아 있으면 10분, 20분 지나가는데 하루 5분만 투자해도 굉장히 달라질 거라고 생각합니다.

제책임 네, 그 5분의 힘을 처음에는 인식하기가 참 어렵죠.

금고문 저 같은 경우에는 혼자서 운동한다고 하면 걷기 말고는 뭘 해야 될지 잘 모르겠거든요. 팔굽혀펴기 말씀해주셨고, 생각해보면 스쿼트도 있고요. 그 외에 요즘 유행하는 버피 테스트나 그런 것들을 다 좋다고는 하는데, 운동은 자세가 중요하잖아요. 이게 또 귀찮으니까 하는 핑계인데, 스쿼트나 버피 테스트나 하다가 괜히 잘못된 자세로 하는 거 아닌가? 차라리 안 하는 게 낫지 않을까? 이렇게 되더라고요. 혼자서 할 수 있는 운동에도 요령 같은 게 있을까요?

신동민 사실 인터넷에 자세히 나와 있거든요. 저는 졸업할 때쯤에 유튜브 때문에 트레이너들이 망할 거라고 생각했었어요. 이 자세에서는 어디는 90도, 어디는 어디 안쪽으로, 어디는 힘을 주고, 이런 설명이 유튜브 동영상에 자세히 나와 있어서 트레이너가 필요할까 싶었어요. 저는 인터넷으로 익혀도 충분하고, 혼자서도 얼마든지 운동할 수 있다고 생각해요. 처음부터 버피 테스트를 15회씩 다섯 세트 이렇게 하진 않거든요. 횟수를 적게 하면서 차근차근 따라하시면 됩니다. 제대로 된 책을 하나 사서 보는 것도 좋고요. 홈트레이닝을 위한 책도 요즘에 많이 나오거든요.

이준우 근데 안 좋은 자세를 하느니 안 하는 게 낫겠다는 이 부등식이요.

금고문 자꾸 수학 얘기 하시네요.

이준우 제가 수학을 좋아하나 봐요. (웃음) 좋은 자세로 꾸준히 많이 하는 게 가장 좋죠. 하지만 안 좋은 자세로라도 하는 게 나아요.

신동민 저도 그렇게 생각합니다.

아무거나 먹어도 괜찮아요

제책임 어떻게 먹느냐도 생활 체력과 연결될 수밖에 없잖아요. 사실 제대로 못 움직일 때는 먹는 거라도 건강하게 먹으면 확실히 낫기도 하고, 또 운동을 하면 할수록 건강하게 먹어야 한다는 생각도 강해지는 것 같고요. 처음 운동을 시작하는 분들에게 먹는 부분에 대해서는 어떤 조언을 해주세요?

신동민 저탄수화물, 저지방 식단에 고단백 식사를 하세요. 이런 건 너무 뻔한 얘기잖아요. 사실 저는 먹는 것에 대한 실천은 안 해도 된다고 생각해요.

제책임 와, 되게 행복해지네요. (웃음)

신동민 우리가 계속 혼자 운동을 시작하는 게 어렵다고 얘기했는데요. 근데 먹는 건 비교적 쉽거든요. 그러니까 운동은 안 해도 먹는 것에 먼저 신경을 쓰더라고요. 운동하려고 마음먹으면 일단 닭가슴살을 주문하고요. 적어도 한 달 아니면 2주 정도라도 스스로 세운 운동 계획에 적응했을 때 그때부터 먹는 걸 실천해도 나쁘지 않다고 생각해요.

큼고문 그러니까 처음부터 둘 다 같이 하면 힘들다?

신동민 네. 스트레스만 받고 오히려 문턱도 더 높아지고. 또 이런 게 있더라고요. 연어는 고단백이라 좋다, 또는 양배추도 좋고, 땅콩과 호두는 불포화지방산이 많고……. 이러면 계속 그것만 먹는 거예요. 예를 들어 저희 할머니는 텔레비전에서 땅콩이 몸에 좋다고 하면 한동안 그것만 드세요. 오히려 그게 더 나쁘죠. 무엇을 먹든 적당량을 먹는 게 중요해요.

제책임 적당량만 먹으라는 건 "어떻게 하면 공부를 잘하나요?" 라는 물음에 "저는 교과서 위주로 예습, 복습에 충실했어요"

하고 답하는 거랑 비슷하지 않나요? (웃음)

이준우 (웃음) 과유불급이라고 하잖아요. 그냥 맛있게 먹으면 돼요. 스트레스 받지 않고. 근데 우리가 다 알잖아요, 어느 정도가 과한지. 소주에 삼겹살 먹으면서도 다 알거든요. 제가 아는 분이 다이어트를 오랫동안 하셨어요. 방법은 이거였어요. 그냥 평소에 먹던 걸 차려요. 그리고 공깃밥에서 한 숟가락만 덜어서 다른 그릇에 놔요. 내일의 나에게 보내자고 하면서. 탄수화물 딱 한 숟가락만 포기한 거예요. 당장은 효과 없죠. 근데 10년 쌓이면 달라요. '내일부터 다이어트해서 확 줄이겠어'라고 생각하지 말고, 그냥 밥 한 숟가락만 줄이자, 삼겹살 두 점만 덜 먹자, 그 정도로 접근하는 게.

금고문 확실히 즉각적인 효과보다는 길게 보시네요.

신동민 네. 아무래도 그렇죠.

운동과 운동이 아닌 것의 경계를 지운다

금고문 저는 평소에 긍정적인 사람은 체력이 뒷받침되니까 그런 거라는 생각을 종종 하거든요. 체력이 떨어지면 생각도 점점 비관적이 되는 것을 느끼기도 하고요. 체력이 일상생활의 질에 미치는 영향을 조금 알기 쉽게 설명해주실 수 있을까요?

신동민 일단 체력은 사전적인 의미를 따지면 신체적 요소와 정신적 요소로 나뉘어요. 저는 신체적 요소보다는 정신적 요소가 더 중요하다고 생각하는데, 운동을 하고 나면 성취감을 느끼거든요. 하루에 내가 정한 양의 운동을 하고 났을 때 느끼는 뿌듯함이죠. 오늘 업무를 생각했던 것만큼 못했다고 하더라도 운동을 마치고 나면 "아, 내가 오늘 뭔가 했다" 이런 만족감을 느끼는 거죠. 또 좋은 호르몬도 나오고요. 정신적인 효과가 더 큰 것 같아요.

이준우 저는 운동과 운동이 아닌 것 사이의 경계선을 지우고 싶어요. 운동은 누구나 해왔던 거고, 좀 더 하면 된다는 식으로 가볍게 접근해보면 좋을 것 같아요. 지금보다 조금 더 움직이고 조금 더 건강해진다는 생각으로. "확 달라져야 해" 이런 식으로 접근할 필요가 없다고 생각해요.

금고문 체력이라는 게 그것만 따로 떼어놓고 키울 수 있는 게 아니라는 의미죠? 말하자면 정신력이랄까, 내가 삶을 대하는 태도라든지 세계관 같은 것과 연관되어 있다는 뜻인 것 같아요.

제책임 굉장히 공감이 가는 말이에요. 사실 체력을 기르려면 운동해야 한다고 하고, 또 운동하면 금고문 님 말씀처럼 좀 더 긍정적이 된다고 하는데, 출발이 어디인지 딱 꼬집어서 말하기는 어려운 것 같아요. 두 가지가 서로 맞물려 있으니까요. 또 이준우 님이 말씀하신 것처럼 어디서부터 어디까지가 운동이고 운동이 아닌지도 인위적인 개념일 수 있겠죠. 그래서 그 두 가지가 서로 유기적으로 연결되어 있다고 생각하고, 일상 속에서 움직임의 총량을 늘리는 방법을 생각해보는 게 생활 체력을 키우는 데 유용할 수도 있겠네요.

　마지막으로 이런 이야기는 꼭 하고 싶다, 이런 거 있으세요?

신동민 〈라디오스타〉 보면 신동민에게 운동이란? 이런 거 있잖아요.

금고문 그거 좋네요. 신동민 님에게 운동이란?

신동민 저는 운동은 적금이라고 생각해요. 나이가 들면 점점 근력이 떨어지고 다리도 얇아지고 코어 근육도 약해져요. 그러면 배변 기능도 떨어지고요. 그때 닥쳐서 한 번에 문제를 해결하려고 하면 쉽지 않거든요. 그러니까 운동을 적금 개념으로 생각하는 거죠. 적금처럼 꾸준히 해서 나중을 대비하는. 일단 시작하는 게 중요하다는 말을 꼭 하고 싶어요.

제책임 딱 알맞은 마무리 말씀이네요. 오늘 즐거웠습니다. 감사합니다.

생활 체력의 기술 핵심 정리

〰〰〰〰〰〰〰〰〰〰〰〰〰〰〰〰〰〰〰〰

① 폭식만은 하지 말자

무엇을 먹든 과하지 않게, 적당한 양을 천천히 먹는다. 삼겹살을 먹어도, 초콜릿 케이크를 먹어도 좋다. 다만 과식하고 폭식하지 않으면 된다. 특히 운동을 시작하는 사람이라면, 일단 먹는 것보다는 운동에 먼저 초점을 맞추기를 권한다. 자신에게 적당한, 지속 가능한 운동의 리듬이 자리 잡으면, 그때부터 먹는 걸 신경 써도 늦지 않다.

② 일상 속 움직임 늘리기

걸을 때 조금씩 보폭을 늘린다거나 사무실에 걸어 올라가거나 일상 속에서 움직임의 총량을 늘리는 습관을 갖는 게 중요하다. 사무실이 5층이라면 처음부터 5층까지 걸어 올라갈 필요도 없다. 4층까지 엘리베이터를 타고 올라가서 한 층만 걸어 올라가는 것부터 시작해도 좋다.

꾸준히 적금을 드는 마음으로 나중에 나이 들었을 때의 내 모습을 생각하면서 조금씩 더 움직이는 것이 생활 체력을 키우는 핵심 기술이다. 생활 체력은 우람한 몸, 군살 하나 없는 몸이 아니라 건강한 일상을 위한 것이므로 긴 호흡으로 천천히 쌓아가자.

그러려면 스스로에게 무리한 것을 요구하지 말고, 한두 번의 실패에 가혹하지도 말아야 한다. 건강한 몸을 만드는 것은 든든한 뒷배가 되어줄 친구와 오랜 시간을 들여 관계 맺는 과정과 다르지 않다. 서두르지 말고, 조금씩 알아가는 시간을 들이며 꾸준히 정성을 보여야 한다.

직장 밖에서 내 몫의
경제생활을 꾸리는 법

8장 _____

야심 없이 시작하는
* 나만의 작은 가게 꾸리기

∷ '훕 훕 베이글'의 박혜령 ∷

한 직장에서 고정된 월급을 받으며 오래 일하고, 4인 가족을 구성해 사는 것이 보편적 삶의 모델이라고는 더 이상 말할 수 없는 시대입니다. 이런 시대에 홀로 선 개인으로서 제 몫의 경제생활을 꾸리는 독립생활자로 살아가려면 무엇이 필요할까요?

일상기술 연구소에서는 독립생활자로 살아갈 수 있는 삶의 방식으로 '나만의 작은 가게 꾸리기'와 '프리랜서로 먹고살기', 그리고 '새로운 방식의 무리 짓기'를 연구해보았습니다. 이번 장은 그중 첫 주제인 '나만의 작은 가게 꾸리기'를 탐구합니다. 여기서 방점은 '나만의', '작은', 그리고 '꾸리기' 모두에 찍어야 할 것 같습니다. 큰 성공을 목표로 삼기보다는 나의 선호와 나의 가치관을 담아낸 가게를 만들고, 작게나마 지속 가능성을 쌓아가며 사업을 일상의 일부로 꾸려가는 삶, 과연 가능할까요?

오늘의 기술자 ＊ 전국으로 배달하는 동네 빵집의 주인장

박혜령

#1 빵 좋아하던 빵순이, 실연의 아픔을 달래려고 빵 만들기를 시작하다

박혜령은 빵순이라고 불릴 만큼 빵을 좋아하던 사람이었다. 어느 날 남자친구에게 차이면서 갑작스레 주말 시간이 여유로워졌고, 그 참에 먹기만 하던 빵을 직접 만들어보기로 했다. 그렇게 시작한 빵 만들기가 우연한 기회를 통해 소소한 부업으로까지 이어졌다. 직접 구운 베이글을 주변 사람들에게 나눠주곤 했는데, 맛을 본 지인 한 명이 자신의 회사에서 운영하는 무인카페에 납품해달라고 요청했던 것. 이제 와 돌아보면 이것이 '훕훕베이글'의 기원인 셈이다.

#2 딱 2천만 원으로 홍대에 매장을 내다

대기업에서 마케터로 일하던 박혜령이 '앞으로 빵을 팔아서 먹고살겠다'는 생각으로 빵 만들기를 배운 건 아니었다. 처음엔 취미생활일 뿐이던 빵 만들기에 본격적으로 뛰어들게 된 건 궁금증 때문이었다. 내가 이렇게 좋은데, 주변 사람도 맛있다는데, 다른 사람들도 이런 빵을 좋아할까? 왜 다른 빵집은 빵을 이런 식으로 안 만들까? 박혜령이 이런 질문을 하자 듣고 있던 지인이 툭 대꾸했다. "그냥 네가 해보면 어때?" 그 한 마디에 결심이 섰던 것은 너무 무겁게 생각하지 않았기 때문이었을 것이다. 직장에 다니며 모은 돈 2천만 원만큼만 시험해보자는 생각이 그를 행동으로 이끌었다. 영어 학원을 다니든 헬스클럽을 다니든 돈을 내고 배워야 하는 것처럼, 좋아하는 것을 경험하고 실험하는 데는 비용이 들기 마련이라는 마음으로 가볍게 시작했다.

그래서 처음 선택한 것이 숍인숍(shop-in-shop) 형태의 매장이었다. 홍대 인근에서 지인이 꾸리던 크루아상 전문 빵집 한쪽에 작은 공간을 빌려, 베이글 전문 매장을 열었다. 보증금 500만 원에 월세 150만 원, 빵을 굽고 파는 데 필요한 집기를 사는 데 1500만 원이 들었다.

#3 광명시의 동네 빵집, 전국으로 배달해요

5년 동안 직장에서 익힌 브랜딩과 마케팅 노하우가 힘을 발휘했을까? 흡흡베이글은 금세 입소문을 타서 '홍대 빵 투어 리스트'에 이름을 올렸고, 빵집 순례자라면 꼭 가봐야 할 빵집으로 자리 잡았다. 곧이어 배달 전문 스타트업의 제안을 받아 온라인 주문과 택배 배송으로 전국의 소비자들에게 찾아갈 수 있게 되었다.

흡흡베이글은 홍대에 문을 연 지 1년 만에 박혜령이 어렸을 때부터 살아온 광명시로 가게를 옮겼다. 온라인 주문이 늘어나는 속도에 자신감을 얻은 덕에 비싼 임대료를 감당할 필요가 없겠다는 결정을 내린 것이다. 흡흡베이글은 자리를 옮긴 후에도 조금씩 매장을 키워가며 차곡차곡 성장하고 있다. 그렇지만 무조건 더 많이 팔고 더 많이 버는 게 박혜령의 목표는 아니다. 주말에는 쉬고, 평소에도 정해진 수량만큼만 팔면 일찍 문을 닫는다. 먹는 사람뿐 아니라 만드는 사람도 행복한 빵을 팔고 싶기 때문이다.

제책임 오늘의 기술자는 '홉홉베이글'이라는, 경기도 광명시에 자리 잡은 빵집을 운영하는 박혜령 님입니다. 어서 오세요.

박혜령 안녕하세요, 박혜령입니다. 만나 뵙게 돼서 너무 반가워요. 아주 소소한 경험이지만 다른 사람들과 나눌 수 있는 자리가 될 것 같아서 굉장히 기대됩니다.

제책임 직장인에서 창업자가 되기까지의 흥미로운 스토리를 가지고 계시더라고요. 자신만의 가게를 꾸리게 된 이야기를 조금 나눠주실 수 있을까요?

박혜령 빵을 워낙 좋아했어요. 어렸을 때부터 빵을 좋아해서 늘 즐겨 먹었던 것 같아요. 너무 좋아하다 보니까 만드는 지경까지 간 거예요. 우연한 기회라면 기회인데, 남자친구한테 뻥 차였거든요. 그랬더니 시간이 남아도는 거예요. 주말에 할 게 없어서 '아, 내가 좋아하는 빵을 만들어볼까' 이런 마음으로 시작했죠. 그러다 보니까 너무 재미있는 거예요. 밀가루랑 물이랑 아무것도 할 수 없을 것 같은 재료들로 뭔가를 만들어낸다는 게. 그게 맛있기도 하고, 기쁨을 주기도 하고.

그래서 만들어 먹기 시작하다가, 혼자 먹기에는 많아서 나눠 먹고, 그러다 보니까 이걸 사고 싶다는 사람들이 생겨서 주변에 조금씩 팔았어요. 직장생활을 하면서 그렇게 병행해오다가, 홍대에서 세 평짜리 가게로 시작하게 됐어요. 그러다가 조금 더 늘려서 제가 살던 동네 광명시로 옮겨왔어요.

제책임 홍대에서 처음 시작한 지 얼마나 되셨어요?

박혜령 이제 3년 반이에요. 길지는 않은 시간인데, 뭔가 변화가 굉장히 많았던 것 같아요.

금고문 홉홉베이글이라는 이름도 재미있고, 하필 왜 베이글인 지도 궁금하거든요. 그 많은 빵 중에서?

박혜령 제가 주말마다 빵을 배우러 다녔어요. 제과제빵 자격증 반에서 하루 여덟 시간씩 배웠는데, 일반 제과점에서 나오는 빵 종류는 거의 다 배웠던 것 같아요. 굉장히 재미있어서 한창 만들다가 좀 불편한 진실과 마주하게 된 거예요. 빵을 조금 더 잘 나오게 하려면, 제빵개량제 같은 것들을 첨가하게 되거든요. 집에서 만든다면 넣지 않을 재료들이죠. 그 밖에도 알 수 없는 재료들이 많이 들어간다는 사실을 알게 됐어요.

그뿐만 아니라 설탕을 엄청 많이 넣었는데도 '왜 이렇게 안 달아?' 할 때도 있어요. 그럼 그동안 내가 달콤하게 먹었던 그 빵들은 도대체 설탕이 얼마나 들어간 건가 싶었어요. 제가 케이크를 엄청 좋아했거든요. 그런데 내가 먹는 케이크에 들어간 생크림이 우유로 만든 게 아니라 식물에서 뽑아내서 첨가물을 넣어 만든 생크림이었다는 것도 알게 됐어요. 그러다 보니까 재료가 단순한 빵에 관심이 가더라고요. 그런 빵이 세 가지인데, 바게트, 치아바타, 베이글이에요. 그런데 바게트나 치아바타는 시중에서 쉽게 구할 수 있는 밀가루로는 그 본연의 맛을 살리기 어려운 빵이더라고요. 게다가 돌로 된 오븐에다 빵을 구워야만 본래의 맛을 낼 수 있어요. 장비가 중요한 빵이었죠. 그런데 저는 집에서 빵을 굽잖아요. 집에서도 쉽게 만들 수 있는 게 베이글이었어요. 그래서 베이글을 열심히 구웠죠.

열심히 굽다 보니, 베이글은 그 자체로는 맛이 조금 밋밋한데 다른 재료들을 만났을 때 더 매력이 있는 빵이더라고요. 베이글이라고 하면 플레인, 어니언, 블루베리, 시나몬, 이 정도가 제일 흔한 4종 세트잖아요. 저희는 좀 특이하게, 초콜릿이 들어간 베이글도 있어요. 또 베이글은 보통 반을 딱 잘라서 크림치즈를 발라 먹잖아요. 저는 아예 크림치즈를 베이글 속에 넣어버렸어요. 이런 식으로 베이글 안에 뭔가를 채워넣거나 반죽에 섞어 넣는 식으로 다양하게 변화를 줄 수 있더라고요.

제책임 근데 이름이 왜 훕훕인가요? 발음하기가 어려워서. (웃음)

박혜령 심지어 관공서에서는 훕훕이라는 글자가 입력되지 않는 곳도 있어요. '훕'이라는 글자가 한글 단어에 쓰이질 않나 봐요. 마케팅을 했던 사람으로서 작명에 엄청난 실수를 한 건데. (웃음) 훕은 훌라후프의 후프예요. 후프가 링 모양이잖아요. 베이글도 링 모양이라서 후프라는 말을 붙였는데, 하나만 쓰니까 재미가 없어서 두 개를 붙여봤더니 어감이 밝고 경쾌하더라고요. 그리고 훕이라는 단어는 상승한다는 의미도 있고요. 또 하나 제가 제일 마음에 들었던 건, 훕이 HOOP거든요. 이걸 두 번 연달아 쓰면 글자에 링이 네 개나 들어가요, 베이글 모양이. 이거는 정말 베이글 가게를 위한 이름인 거죠!

제책임 하루에 네 개씩 먹어라, 이런 의미가요? (웃음)

박혜령 그렇죠. (웃음) 관공서에서는 비록 못 쓰일지언정 영문으로 읽으면 너무 매력적이라 안 쓸 수가 없었어요.

인생을 걸고 빵집을 차린다는 생각은 아니었다

금고문 회사를 다니다가 빵집을 차리겠다고 했을 때 동료들의 반응이 어땠어요?

박혜령 저는 사실 회사 일을 좋아했어요. 경영학과를 나와서 광고회사, 컨설팅 회사를 거쳐서 대기업에서 마케팅 일을 하고 있었어요. 다녔던 직장 모두 굉장히 빡세고, 야근은 그냥 생활이고 주말 출근도 많고, 그랬지만 늘 즐겁게 일했어요. 근데 제가 빵을 만들고 빵집을 한다고 하니까 "정말 의외다. 네가? 너는 회사를 너무 사랑하지 않니? 왜 일을 때려치우니?" 이런 반응이 많았어요. 또 "그래, 언젠가 네 거 뭔가 할 줄 알았어"라는 사람도 많았어요.

　저는 욕심이 많은 사람이었어요. 그래서 일도 욕심 때문에 굉장히 열심히 했던 것 같아요. 더 좋은 결과를 만들고 싶고, 그게 채워져야지만 행복한 스타일이었죠. 그러다 보니까 사람들이 "언젠가 너는 열정을 불사를 수 있는, 너만의 것을 할 거라고 생각했었어"라고 하면서도 "근데 빵이라는 건 좀 의외다"라는 반응을 보였죠. "네가 먹는 걸 좋아하는 건 아는데 그걸 진짜 만들 줄이야"라는 소리도 들었고요. (웃음)

제책임 직장 다닐 때 그렇게 일을 좋아하던 사람이 빵 만드는 걸 좋아하게 되었다고 해서 대기업을 그만두고 빵집을 창업하기로 결정하는 건 흔하지 않은 일인데요. 어떤 생각으로 그런 결정을 하셨는지 궁금해요.

박혜령 사실 내가 빵을 팔아서 먹고살 수 있을 거라는 생각은 한 번도 해본 적이 없어요. 그냥 제가 좋아하는 취미생활의 하나였던 거죠.

그런데 컨설팅이나 광고회사에서 기획만 하다가 대기업에 들어갔더니 생산하는 것까지 챙기게 되었어요. 어느 날 한여름에 공장에 갔는데, 사장님이 러닝셔츠만 입고 선풍기 앞에 앉아 계시더라고요. 세지도 않아요, 선풍기 바람이. 왜 꼭 선풍기는 그렇게 약하게 뱅글뱅글 돌아가는지. (모두 웃음) 그런 와중에 사장님하고 단가 싸움을 해야 되는 거예요. "사장님, 제가 다음번에 물량을 더 많이 밀어드릴 테니까 이번에는 싸게 해주시죠." 이런 싸움을 하는 게 사실 너무 부끄러웠어요. 제가 속한 곳은 대기업이잖아요. 돈도 많고. 그런데 그 사장님의 주머니를 탈탈 털고 뒤집어서 더 털어가는 기분이 들었어요. 회의감이 몰려왔죠. 그렇다고 이제 빵집을 해야겠다, 하고 회사를 관둔 건 아니었어요. 내가 이 일에 안 맞나 보다, 다른 길을 찾아봐야 할 것 같다는 생각이 들더라고요. 우선은 그냥 회사를 관뒀어요. 한 5년쯤 직장생활을 한 다음이었어요.

쉴 때 단골로 다니던 빵집에 가서 수다도 떨고 차도 얻어 마시고 그랬는데요. 거기에 제가 만든 빵을 가져가서 "이런 빵을 팔면 엄청 많이 살 것 같은데, 왜 아무도 안 할까요? 나는 너무 좋은데" 그랬더니, 그 빵집 주인이 너무 쉽게 "그럼 네가 하면 되잖아" 그러시는 거예요. "저는 빵을 어디 가서 제대로 배운 적도 없고 기술자가 아니에요." 그랬더니 "네가 기술자라 하면 기술자야. 뭐 '나는 예술가입니다' 하면 예술가지 딴 거 있어?"라고 하더라고요. 너무 명쾌해지더라고요. 그 말에 용기를 얻었어요. 내가 좋아하는데 그리고 내 주변 사람도 맛있다는데, 다른 사람들도 이걸 맛있다고 해줄까, 그게 너무 궁금했어요. 그래서 그냥 무작정 차렸어요. 대신에 조그맣게요. 인생을 걸고 빵집을 한다는 생각은 아니었고요. 영어 학원을 다니든 헬스를 다니든 돈을 내야 하잖아요. 똑같이 뭔가를 경험하고 궁금증을 해소하려면 어느 정도 비용이 들겠지, 생각하면서 내가 가진 돈으로 작게 시작했어요.

제책임 빵집을 차리려고 직장을 그만두신 건 아니라는 부분이 저는 개인적으로 공감이 많이 가요. 저도 직장을 그만둘 때를 떠올려보면, 사람들이 다 물어보잖아요. 뭘 하려고 그만두느냐고. 그러면 일단 뭘 안 하려고 그만두는 거라고 말했거든요. 그 지점부터 뭔가 아이디어가 떠오르기도 하고, 뭘 해봐야겠다는 욕구가 생기기도 하고.

직장생활이 일상의 거의 대부분을 차지할 때는 그 안에서 다른 것을 해보려는 에너지나 욕구가 잘 생기지 않아요. 뭐가 하기 싫다는 마음은 있어도, 하고 싶은 것이 떠오르진 않죠. 물론 현실적인 고려, 특히 경제적인 고려를 안 할 수 없지만, 일단 방향을 전환하려면 좀 여백의 시간이 필요하지 않나 하는 생각도 하게 됩니다.

글고문 첫 번째 매장을 연 곳이 핫플레이스인 홍대잖아요. 3년 반 전쯤이면 물론 지금보다야 임대료가 쌌겠지만, 그때도 여전히 비싼 동네였을 텐데요. 제가 듣기로 2천만 원으로 홍대에 첫 번째 가게를 오픈하셨다는데, 그게 어떻게 가능했나요?

박혜령 홍대에서 목 좋은 자리에 가게를 얻는다는 것은 웬만한 돈 갖고는 어려운 일이에요. 저는 돈도 없었고 평생 이 기술로 먹고살아야지, 이런 마음도 아니었으니까 현실적으로 가능한 옵션이 아니었죠. 그런데 제가 자주 가던 카페 겸 베이커리가 있었어요. 아까 말씀드렸던. 그 가게 안에 숍인숍 형태로 들어가게 됐어요.

제책임 아, "내가 예술가라고 하면 다 예술가"라고 하셨던 그분.

귀인이네요. (웃음)

네, 귀인이죠. (웃음) 그분도 그때 베이커리를 연 지 얼마 안 됐어요. 한겨울에 아주 한가한 매장에서 둘이 앉아서 얘기를 하다가. (웃음) 본인도 빵을 팔고 있는데 또 다른 빵이 들어온다는 거는 그분에게도 모험이 될 수 있잖아요. '그래도 굉장히 즐거울 것 같아. 우리 같이 실험을 해보자.' 이런 마음으로 시작한 거죠. 저는 간판도 없고, 사업자등록도 못 냈어요. 숍인숍으로 들어간 거니까요.

그 가게가 주택을 개조한 형태였어요. 방이 여러 개 있는 구조에서 제가 방 하나를 얻은 거죠. 권리금 500만 원, 월세 150만 원에 들어갔어요. 방 한 칸에 다달이 150만 원을 내야 하고, 그다음에 빵 오븐은 사야 하잖아요. 냉장고도 사고, 인테리어도 최소한은 해야 했고요. 거기에 들어간 비용이 천만 원 정도였어요. 나머지 비용으로 이런저런 집기도 사고 포장재도 찍고. 그렇게 하니까 딱 2천만 원이 들더라고요.

매장의 위치에 얽매이지 않는 모델

제책임 홍대에서 시작하고 얼마 안 돼서 이름이 나기 시작했다고 들었어요. 사실 우리나라는 자영업 폐업률이 높은 나라잖아요. 창업해서 성공하기 어렵고, 홍대 같은 격전지에서 그렇게 금세 기반을 잡는 게 쉽지 않은 일인데 어떻게 가능했는지, 그리고 홍대에서 기반을 잡은 다음에 다시 거점을 옮기셨잖아요. 그 스토리도 궁금합니다.

박혜령 제가 만드는 베이글은 익숙하지만 조금 달랐어요. 지금은 한 가지만 파는 베이커리들이 많아졌잖아요. 케이크만 파는 집, 크루아상만 파는 집, 파운드케이크만 파는 집 등등 굉장히 많지만 그 당시에는 전문점이 드물었어요. 특히 베이글만 하는 집은 여의도에 딱 한 군데였어요. 그래서 베이글 집이라는 게 빵순이라면 꼭 가봐야 하는 가게로 입소문이 났어요. 홍대가 빵의 메카예요. 홍대에는 빵집이 굉장히 많고, 빵집을 하는 사람들은 홍대에서 장사를 하고 싶어해요. 빵에 관심 있는 사람들이 '빵 투어'를 도는 코스니까 그 안에 있으면 어쨌든 한번은 들른다는 거죠. 그래서 저는 아주 작게 들어갔지만 사실은 좋은 자리에서 시작한 셈이에요. 그리고 아이템이 조금 특이하다 보니까 블로그에 많이 올라갔어요. 파워블로거들이 소개를 많이 해주었고, 그 덕에 빨리 입소문을 탄 것 같아요.

그러던 어느 날 빵 배달 서비스를 하는 스타트업으로부터 입점 제안을 받았어요. 열심히 만드시면 아주 잘 포장해서 배송까지 해드립니다, 라고 하더라고요. 시작한 지 한 달 정도 됐을 때 그곳하고 계약하게 됐어요.

<u>제책임</u> 굉장히 빠른 시점이었네요.

<u>박혜령</u> 그러니까요. 뭘 믿고 그러셨는지. (웃음) 아이템의 특이성이 작용했던 것 같아요.

<u>제책임</u> 홈페이지에 들어가서 보니까 진짜 신기한 베이글을 많이 파시더라고요. 그렇게 배달을 통해 온라인 판매가 가능해지면서 매장을 옮기게 된 건가요?

<u>박혜령</u> 그게 기반이 되었죠. 저만 해도 빵을 배달해서 먹는다는 건 익숙한 개념이 아니었어요. 빵을 배달해? 택배 배송이 가능해? 이런 생각을 하게 되잖아요. 그런데 베이글은 배달에 최적화된 아이템이에요. 크루아상의 경우에는 빵을 봉지에 넣으면

늑늑해져서 맛이 확 떨어져요. 배송이 어려운 아이템이죠. 바게트도 겉이 바삭해야 하는데 배달을 하려면 봉투에 싸야 하잖아요. 그러면 늑늑해져서 본래 맛을 많이 잃어요. 그런데 베이글은 한 번 데쳐서 쫄깃하게 만드는 빵이니까 봉지에 넣어도 맛이 거의 같아요. 배송에 하루가 걸리더라도 워낙 밀도가 높은 빵이기 때문에 품질이 떨어진다는 느낌이 덜해요. 그래서 배송이 가능한 거죠.

온라인 택배 주문이 많이 들어오는 걸 보면서, 이걸 믿고 가게를 옮겨봐야겠다는 생각이 들었어요. 그리고 공간의 한계도 있었어요. 세 평짜리 가게여서 새벽에 빵을 만들고 나면 그 장소가 다시 진열대가 되었어요. 더 만들고 싶어도 만들 수 없고, 그런 한계가 있던 상황이었죠.

제책임 그래서 집과 가까운 장소로 매장을 옮기신 건가요? 전국 어디에 있든 크게 상관없겠다는 판단을 하셨다고 봐야 할까요?

박혜령 그렇기도 하고 그냥 저희 단골들과 얘기해보면 다들 집이 부평, 부천, 수원 등등 저처럼 그냥 동네에 사시더라고요. 동네에 산다고 해서 맛있는 빵 모르는 거 아니거든요. 일부러 강남 가고 일부러 홍대 가는 건데, 광명시에도 이런 빵을 알아주는 사람들이 있지 않을까 생각했어요. 온라인 택배를 기본으로 하고 동네에서 사람들하고 나눠 먹으면 좋겠다 싶었죠.

저는 그냥 베이글이 너무 좋아서 회사 다니면서 일주일 휴가를 내고 도쿄에서 베이글 투어를 한 적도 있어요. 일본은 우리보다 베이커리 문화가 더 발달해서 베이글만 전문으로 판매하는 가게가 굉장히 많거든요. 그런데 이런 가게들이 다 동네에 있는 거예요, 시내가 아니라. 한적한 주택가에 빵집이 있는데 사람들이 9시 반만 되면 줄을 서기 시작해요. 줄을 서 있다가 10시에 가게 문 열면 빵을 사서 나가는 거예요. 베이글이 우리한테는 익숙하지 않은 아이템인데 이렇게 한적한 동네에서도 팔 수 있고, 사랑을 받는구나 하고 실감했죠. 그래서 모든 사람들이 알아주는 그런 핫플레이스에 가게를 열지 않더라도, 내가 열심히 더 맛있게 만들면 해볼 만하겠다고 판단해서 제가 살던 동네로 옮겼죠.

인간적인 영업시간 - 지속 가능한 일상 만들기

글고문 보통 빵집은 아침 일찍 열어서 밤늦게까지 영업하는 경우가 많은데, 홉홉베이글은 영업시간이 오전 11시부터 오후 8시까지잖아요. 영업시간이 굉장히 인간적인데, 그렇게 정하신 이유가 궁금합니다. 특별한 운영 철학이 있나요?

박혜령 아침 일고여덟 시부터 빵을 파는 가게는요, 새벽 2시부터 준비해야 해요. 엄청난 노동이거든요. 그 시간에 사람이 자야 행복하지, 그 시간에 일을 하면 행복하지도 않고 건강하지도 않아요. 그렇게 하면 그 일을 오래 하지 못해요. 그래서 빵집에서 일하는 사람들은 삶의 만족도가 굉장히 낮은 편이에요. 일도 힘든 데다가 남들 자는 시간에 일하고 남들 노는 날 못 놀거든요. 빵집은 그날 장사가 잘되니까요. 홉홉베이글은 아침 11시부터 저녁 8시까지 영업하고, 주말에는 아예 문을 닫아요.

11시에 오픈하더라도 저희는 아침 6시 30분 정도에 출근해서 일하기 시작해요. 저희 빵집은 매일 스물한 가지 빵이 나오는데, 스물한 가지를 다 만들어 완벽하게 포장까지 해서 매장에 진열하는 시간이 11시예요.

금고문 그럼 11시에 문을 연다고 해도 굉장히 일찍부터 일하시는 거네요.

박혜령 네. 빵은 시간이 조금 필요한 제품이에요. 저희는 반죽을 전날에 해요. 전날에 미리 반죽해놓으면 저온 숙성을 해서 천천히 발효가 돼요. 그러고서 다음 날 아침에 만들기 시작하거든요. 그럼 발효 과정을 또 거쳐요. 그리고 굽고 식히고 포장하는 작업이 이어지고요. 11시부터는 먼저 나온 빵들이 판매되기 시작하지만 전체 물량 작업이 전부 끝나는 건 1시나 2시 정도예요. 오후에는 다시 다음 날 빵 준비를 하고요. 반죽하고 속에 들어가는 재료들을 준비하는 일이 끝나면 오후 5~6시가 돼요. 그때부터는 매장에 남아 있는 빵들 판매하고. 늦게까지 영업하지는 않아요. 딱 준비한 만큼 그날 만들어서 그날 다 판매하고 끝내요. 남아도 다음 날 판매하지 않아요. 그러다 보니까 빵이 일찍 떨어지는 날이 많은 편이에요. 빵이 떨어지면 6시나 7시에 마무리하고 퇴근하는 거죠. 그래서 저희 가게가 장사를 안 하고 늘 닫혀 있다고 생각하는 사람들도 있어요. 퇴근길에 보면 늘 불이 꺼져 있으니까요. 어쩌다가 늦게까지 영업하는 날 "원래 영업을 하셨군요. 저는 매일 닫혀 있어서 가게가 완전히 문 닫은 줄 알았어요"라고 말하는 사람들도 있어요.

저는 만드는 사람이 행복해야 한다고 생각해요. 행복하려고 이 일을 하는 건데 빵을 만드느라고 가족하고 밥 한 끼도 제대로 먹지 못하고 친구 결혼식에도 못 가고 여행 한 번 떠나지 못한다면, 이런 삶은 좀 아니지 않나 하는 생각이 들어서 가게 문을 일찍 닫아요. 다른 빵집들은 밤 7시부터 9시까지가 피크예요. 9시가 지나면 술 한잔 하신 아버님들이 식구들한테 미안한

마음에 "빵 이거 전부 주세요!" 하면서 많이 사간다고 하더라고요. 프랜차이즈 빵집들은 이런 매출이 제법 된다고 해요. 그런데 저희는 그냥 일찍 문을 닫죠. 행복하게 살려고요.

제책임 가게를 꾸리는 일은 단지 사업일 뿐만 아니라 일상의 일부이기도 하니까요. 그게 장기적으로 보면, 지치지 않고 꾸준히 일을 사랑할 수 있는 비결 같아요.

시작의 무게를 줄이기

제책임 공개 녹음의 미덕을 살려오신 분들에게 질문을 한번 받아볼까요?

청중1 제가 예전에 다른 강연에서 홉홉베이글의 사례를 들은 적이 있어서 궁금한 마음에 오늘 여기에 오게 됐습니다. 스타트업이나 창업이 새롭게 자신의 일을 조직하는 방식의 하나가 될 수 있다며 소개된 사례가 홉홉베이글이었어요. 그런데 작게 시작할 수 있다고 하지만, 투자금 2천만 원도 어떻게 보면 학자금 대출을 받아 겨우 대학을 졸업한 저희 세대에게는 큰 돈인데요. 저희 같은 청년에게 성공한 기성세대로서 해줄 수 있는 말이 있을까요?

제책임 기성세대라는 말에 몸둘 바를 몰라 하시네요. (웃음) 정말 어려운 질문인데요?

박혜령 사실 홍대에서 시작하기 이전의 단계가 있어요. 제가 빵을 너무 열정적으로 만들다 보니 빵이 많이 남았어요. 냉동실에도 넣어놓고 옆집에도 나눠주는데, 옆집도 하루 이틀이지 매일 줄 수 없잖아요. 게다가 베이글은 조금 나이가 드신 분들이 그렇게 좋아하는 빵은 아니에요. 그래서 친구들하고 나눠 먹기 시작했는데, 이걸 사먹고 싶다고 하는 친구가 있어서 택배로 보내줬어요. 그렇게 회사 다니면서 빵을 굽고 계속 주변에 나눠주는 식이었어요. 하지만 나름 마케팅 일을 하는 사람이다 보니까, 주로 일요일에 구우니까 '선데이 베이글'이라고 이름도 붙이고 불도장을 만들어 빵에 찍기도 했어요. 지금도 저희 베이글에는 홉홉이라고 불도장을 찍어요. 빵에다가 이름을 새기는 거죠. 제가 거기에 너무 심취해 있던 것 같아요. (웃음)

그렇게 불도장을 찍어 나눠주던 차에 아는 분이 먹어보시고 자기 회사에서 운영하는 무인카페가 있는데, 거기서 빵을 팔아보지 않겠느냐고 제안하셨어요. 그렇게 해서 일주일에 두 번 빵을 갖다 놨어요. 무인카페에서 하나에 2천 원씩 받고 팔았죠. 그게 시작이었어요. 처음부터 가게를 연 건 아니었어요.

어쩌면 지금이 더 좋은 시대일 수도 있다는 생각이 들어요. SNS의 역할이 굉장히 크거든요. 혼자서 창업하고도 사진 한 장으로 사람들과 공유할 수 있고, 운이 좋으면 굉장히 빠르게 퍼져나가기도 하고요. 또 요즘에는 마켓 같은 공개 장터가 열리는 곳이 많아요. 그런 마켓에 판매자로 참여하는 분들은 대개 자기 매장이나 브랜드를 가진 분들이 아니에요. 본인이 잼 만드는 게 좋아서, 과자 굽는 게 좋아서 들고 나와 판매하는 분들이거든요. 거기에서 성공해서 실제로 매장을 내신 분들도 꽤 있어요. 그런 분들은 입소문에 힘입어 시작했기 때문에 굉장히 빠르게 성장하더라고요. 그런 면에서 어쩌면 더 작게 시작하는 것도 가능하고, 누군가는 이미 하고 있기도 하고요.

제책임 아까 2천만 원으로 시작했다고 하셨지만, 실제 시작은 그보다 앞선 작업들부터였다고 볼 수 있겠네요. 직장생활과 병행하면서 시작하시고, 그 과정에서 어느 정도 테스트를 하면서 서서히 무게중심을 이동해가는 방식이 아니었나 싶어요.

청중2 창업하려고 할 때, 얼마나 시장성이 있을지 보통 주변에서부터 시험하게 되는데요. 아무래도 주변 사람들한테만 물어보는 데는 한계가 있다고 생각해요. 불특정다수 소비자들의 니즈를 어떻게 파악하고 예측할 수 있을까요?

박혜령 저는 홍대에 매장을 열기 전에 친구들이나 지인에게 빵을 나눠주고 팔아본 게 첫 번째 시장조사였던 것 같고요. 어떻게 보면 홍대 매장 자체도 시장조사의 하나였을 것 같아요. 제가 홍대에서 8개월 정도 있었거든요. 그때 보고 '아 이 정도면 사람들이 많이 좋아하는구나' 해서 본격적으로 해봐야겠다는 생각이 들었어요. 그래서 광명으로 옮긴 거죠. 그리고 홍대에서 테스트해본 결과 매장 손님뿐 아니라 배송 수요가 많아서 전부 충족하려면 단순히 베이커리 혹은 일반 음식점으로 영업 허가를 내서는 안 되겠더라고요. 그래서 광명으로 옮기면서 제조업으로 허가를 받았어요. 광명에서 처음 시작할 때는 매장이 일곱 평 정도였어요. 세 평에서 일곱 평이니까 두 배 넘게 늘어나긴 했지만, 제조업이라고 하기에는 너무나도 작은 공간이었어요. 그럼에도 불구하고 제조업으로 허가를 냈던 거죠. 다양한 방법으로 사업하려면 그래야 할 것 같았어요. 그런데 제조업 허가가 쉽지 않아요. 인테리어 규격이라든가 운영 지침도 까다롭고요, 검사도 수시로 나와요. 식약처에서도 나오고 시청에서도 나오고. 생산 일지도 다 써야 하고 재료 입출고, 재고 처리 등등 다 기록으로 남겨야 해요. 규모는 작지만 말하자면 농심이나 삼양 공장이랑 똑같은 거예요. 번거롭지만 그 덕분에 그 이후 배송 대행이라든지 혹은 기업 납품이라든지, 이런 사업의 연결고리들을 만들어갈 수 있었던 것 같아요.

제책일 시장조사를 하고 미리 계획을 세우는 게 중요하긴 하지만, 우리가 얘기하고 있는 건 대부분 작은 규모의 사업이잖아요. 그러다 보니까 내가 진입할 시장에 딱 맞는 정보나 리서치를 찾는 건 사실 거의 불가능하죠. 오히려 내가 이만큼 투자했는데 망하지 않으려면 매출이 얼마나 필요하고, 그만큼 하려면 무슨 조건이 필요한가를 거꾸로 생각해보는 게 중요한 것 같아요. 그게 작은 규모의 사업을 시작할 때는 오히려 더 현실적이지 않나 싶어요. 그러니까 성공에 대한 전망이라기보다 망하지 않으려면 얼마큼을 해야 하는지 아는 게 중요한 거죠. 잘 안 되었을 때의 최저선에 대해 생각해보고, 그래서 얼마 이상은 투자하지 않는다는 식으로 스스로 조건을 찾는 거죠. 그래야 마음 편하게 사업을 시도할 수 있지 않을까 싶어요.

내일 장사는 괜찮을끼?

금고문 오늘 이야기 들으면서 정해진 성공의 공식은 없다는 것을 다시 한 번 깨달았어요. 박혜령 님이 실연한 후 허전한 마음을 채우기 위해 빵을 굽기 시작했다고 하셨는데, 베이글이란 게 참 재밌는 것 같아요. 예전에 무라카미 하루키라는 소설가가 인간은 누구나 가슴에 구멍이 있는 도넛 같은 존재다, 이런 글을 쓴 적이 있는데 (모두 웃음) 베이글도 비슷하게 생겼잖아요.

제가 궁금한 건 아까 첫 번째 청중의 질문에 '기성세대로서'라는 단어가 있었는데요. 제가 요즘 '세대'에 대한 생각을 많이 하거든요. 박혜령 님은 제 또래이신 것 같은데, 본인이 정말 기성세대라고 생각하시는지, 아까 기성세대라는 단어를 듣고 어떤 생각이 들었는지 궁금합니다.

박혜령 그러니까요. 30대 초반인데 벌써 기성세대가 되어버려서 엄청 당황스러웠어요. (웃음) 저희 엄마나 기성세대인 줄 알았지 제가 기성세대일 줄은 꿈에도 생각하지 못했는데요. 근데 20대 초반 분들에게는 제가 어쩌면 기성세대일 수도 있겠다는 생각이 들어요. 근데 저도 똑같거든요. 매일 새로운 문제가 생기고 그걸 어떻게 풀어야 할지 고민하고. 하다못해 날이 갑자기 추워지면 빵집에 손님이 뚝 끊겨요. 이걸 어떻게 해야 하지? 내일은 괜찮을까? 그런 고민을 하고요. 살면서 계속 새로운 문제가 생겨요. 아기가 14개월 정도 됐는데 아기를 기르면서 일을 하는 건 굉장히 어려워요. 늘 어떻게 풀어야 할지 모르는 문제들 속에 빠져서 살거든요. 그래서 기성세대라는 말을 듣기에는 아직 모르는 게 너무 많은 것 같아요. 늘 새롭고 늘 고민이 많아서.

금고문 제가 그런 질문을 드린 것은 저도 나이를 먹고 있고, 시간이 흐르면 누구나 다 나이를 먹는 거니까 아무 생각이 없었는데 저더러 선배님, 선생님 하는 후배 세대들이 생겼더라고요. 저도 박혜령 님과 비슷한 마음인데, 그럼에도 불구하고 어떤 책임감을 느껴야 할 나이라는 생각이 들었어요. 박혜령 님의 경우에는 한국 사회의 정상성에 대한 압력 속에서 어떤 새로운 삶의 모델을 보여줌으로써 기성세대의 역할을 충분히 하시고 있다고 생각합니다. (웃음)

제책임 마지막으로 내 가게를 차리겠다는 꿈을 갖고 있는 사람들에게 진짜 이것만은 조심하라고 조언하실 게 있다면요?

박혜령 주변 사람들한테 의견을 물어보는 건 중요해요. 그런데 남의 얘기만 듣고 쉽게 결정을 바꾸거나 흔들리지 않았으면 좋겠어요. 제가 주변 이야기 들었으면, 진작 때려치웠어야 해요. 자신만큼 그 문제에 대해서 깊이 고민하는 사람은 없어요. 본인한테 확신을 가지면 좋겠어요. 그래야 어렵고 힘든 시간이 닥쳤을 때도 이겨낼 수 있어요.

저는 홍대에서 세 평짜리 가게에서 시작할 때나 광명으로 이사할 때 정말 돈이 없었어요. 공사도 하나하나 직접 챙겨야 했어요. 목수 아저씨랑 타일 아저씨 한 명씩 불러서, 여기 타일 깔아주세요, 여기 장 하나 짜주세요, 여기 싱크대 만들어주세요, 이런 식이었죠. 에어컨이 없어서 땀을 삐질삐질 흘리면서 빵을 만들고. 그래서 가게에 에어컨을 설치한 날 제일 기뻤어요. 지금도 땀을 안 흘리면서 일하는 나날이 너무 감사하거든요. 내 일을 하니까 정말 사소하지만 감사할 일들이 많이 생겨요. 에어컨 트는 것도 별일 아닌 것 같은데, 너무 작게 시작하다 보니까 그런 작은 일에도 감사한 마음이 들거든요. 자기만의 신념이 있으면 땀을 흘리며 무슨 일을 하고 있든 크게 두렵지 않아요. 다른 사람들이 "그만해, 너무 힘들지 않아?"라고 했을 때도 쉽게 무너지지 않는 것 같아요.

제책일 마지막까지 좋은 말씀 감사합니다. 사업 수완도 필요하겠고 운도 따라야겠지만, 무엇보다 자기가 지닌 생명력을 단단하게 믿는 마음이 중요하다는 생각이 들었어요.

오늘 좋은 말씀 감사드립니다.

나만의 작은 가게 꾸리기 핵심 정리

① 관심 분야의 깊이를 늘려가기

평소에 축적한 취미생활의 깊이가 뜻하지 않게 새로운 생업으로 이어지는 경우가 많다. 자신이 해오던 일이나 관심 분야를 자연스럽게 확장해서, 틈 날 때마다 시간과 에너지를 들인다면 두 번째 전문 분야가 생길 수 있고, 그것이 언젠가 나만의 작은 사업으로 이어지기도 한다. 물론 모든 취미를 그런 목적의식 아래 즐기라는 의미는 아니다. 무엇이든 시간을 들여 배우고, 일을 벌여보고, 자신의 노하우를 쌓아가는 과정의 즐거움을 만끽하다 보면 뜻하지 않은 결과가 덤으로 찾아오기도 한다.

② 가볍게 시작하기

내 가게를 열어보기로 마음먹었다면, 자신이 감당할 수 있는 위험의 범위를 설정하여 그 안에서 가볍게 시작해보길 권한다. 미리 샅샅이 조사하고, 가진 것 다 털어 시작한다는 생각보다는 지금의 일상과 연결되는 작은 시도에서부터 시작해본다. 작게 시작하는 것 자체가 두 발을 땅에 디딘 진짜 시장조사일 수 있다. 여기서 생긴 노하우와 데이터를 바탕으로 방향을 다듬고 규모를 늘려나간다.

③ 주변의 의견에 휘둘리지 않기

시작하기로 마음먹었다면, 무엇보다 자신의 결정을 스스로 믿어야 한다. 주변의 의견을 참고하되, 결국 가장 많이 고민하는 사람은 자신이라는 사실을 잊지 말자. 자신에 대한 확신을 가져야 어려운 일이 닥쳤을 때도 섭사리 흔들리지 않는다.

〰〰〰2천만 원으로 시작한 것도 작은 시작처럼 여겨지지 않는다는 청년의 질문에 박혜령은 홉홉베이글의 진짜 시작은 홍대에 매장을 오픈한 것이 아니었다고 답한다. 직장을 다니면서 무인 카페에 주 2회 베이글을 납품한 것이 자기 사업의 시작이었다는 것이다.

앞서 2장에서 소개한 유어마인드의 이로도 서교동에 서점을 열기 전에 온라인 스토어를 먼저 열었고, 4장에서 소개한 우동사의 김진선도 본격 이주에 앞서 3개월짜리 가출 프로젝트로 시작했다. 커다란 전환을 감행한 것처럼 보이는 이들은 대개 자신의 속도에 맞추며 위험 부담을 조절하는 사전작업의 시기를 거친다. 나만의 '작은' 가게를 꿈꾸는 사람이라면, 용감한 감행보다는 꾸준한 모색과 작은 시도들이 꿈에 더 안전하게 가까워지는 비결일 것이다. 진짜 시작은 많은 경우, '아직' 사람들의 눈에 시작처럼 보이지 않는다.

9장_____

자아와 통장 사이의
끝없는 균형 잡기
* 프리랜서로 먹고살기

: : '스튜디오 블랙아웃'의 김호, 프리랜서 에디터 정유민 : :

앞서 '나만의 작은 가게 꾸리기'에서 자영업자로 살아가는 방식을 이야기했다면, 이번 장에서는 프리랜서로 살아가는 기술을 연구합니다.

프리랜서로 산다는 것은 조직에 속하지 않고 오롯이 자신의 노동력과 기술을 팔아 사는 것을 의미합니다. 누군가는 직장에 묶이고 싶지 않기에 자의로, 누군가는 취업이 너무 어려워서 타의로, 프리랜서로 살아가게 되지요. 시작이 어땠든 간에 프리랜서로 산다는 것은 일상의 모든 게 내 선택이자 내 책임이 된다는 의미인데요. 선택의 자유를 기꺼이 누리면서 책임을 잘 조절하고, 독립적인 삶의 구조를 스스로 만들어가려면 어떤 노하우가 필요할까요? 오늘의 연구에서 알아보겠습니다.

김호

#1 '조모임'이 알려준 프리랜서의 기질

김호는 직장 경험 없이 처음부터 프리랜서로 커리어를 시작했다. 대학에서의 팀 프로젝트 경험, 군대에서의 행정병 경험을 통해 자신이 직장생활에 맞지 않는 사람이라고 생각했기 때문이다.

경력 하나 없이 클라이언트로부터 일감을 따는 일은 쉽지 않았고, 스스로 경력을 만들기 위해 직접 프로젝트를 벌였다. '스튜디오 블랙아웃'이라는 이름을 걸고 크라우드펀딩을 통해 《맥주 도감》이라는 책을 출간한 것이 프로젝트 중 하나였는데, 이 일이 일러스트레이터로서 자기 브랜드를 만드는 데 큰 도움이 되었다. 뭐라도 해보자는 마음으로 큰 기대 없이 시작한 일이었지만, 예기치 않게 많은 기회를 가져다준 것이다.

#2 자아를 채우는 일과 통장을 채우는 일을 조합한다

김호는 조금씩 다른 성격의 일들을 조합해서 스스로 일하는 재미를 유지해 나가려고 노력한다. 프리랜서 생활을 하루 이틀 하고 말 것이 아니기 때문에 고생하고 열심히 일한 자신에게 스스로 선물을 주며 동기를 부여한다. 김호는 의뢰받는 일감들이 '자아를 채워주는 일'과 '통장을 채워주는 일'로 나뉜다고 말한다. 이 두 가지가 균형을 맞추며 돌아갈 때 가장 만족스럽게 일할 수 있다.

정유민

#1 연쇄퇴사자, 프리랜서로 정착하다

김호와 달리 정유민은 직장인으로 커리어를 시작했지만, 직장생활 내내 안 맞는 옷을 입은 듯한 느낌에 시달렸다. '졸업하면 작가가 되어야지' 하는 생각으로 문예창작과에 들어갔는데, 졸업 후 생계를 위해 알바를 구하려다 덜컥 취직이 되면서 얼떨결에 직장생활을 시작했다. 그런 만큼, 직장에서 대단한 것을 성취해보겠다는 욕심을 품어본 적도 없다고 정유민은 털어놓는다. 직장인과 프리랜서를 한동안 오가다가 결국 자신이 조직생활에 적합한 인간형이 아니라는 결론에 이르렀다는 정유민은 현재 집에서 일하는 프리랜서로 살고 있다.

#2 출판 전문 팟캐스트 〈뫼비우스의 띠지〉가 명함을 대신하게 되다

시험을 코앞에 두면 괜히 책상 정리를 하고 싶어지듯이, 할 일이 많을 때 딴짓을 하고 싶어지는 법이다. 프리랜서를 시작한 첫해는 정말 바쁘게 일했는데, 그때 딴짓으로 손을 댔던 것이 팟캐스트 〈뫼비우스의 띠지〉다.
〈뫼비우스의 띠지〉는 출판계 소식을 깊이 있게 다루는 팟캐스트로, 때로 업계의 문제점을 적나라하게 지적하는 것도 마다하지 않는다. 아무래도 출판사에 소속되어 있다면 어려운 일이기에 프리랜서가 된 후에야 평소의 문제의식을 행동으로 옮길 수 있었다. 그런데 뜻하지 않게 팟캐스트가 자신을 설명하는 하나의 타이틀이 되었다. 생각보다 많은 출판계 사람들이 〈뫼비우스의 띠지〉를 들었고, 그 덕에 "〈뫼비우스의 띠지〉의 OOO입니다"라고 자신을 소개할 수 있게 된 것이다. 방송을 듣고 외주 편집을 맡기고 싶다고 연락해온 출판사도 있었고, 팟캐스트 PD 일을 제안한 사람도 있었고, 글을 써달라는 청탁도 심심치 않게 들어왔다. 그렇게 만나게 된 다양한 일거리들의 마감을 아슬아슬하게 조율하면서 프리랜서로서의 삶을 꾸려가고 있다.

금고문 안녕하세요. 금고문입니다. 오늘 연구 주제는 '프리랜서로 먹고살기'입니다.

　프리랜서라는 말이 참 듣기에는 좋은데 이렇게 날씨가 추워지고 하면 걱정이 늘죠. 난방비도 많이 들고 전기세도 많이 나오고. 내가 이러려고 프리랜서 됐나…….(웃음)

제책임 (웃음) 역시 금고문 님, 오늘 가장 많이 이입하시는 것 같아요.

금고문 오늘 함께 이야기를 나누어볼 게스트 두 분 모셨습니다. 프리랜서 에디터 정유민 님과 프리랜서 일러스트레이터 김호 님입니다. 박수로 맞아주세요. 두 분, 자기소개와 함께 간단한 자기 일의 이력을 말씀해주세요.

정유민 안녕하세요, 정유민입니다. 반갑습니다. 현재는 프리랜서 에디터로 일하고 있습니다. 처음에는 인터넷 신문사에서 일을 시작했고요, 영화제 스태프를 하기도 했었고, 그 후로 출판사에서 에디터로 가장 오래 일을 했어요. 출판사를 다니다가 프리랜서를 하다가, 다시 직장에 들어갔다가, 지금은 직장 생활을 완전히 접고 프리랜서로만 일을 하고 있습니다.

김호 저는 따로 취업을 하지 않고, 학교 졸업 후 바로 프리랜서가 된 경우인데요. 분야를 가리지 않고 제가 할 수 있는 작업은 다 하고 있어요. 시작은 영화 포스터 작업이었고요. 한동안 영화 관련 일을 하다가, 공연 분야 작업을 하게 되었어요. 초창기에는 들어오는 일이 많이 없으니까, 개인 프로젝트를 벌이기도 했어요. 독립출판으로 《맥주 도감》이라는 책을 냈고, 그 이후로 맥주에 관한 작업과 더불어 활동 영역을 넓혀가게 되었습니다. 덕분에 지금은 잡지부터 기업 사보, 인포그래픽까지 여러 분야의 일러스트 작업을 병행하고 있어요. 여기에 더해, 수업이나 워크숍 등을 통해 가르치는 일도 합니다.

조직생활 부적응자

글고문 정유민 님은 직장생활과 프리랜서 생활을 오가셨고, 김호 님은 처음부터 프리랜서 생활을 하셨는데요. 정유민 님은 직장에 다니다가 결국 프리랜서 생활을 택하신 이유가 뭔가요? 다시 회사로 돌아가실 생각은 없으세요?

정유민 저는 대학 졸업하고 남들처럼 취직하겠다는 생각을 해본 적이 없었어요. 문예창작과를 다녔기 때문에 '졸업하면 작가가 되어야지' 이런 생각만 막연하게 했죠. 그러다가 생계를 유지해야 하니까 알바를 구하려고 했는데 취직이 되어버렸어요.

그러다 보니까 직장에서 성취하고 싶은 게 사실 딱히 없었어요. 그냥 내가 하고 싶은 것이든 할 수 있는 것이든 무엇이라도 찾아서 하자, 그런 생각으로 일했기 때문에 프리랜서가 되는 데 엄청난 결심이 필요하지는 않았어요.

회사 생활과 프리랜서 생활을 오가다 보니 제가 조직생활에 그렇게 적합한 인간형이 아니라는 걸 깨달았거든요. 저는 완전 세계 최고의 지각쟁이고 (웃음) 한 가지 일에 오랫동안 집중하지 못해요. 그래서 제 리듬에 맞게 일을 즐겁게 하고 싶다는 생각이 들었어요.

그렇게 지각을 잘하던 사람인데, 회사를 그만두고 나니까 나도 모르게 아침 6시에 눈이 확 떠지는 거예요. 시간을 내 맘대로 운용할 수 있다고 생각하니까 그냥 저절로 일찍 일어나게 되더라고요. 나는 뭔가 '해야 한다'가 아니라 '하고 싶다'고 느낄 때 움직이는 사람이라는 걸 깨달았어요. 그래서 이제는 더 이상 조직 생활을 하지 않겠다고 결심했지요.

글고문 저도 국문과 나와서 취직할 생각이 없었어요. 아르바이트를 백 군데 떨어져서, 어쩔 수 없이 직원을 뽑는 인터넷 서점에 지원했다가 운 좋게 뽑혀서 직장생활을 했거든요. 그런데 마지막 1년 동안 제가 지각을 너무 많이 해서 사규가 생겼어요. 원래 좀 지각해도 페널티가 없었는데, 저 때문에 한 달에 네 번 이상 지각하면 벌점 주고 여섯 번 이상 지각하면 반차 까고 이런 식으로…… 옛날 일이 새록새록 생각나네요.

제책임 뒷사람들에게 못할 짓을 하고 나오셨네요. (웃음)

글고문 많이 반성하고 있습니다. 김호 님은 왜 처음부터 혼자 일하는 방식을 택하셨는지 여쭙고 싶네요.

김호 저는 정유민 님과 반대로 처음 전공을 선택할 때는 취업이 잘되는 학과를 선택했거든요. 만화디지털애니메이션콘텐츠 학부였고, 2학년 때부터 과가 세 개로 나뉘는데, 그중에서 애니메이션 업계가 사람을 제일 많이 필요로 하니까 애니메이션과를 선택했어요. 저는 군대를 일찍 다녀온 편인데, 사정상 가을 학기에 복학을 했거든요. 그래서 봄 학기 수업을 못 들어 애니메이션에 대한 지식이 전무한 상태였어요. 그런데 제가 선배라는 이유만으로 자꾸 조장이 되는 거예요. 그렇게 조별 과제로 단편 애니메이션을 세 번 정도 만들어보고 나니까 '아, 나는 사람들과 함께 일하는 게 잘 맞지 않구나' 하는 확신 아닌 확신을 갖게 됐어요. 전공을 살려 취직하는 길 외에 어떤 길이 있을까 고민하다가 일단 내가 할 수 있는 것과 내가 하고 싶은 것, 둘 다 어떻게든 해보자는 생각으로 저녁에는 바텐더로 일하고 낮에 남은 시간에는 열심히 그림을 그렸어요. 그렇게 몇 년 지내다 보니 어느새 프리랜서가 되어 있더라고요.

군대에서도 비슷한 경험이 있었어요. 정훈병이라고, 컴퓨터도 쓰고 인터넷도 할 수 있는, 누구나 부러워하는 보직이었거든요. 처음에는 되게 편했는데, 간부가 바뀌거나 선임이 바뀌면 업무가 완전히 바뀌어버리는 거예요. 2년 동안은 그 사람들을 피할 수 없고. 그런 걸 겪고 나니까 '아, 나는 일보다는 인간관계를 더 힘들어하는구나' 싶더라고요. 요즘 취업난이 심한데, 힘들게 노력해서 회사에 들어갔더라도 나와 잘 안 맞는 사람을 만나면 답이 없겠다는 걱정이 생겼어요. 그런 생각들이 저를 프리랜서로 이끈 것 같아요. 사실 취업할 기회가 몇 번 있긴 했어요. 이력서를 한참 쓰다가도 의식적으로 '아니야, 어떻게든 혼자 해보자'라고 마음을 돌렸고요.

제책임 정유민 님이 출근할 필요도 없는데 아침 6시에 깼다는 이야기에 굉장히 공감이 가요. 저도 직장을 그만두고 나서 제일 좋았던 건 알람을 맞추지 않고 눈이 떠질 때 일어나도 된다는 거였어요. 그렇다고 해서 예전보다 딱히 더 늦잠 자는 것도 아니에요. 그래도 알람소리 듣지 않고 그냥 깬다는 게, 하루를 쫓기듯 시작하는 게 아니라 내가 시작하고 싶은 시간에 시작한다는 게 기분이 좋았어요.

생활의 리듬을 만드는 방법

제책임 프리랜서는 그런 식으로 일상의 모든 걸 선택할 수 있잖아요. 언제 일어날지 언제 밥을 먹을지 언제 일할지 언제 쉴지. 자유로워서 좋긴 하지만, 동시에 시간을 관리하기가 어렵죠. 그래서 하루의 시간을 어떤 식으로 구성하며 살아갈까, 이런 생각을 예전보다 훨씬 많이 하게 되더라고요. 두 분은 어떤 식으로 하루를 보내시나요? 나름의 생활 리듬을 어떤 식으로 만드는지 궁금하거든요.

정유민 하루 일과가 규칙적이지는 않아요. 성공한 프리랜서 중에서는 '혼자 있을 때 더 치열하게 해야 된다'면서 일부러 아침 9시에 화장을 곱게 한 뒤 작은 방으로 출근하고, 뭐 이런 분들이 있어요. (웃음) 몇 시부터 몇 시까지 일할지 정해놓고요. 제 친구 하나도 오전 9시부터 오후 4시까지 일하는 시간으로 정한 다음에 그 시간에는 전화도 안 받아요. 저는 사실 그렇게는 못하겠더라고요. 저는 그날 하는 일의 성격에 따라서 일과가 많이 달라져요. 어떤 날은 여유롭게 개랑 산책도 할 수 있지만, 어떤 날은 스물네 시간 내내 마감에 쫓겨서 일해야 할 때도 있어요. 저는 그날그날 거의 닥치는 대로 그렇게 사는 것 같아요. (웃음)

제책임 금고문 님이 격렬히 고개를 끄덕이며 공감하시는데요. (웃음) 김호 님은 어떤 식으로 하루를 보내세요?

김호 프리랜서의 장점을 살리려고 조금 늦잠을 자는 편이에요. (웃음) 9시, 10시쯤 일어나서 아침에 운동 다녀오고, 대체로 낮 12시에 출근해서 퇴근도 밤 10시에 하는 걸 기본으로 해요. 웬만하면 그 규칙을 지키려고 하는 편입니다. 저는 규칙적인 생활 패턴을 만들려고 노력하는데, 프리랜서의 장점 중 하나인 '자유로운 선택'이 피곤하게 다가올 때가 있어서예요. 선택을 제한해서 피로감을 줄이려고 노력하고 있어요.

제책임 지금 출근하고 퇴근하신다고 표현하셨는데, 그럼 일하는 공간이 따로 있나요?

김호 올해 초부터 작업실을 따로 마련했어요.

제책임 작업실 구하기 전과 후가 어떻게 달라졌나요?

김호 프리랜서 초창기에는 집에서 작업을 했어요. 돈을 좀 벌게 되니까 (웃음) 그때부터는 카페에서 일을 많이 했어요. 그런데 일하는 시간이 길어지면 카페 사장님 눈치도 보이고, 무엇보다 제가 환경을 통제할 수가 없잖아요. 어떤 손님이 올지 모르고요. 그런 것 때문에 일에 차질이 생기고, 그런 상황에 약간 지쳐갈 때 아는 사람이 작업실에 들어오지 않겠느냐고 제안했어요. 지금 9개월째 쓰고 있는데, 저는 결과적으로 굉장히 만족하고 있어요. 저는 혼자 일하는 건 좋은데, 혼자 있는 건 별로 안 좋아하는 사람이더라고요. 그렇다고 또 아무나와 함께 공간을 쓰는 것도 별로 안 좋아하고. (웃음) 되게 까다로운 스타일인데, 작업실 메이트와 잘 맞아서 만족하고 있어요. 심지어 작업물을 공유하며 서로 평가해줄 수 있는 멤버들이라 일하는 데도 많은 도움이 되고요.

제책임 정유민 님은 집에서 일하는 게 어떠세요?

정유민 저도 작업실을 갖고 싶었는데, 월세가 부담스러워서 일단은 마음을 접었어요. 카페에서 일하는 것도 많이 해봤는데, 집에 개를 혼자 두고 나가야 하니까 마음에 걸리더라고요. 집에서 일할 때는 개 옆에 계속 같이 있어줄 수 있으니까 좋아요. 단점은 역시 일상의 구분이 잘 안 된다는 거죠. 공간을 아무리

나눈다고 해도 항상 일을 하고 있는 느낌이 드는 게 단점이긴 해요.

자아를 채우는 일과 통장을 채우는 일

<u>금고문</u> 프리랜서에게 아무래도 가장 큰 고민은 일을 의뢰받았을 때 어떤 일을 하고 어떤 일을 하지 말지를 선택하는 문제인 것 같아요. 할 수 있을 것 같아서 일을 받았다가 일이 너무 몰려 일정 관리가 안 되기도 하고요. 거절을 하자니 나중에 일이 끊기면 어떡하지? 다음부터 안 주면 어떡하지? 이런 고민이 들고요. 일감을 받을 때 자기만의 기준이 있나요? 또 갑자기 정신을 차리고 보니 일이 산더미처럼 쌓여서 그걸 헤쳐나갔던 경험도 있으신지…….

<u>정유민</u> 제가 사실 여기서 이런 얘길 할 자격이 있는지 모르겠어요. 불행은 일시불로 온다고 하잖아요. (웃음) 마감도 거의 동시다발적으로, 일시불로 와요. 그 일을 받을 땐 할 수 있다고 생각하지만, 모든 일에는 늘 변수가 있죠.

그럴 때 헤쳐나가는 방법은 사실 따로 없어요. 일단은 납작 엎드려야……. (모두 웃음) 의뢰받은 일을 제때에 하지 못한 경우에는 저는 되도록 변명하지 않으려고 해요. 나한테도 이유가 있고 뭔가 사정이 있다고 항변하고 싶지만, 되도록 핑계 대지 않고 무조건 죄송하다고 하고 미친 듯이 열 시간 달리던 거 스무 시간 달리면서 바짝 일하는 식으로 해결하고요.

일감을 선택할 때는, 잘 모르는 업체의 일은 잘 안 받으려고 하는 편이에요. 그게 꼭 좋은 건 아닐 텐데, 제 경우는 되도록 검증된 곳과 작업하려고 합니다.

금고문 김호 님은 어때요? 어쩐지 마감을 굉장히 잘 지키실 것 같은데.

김호 마감을 최대한 지키려고 노력하고요. 그래도 부득이한 일은 언제나 일어나잖아요. 엊그저께도 갑자기 두 시간 동안 작업한 파일이 날아가서, 저의 길티플레저인 불닭볶음면을 혼자 먹으면서 화를 식혔어요. (모두 웃음) 마감이 몰리는 경우에는 작업실이 있더라도 카페에 가서 일을 하기도 해요. 오후 타임, 저녁 타임에 일하는 공간을 나눠주면 활력이 조금 생기더라고요.

최근에는 SNS를 잘 안 봐요. 요즘은 또 워낙 시국이 시국이잖아요. 마감인데 SNS 한번 열었다가 갑자기 '내가 이렇게 열심히 일해서 뭐하나' 이런 생각이 들 때가 많아서 그렇게 좀 대비를 하는 편이에요. 그리고 목표한 분량을 달성했다면 보상도 아주 확실하게 해줍니다. 시간에 딱 맞춰서 일을 마쳤으면, 온라인 쇼핑몰 장바구니에 담아두었던 옷을 사거나 맛있는 걸 먹는다거나, 혹은 잠깐 휴식기를 갖기도 해요. 이 직업을 하루 이틀 하고 말 게 아니라는 걸 이제 확신하기 때문에 완급 조절을 하려고 노력합니다.

일을 선택하는 기준은 세 가지 정도예요. 친한 디자이너 분이 해주신 이야기인데, 일에는 자아를 채워주는 일과 통장을 채워주는 일이 있다는 거예요. 자아를 채워주는 일은 페이가 좀 적어도 어떻게든 조건을 맞춰서 웬만하면 하고요. 통장을 채워주는 일인데 클라이언트가 딱 봐도 까다로울 것 같고 일 정도 촉박하다 싶으면, 페이를 많이 요구해서 협상이 되면 그 일을 수락하죠. 가장 이상적인 경우는 그 두 개를 동시에 할 때인 것 같아요. 낮에는 조금 힘들게 일을 하더라도 저녁에는 내가 좋아하는 거 하면서 기운 내자, 이런 식으로요.

또 한 가지 선택 기준은, 프리랜서는 일이 불규칙하잖아요. 그래서 최우선순위는 월간지, 주간지 작업처럼 수입이 일정하게 들어오는 일을 받자는 거예요. 이런 건 페이와 관계없이 웬만하면 수락하는 편입니다.

금고문 김호 님께서 자아를 채워주는 일과 통장을 채워주는 일이 있다고 하셨는데, 분야가 달라서일까요? 저는 글 쓰는 일을 하는데, 제 일은 자아도 통장도 채워주지 않더라고요. 낙숫물을 모으듯이 똑똑똑똑 떨어지는 걸 오래 받아야 겨우 생활이 가능한 수준이고요. 자아는 오히려 점점 더 바닥이 보이는……. (웃음)

프리랜서 생활에서 역시 가장 중요한 건 돈인 것 같아요. 다른 분들은 어떤지 모르겠는데, 저한테는 일 의뢰가 이런 식으로 들어오거든요. 모르는 번호에서 전화가 와요. 받으면 "금정연 선생님이시죠?"라고 물어봐요. 꼭 선생님이라고 붙여줍니다. 그러면서 몇 월 며칠까지 어떤 원고를 몇 매 정도 써달라고 해요. 저는 생각하죠. '그때까지 쓸 수 있겠는데, 그럼 얼마를 주는 거지?' 그런데 그걸 못 물어봐요. 할 수 있을 것 같으면 금액도 모른 채 수락하고, 오히려 못할 것 같으면 "죄송한데 일이 바빠서 못하겠는데요. 근데 얼마나 주시나요?" 하고 물어보는 거예요. 다른 분들은 페이를 잘 물어보시는지, 협상을 하시기도 하는지 궁금합니다.

정유민 저는 돈 얘기를 안 하는 사람하고는 일한 적이 거의 없어요. 원고 청탁을 받을 때도 다행히 "언제까지 얼마 분량으로 써주세요. 페이는 얼마입니다"라고 알려주는 분들하고 일을 했어요. 지금 전화로 일을 받는다고 하셨잖아요. 저는 늘 이메일을 통해서 서면으로 먼저 받았거든요. 서면으로 받으면 아무래도 중요한 조건들을 말하게 되는 것 같아요.

제책임 그리고 서면으로는 금액을 물어보기가 좀 쉽죠. 아무래도 전화로는 물어보기가 약간 불편하니까요.

정유민 그렇죠. 저도 이메일로 받으면 협상이나 조율을 하기가 좀 더 편하더라고요. 그리고 돈 얘기는 오히려 아는 사람하고 일할 때가 더 꺼내기 어려워요. 아는 사람이랑 일을 하면 서로 잘 안다고 생각하니까, 조금 더 받아야 할 것 같은데 선뜻 그런 말을 못하는 거죠. 다행히 저는 돈을 떼먹힌 적은 없지만, 페이는 늘 박하죠. 제가 일하는 출판 분야의 외주 편집 비용은 거의 십몇 년 동안 하나도 오르지 않았어요. 비용을 지급할 때도 책이 나온 다음에 결제해주는 출판사들이 있는데, 책이 언제 나올지는 누구도 확언할 수 없거든요. 그쪽에선 10월에 나온다고 했지만 내년 10월에 나올 수도 있어요. 일을 했으면 대가를 우선 줘야 하는데 책이 출간될 때까지 기다리라는 건 부당하다고 생각해요. 그래서 어느 정도 합의할 수 있는 지점이 분할해서 받는 거라고 생각해서 제안했더니 동의하시더라고요. 협상하는 게 쉽진 않지만, 그때그때 상황을 봐가면서 방법을 찾으려고 시도해보는 편이에요.

금고문 전혀 모르는 곳과는 일을 하지 않는다고 하셨으니까, 아무래도 돈을 떼먹히는 일은 거의 없었겠어요.

정유민 그렇죠. 주변에 보면 돈을 받지 못했다는 사람도 많으니까요.

금고문 김호 님은 어떠세요?

김호 저도 재작년인가 떼먹힌 적이 있어요. 만나서 계약서를 쓰지 않고 그냥 구두로 얘기하고 작업을 했거든요. 그 이후로는 웬만하면 전화나 구두로 일을 받지 않고, 전화로 협의했더라도 이메일로 자료를 남겨달라고 요청하죠. 계약서 쓰는 걸 꺼려하는 분들이 가끔 있는데 그럴 경우에는 최대한 간략하게 이메일로 주고받아요. 이메일로 금액과 지급 일정을 확실히 해놓는 편이고요. 페이 수준을 이야기하자면, 일러스트레이션도 단가표라는 게 구글에 돌아다니기는 하거든요. 근데 그게 2007년도 버전이에요. (웃음) 그게 마지노선이고, 거기에서부터 제가 작업하는 시간을 계산해서 제안해요. 어떤 분들은 너무 비싸다고 하고 어떤 분들은 너무 싼 거 아니냐고도 하는데, 너무 싸다고 말씀해주시면 저는 약간 손해 보는 느낌이 들지만, 그래도 제가 생각하는 기준이 있기 때문에 즐겁게 작업하는 편이고요. 그리고 작업이 많은데, 갑자기 추가로 일이 들어오는 경우도 있잖아요. 그럴 경우에는 해도 그만 안 해도 그만이라는 심정으로 일단 금액을 세게 불러요. 그랬는데 상대가 오케이 하면 몸은 죽어나지만 통장은 풍요롭겠죠. (웃음)

금고문 두 분 얘기 들으니까 제가 너무 안일하게 프리랜서 생활을 해왔다는 생각도 드네요. (모두 웃음) 저는 프리랜서 생활을 한 지 7년차인데요, 전화로 일을 많이 받고요. (웃음) 얼만지 모르고 시작하는 경우가 많은데 다행히 떼먹힌 적이 제 기억으로는 한 번도 없어요. 왜냐하면 제가 확인을 거의 안 해요.

제책임 떼먹혔는데 모르는 것일 수도 있겠군요.

금고문 그렇죠. 떼먹힌 적이 딱 한 번 있는데, 중간에서 일을 연결해준 친구가 "정연아, 미안해. 그 돈 받아줘야 하는데……" 그래서 알았어요. (웃음) 앞으로는 돈 관리를 철저하게 해야겠어요.

아무래도 일을 의뢰받는 입장이 되다 보니까 클라이언트의 의견이 중요할 수밖에 없잖아요. X를 해달라고 해서 X를 내놨더니 사실은 Y였어, 이런 식으로 말을 바꾸는 경우도 있고, 혹은 단순히 의견이 다를 수도 있고요. 이런 경우에 의견을 조율하는 노하우가 있나요?

정유민 클라이언트가 원하는 바가 있으면 최대한 클라이언트의 요구에 맞춰주는 게 제 역할이라고 생각해요. 아주 가끔 이건 진짜 아니다 싶을 때 제 의견을 얘기하지만, 그게 관철되지 않는다고 해도 어쩔 수 없죠. 만약에 회사에서였다면 고집을 부렸을 거예요. 프리랜서 입장에서는 그럴 수가 없죠. 일을 주는 사람의 요구에 최대한 가깝게 해주는 게 제 역할이라고 생각해요.

글고문 이건 업종마다 다를 것 같아요. 출판 편집의 경우에는 정유민 님 말씀대로 움직이게 될 텐데, 김호 님의 경우에는 다를 것 같아요. 디자인이나 일러스트레이션은 사실 기준이 모호하고, 마음에 안 든다고 계속 얘기할 수 있는 분야라서 좀 더 어려울 것 같은데요.

김호 가장 좋은 건 구체적인 기획을 제시해줄 때죠. 레퍼런스와 기획이 확실하면, 클라이언트가 원하는 바를 잘 알 수 있으니까 정말 좋죠. 아이러니하게 오히려 제 그림을 좋아해서 연락한 사람과 조율이 잘 안 되는 경우가 있어요. 예를 들어 저를 너무 배려하는 마음에 "하고 싶은 대로 해주세요. 김호 님을 믿습니다" (모두 웃음) 이러는 경우요. 전 하고 싶은 대로 했거든요? 그런데 맘에 안 들어하는 거예요. 하고 싶은 대로 해달라고 했지만, 머릿속에는 원하는 게 구체화되어 있는 거죠. 그래서 요즘은 저도 이제 연차가 있고 그림도 쌓여있으니, 지난 작업물들을 보여드리면서 어떤 느낌이 좋은지 묻고 조율을 하는 편이에요.

조금 고생했던 기억이 하나 있어요. 처음 계약할 때는 페이도 좋고 이 회사랑 일하면 재밌겠다, 하고 시작했었는데요. 막상 시안을 제시하니까 서로 생각하는 방향이 완전히 다른 거예요. 예를 들면 전 둥글둥글한 그림을 잘 그리는데, 그쪽은 딱딱 정리되고 날카로운 그런 세련된 느낌을 원했던 거죠. 저도 웬만하면 맞춰주려고 했는데 의견 차가 계속 생기는 거예요. 자꾸 금요일 저녁에 수정 사항을 주고 월요일 아침에 달라거나 (웃음) 그 외에도 말도 안 되는 수정을 요구하는 횟수가 너무 많았어요. 연차가 쌓인 프리랜서들이 일러스트 계약서를 쓸 때 수정 횟수를 꼭 제한하라고 조언하는 이유를 알게 됐어요. 그게 꼭 수정해주기 싫어서가 아니라, 클라이언트도 수정을 요청할 때 더 신중하게끔 하자는 거죠. 이건 정말 아니다 싶어서 계약서를 검토해보니까 '갑과 을의 분쟁 발생 시 갑의 의견을 우선시한다' 뭐 이런 내용이 있는 거예요. (모두 웃음) 말도 안 되잖아요. 계약서에 이미 사인은 했고, 머리가 쭈뼛쭈뼛 서더라고요. 그게 3회에 걸쳐 작업하는 계약이었는데 중간에 잘 얘기해서 1회차로 마무리 지었어요. 그 뒤로 계약서를 쓸 때 신중해지더라고요.

어떻게 일감을 딸까

제책임 프리랜서를 시작하면 처음에 어떻게 일을 딸 수 있을까요? 많은 분들이 가장 궁금해하실 질문일 것 같아요. 두 분 다

클라이언트 작업도 하시지만, 본인 스스로 프로젝트를 만들기도 하시잖아요. 저는 그게 클라이언트 작업 수주에서도 선순환을 만들어줄 거라고 예상하는데요. 두 분 각자 어떤 개인 활동을 하시는지 소개해주세요. 그리고 그런 활동이 프리랜서로서 하는 일과 어떻게 연결되는지도 궁금합니다. 프리랜서 일을 처음 시작하려는 분들에게 도움이 되지 않을까 싶거든요.

김호 저는 개인 작업들을 하나로 묶어 소개하려고 '스튜디오 블랙아웃'이라는 브랜드를 만들었어요. 제가 술을 좋아해서 술과 관련된 작업만 하고 싶어서 만든 거예요. 술에 만취하는 걸 블랙아웃이라고 하잖아요. '스튜디오 블랙아웃'이라는 이름으로 작업한 게 《맥주 도감》이라는 책이에요. 프리랜서가 된 지 얼마 안 됐을 때였는데, 클라이언트 일이 불규칙하니까 마음이 너무 불안해서 뭐라도 하나 해보자는 생각에 시작했어요. 그런데 개인 작업을 끝까지 한다는 게 쉽지 않잖아요? 그래서 나름대로 배수진을 쳤어요. 그해 초부터 SNS에 그림을 올리면서 '곧 책을 만들 거야'라는 말을 계속 했죠. 뱉어놓은 말이 있으니까 중도 포기하고 싶어도 꼭 참고 끝까지 완성할 수밖에 없었어요.

제책임 크라우드펀딩으로 진행하신 거죠?

김호 네, 크라우드펀딩을 통해서 사전 주문을 받아 진행했어요. 《맥주 도감》을 만들고 나서 나중에 많은 일이 일어났어요. 굉장히 좋은 곳에서 전시 제안이 들어오기도 했고요. 포트폴리오를 온라인상에서만 가지고 있는 것과 물성을 띤 책으로 가지고 있는 것은 굉장히 다르더라고요. 크라우드펀딩에서는 후원자들이 펀딩한 금액에 따라 각각 다른 리워드를 받게 되거든요. 그래서 책을 기본으로 하고, 추가되는 리워드로 다양한 굿즈를 제작했어요. 그 경험을 바탕으로 나중에 굿즈 만들기 수업을 진행하기도 했어요.

개인 작업을 해서 가장 좋은 건 아이덴티티가 생겼다는 거예요. 이젠 '맥주 일러스트레이터'라고 불리는 경우가 꽤 많아졌어요. 그런 아이덴티티 덕에 일 의뢰가 들어오는 경우도 많은 것 같아요.

제책일 정유민 님도 〈뫼비우스의 띠지〉라는 출판계 최고 팟캐스트를 (웃음) 제작하시잖아요? 그런 작업들은 어떻게 시작하셨는지, 클라이언트 작업과 어떻게 다른 마음으로 하시는지, 두 개가 어떻게 연결이 되는지 궁금해요.

정유민 원래 내일 시험이 있으면 오늘 갑자기 책상 정리를 하고 싶잖아요. 할 일이 많을 때 딴짓을 하고 싶어지는 그런 이상한 심리요. 사실 프리랜서 하면서 일을 진짜 많이 했거든요. 첫해에는 거의 회사에서 벌던 연봉만큼 벌었는데, 일은 서너 배더 해야 했어요. 엄청 바빴는데, 바쁠수록 딴짓이 하고 싶어지더라고요. 제가 원래 하고 싶은 게 많아요. 뭐든지 이것저것 다 배우고 일 벌이는 걸 좋아하는데요, 제가 프리랜서니까 할 수 있는 일이겠다 싶어서 출판 팟캐스트를 하게 되었어요.

〈뫼비우스의 띠지〉는 출판계에서 일어나는 일, 출판계에서 일하는 사람들의 이야기를 다루는 팟캐스트예요. 아마 제가 회사에 소속되어 있었으면 하기 어려웠을 거예요. 아무래도 고용주 눈치를 볼 수밖에 없으니까요. 팟캐스트를 하면서 일단 저를 소개할 타이틀이 생겼어요. 프리랜서 되고 나서 제일 난감할 때가 명함을 교환할 때였거든요. 내가 누구라고 설명하기가 애매했는데, 〈뫼비우스의 띠지〉를 하면서 소개하기가 쉬워졌어요. 업계에 있는 분들은 많이 들으니까 그냥 "〈뫼비우스의 띠지〉의 오라질년(닉네임)입니다"라고 하면서 인사할 수 있게 됐어요. 팟캐스트를 진행하면서 전혀 모르는 분한테서 외주 편집을 맡아줄 수 있겠느냐는 연락을 받은 적도 있고요. 〈뫼비우스의 띠지〉 진행자라는 타이틀이 생겼기 때문에 원고 청탁도 많이 받았던 것 같고요. 팟캐스트 피디를 해보지 않겠느냐는 제안도 받았어요. 녹음, 오디오 편집, 디렉팅까지 직접 다 했으니까요. 방송에서 했던 말들과 그 방송을 만드는 과정이 대부분 다른 일로 연결되었는데, 미리 예측했던 것은 전혀 아니었어요.

리스크 관리는 필수

금교문 프리랜서의 장단점이 있을 텐데, 장점이 또 단점이 될 수도 있잖아요. 시간이 자유롭다는 것은 그 시간을 제대로 운용하지 못할 경우 오히려 덫이 될 수 있고, 내가 일한 만큼 많이 벌 수 있다는 건 어떨 때는 진짜 땡전 한 푼 못 번다는 얘기가 될 수 있고요. 이런 불확실성, 리스크 관리를 어떻게 하시는지 궁금합니다.

김호 저는 오늘 리스크 관리를 잘 못해서 밤을 새우고 왔는데요. (웃음) 웬만하면 캘린더를 잘 정리해서 이런 일을 최소화하려고 노력해요. 근데 아까 말씀하셨듯이 변수란 항상 있게 마련이니까요. 며칠 전엔 감기에 걸렸었어요. '내가 아프니까 모든 게 올스톱이구나' 싶더라고요. 진짜 이건 답이 없는 것 같아요. 저는 원래 새벽을 좋아하고 늦게 일어나는데, 어느 순간부터는 꾸준히 해서 미리 완성해놓는 게 리스크를 줄이는 유일한 방법이라는 생각이 들었어요. 내가 아플 수도 있고, 어떤 일이 일어날지 모르니까요.

금전적인 리스크는, 아직 준비해나가는 단계라서 확실히 말씀드릴 순 없지만, 생활비는 고정 수입을 확보해서 해결하는 방식으로 관리하려고 노력해요. 수업이나 월간지, 사보 같은 고정 수입으로 한 달 생활비를 해결하고, 그 외에 추가적으로 들어오는 수입은 통장에 모아두는 방식으로 리스크에 대비하는 거죠.

제책임 두 분 다 다양한 일을 하시잖아요. 자연스럽게 수입원이 다각화되어 리스크도 좀 낮지 않을까 싶어요. 그런데 이렇게 여러 가지 일을 한꺼번에 돌리다 보면 멀티태스킹을 해야 하는 일이 생기잖아요. 이 일 하다 저 일 하다 모드를 전환하는 게 그렇게 쉬운 일은 아닐 텐데, 어떻게 조절하시나요?

김호 저는 선천적으로 집중력이 약해서 멀티태스킹이 꼭 필요한 사람에 속해요. 한 가지 일을 오래 붙들고 있으면 오히려 지겨워하는 스타일이거든요. 그렇기 때문에 가장 좋은 건 오히려 다른 스타일의 일들을 동시에 돌리는 거예요. 그렇지 못할 때는 제가 직접 일을 만들죠. 한 가지 일에 지치면 다른 일도 할 수 있게요. 일을 일로 푼다고 할까요?

제책임 '유어마인드'의 이로 님을 모시고 일 벌이기의 기술에 대해 얘기할 때 저희가 일을 일로 덮는다, 이런 얘길 했었는데 김호 님도 그런 스타일인 것 같네요. 이런 분들이 무섭죠. (웃음)

정유민 저는 사실 산만하고 집중력이 약한데 멀티태스킹도 잘 안 돼요. 최악이죠. (웃음) 저는 멀티태스킹이 안 되는 것 때문에 회사 다닐 때도 그렇고 지금도 엄청 힘들어요. 그래서 기본적으로는 되도록 일을 동시에 벌이려 하지 않는데, 물론 뜻하는 대로 잘 되지는 않아요. 그래도 어쩔 수 없이 여러 일이 한 꺼번에 몰리면, 일정을 촘촘하게 세워요. 2종의 책 작업이 동시에 돌아간다고 하면, 하나 교정 봐서 넘겨놓고 기다리는 동안 다른 책 작업을 언제까지 하고⋯⋯ 이런 식으로 빡빡하게 작업을 교차해가며 진행하게끔 계획을 잡는 거죠. 그런데 이런 일하기 방식은 같은 종류의 일 안에서만 가능해요. 가끔 책 만드는 일과 원고 쓰는 일을 동시에 해야 할 때는 정말 어렵더라고요. 남의 원고를 교정 보다가 내 글을 새로 창조해야 하는 일로 넘어갈 때는 모드 전환이 어려워요. 그럴 때는 내가 쓰려고 하는 글과 비슷한 종류의 책을 잠깐 읽어요. 중간에 10분이든 20분이든 책을 읽어서 '내가 여기로 들어간다' 하고 스스로에게 신호를 보내는 거죠. 물고기를 갑자기 어항에 넣지 않는 것처럼요.

그리고 글을 써야 할 때는 영상물을 너무 많이 보면 안 돼요. 영상물은 일방적인 매체잖아요. 한참 보고 있으면 머리가 멍하고 텅 비게 되거든요. 그 상태에서 글 쓰려고 하면 되게 어렵더라고요. 그런 걸 약간 조절하는 편이에요.

제책임 여러 가지 일이 물려 있을 때 어려운 게, 예를 들어 A, B, C, 세 가지 일을 동시에 해야 하는 경우가 있다고 가정하면, A를 할 때 B 걱정이 되고 B를 할 때 C 걱정이 돼서 생각이 막 뒤엉켜버리는 거예요. 그럴 때는 어느 하나에도 집중하기가 어려워요. 그래서 저는 다이어리에 촘촘하게 몇 시부터 몇 시까지는 이 일, 몇 시까지는 저 일, 이런 식으로 아예 딱 구획을 해놓는 편이에요. 촘촘히 계획을 세워서 그대로 따라가다 보면 다이어리가 저의 주인 같은 느낌이 들어요. 주인이 시키는 대로 나는 하루를 살고 있구나. (웃음) 얘기하고 나니까 갑자기 슬퍼지네요. 저의 주인님이 사라지면 저는 큰일 나요.

정유민 다이어리가 비선실세군요. (웃음)

금고문 오늘 여기 많은 분들이 와주셨고 청취자들 중에서도 프리랜서로 살고 싶어하는 분들이 계실 텐데요. 그런 분들에게 이런 건 미리 고민해야 한다, 혹은 이런 건 포기해야 한다, 이런 건 꼭 염두에 둬야 한다고 당부해주실 이야기가 있을까요?

정유민 저는 별 생각 없이 프리랜서 생활을 시작했기 때문에 이런 말을 할 자격이 있나 싶긴 한데요. 제 경험상 세 가지 정도 말씀드릴 수 있을 것 같아요. 먼저 회사 다닐 때하고 똑같이 벌겠다는 생각을 버려야 해요. 회사에서 받는 월급은 본 업무뿐만 아니라 조직 구성원으로서 여러 가지 의무를 수행한 대가로 받는 거잖아요. 내가 만약에 월급을 100만 원 받았는데 일을 스무 시간 했다고 하면, 프리랜서를 할 때는 서른 시간은 해야 100만 원을 벌 수 있더라고요. 연봉 받을 때처럼 벌려면 미친 듯이 일해야 해요. 저는 프리랜서 첫해에 일이 끊길까 봐 두렵기도 하고, 지금 벌지 않으면 안 될 것 같아서 엄청나게 일을 했는데, 이럴 거면 내가 왜 프리랜서를 하나 싶더라고요. 돈을 똑같이 벌어야 한다고 생각한다면, 차라리 회사를 다니는 게 나을 수 있어요.

둘째, 지금은 회사를 다니고 있는데 나중에 프리랜서로 살고 싶다면, 월급이 꼬박꼬박 들어올 때 돈을 좀 모아두셔야 합니다. 회사를 그만둔다고 해서 나가던 비용이 당장 줄어들진 않거든요. 그러니까 프리랜서가 되면 들어오는 수입은 불규칙한데 나가는 돈은 규칙적으로 계속 나가기 때문에 어느 정도 보전해주려면 한 달에 조금씩이라도 모아두면서 프리랜서 생활 할 때를 대비해두시는 게 좋아요. 그래야지 마음의 여유가 조금이라도 생기고 저처럼 일이 끊길까 봐 미친 듯이 일을 받아서 하다가 지치는 걸 막을 수 있어요.

마지막으로, 지금 회사에 다니고 계신다면 회사에서 해볼 수 있는 일은 다 해보시라고 말하고 싶어요. 그게 나중에 프리랜서가 되었을 때 돈벌이가 됩니다. (웃음) 사실 저의 경험은 대부분 회사를 다니면서 생긴 거거든요. 그 덕에 역량을 쌓았고, 프리랜서로 일할 수 있는 자산이 된 거죠. 따로 돈 들여서 배우는 대신, 회사 다닐 때 지금 당장은 하기 싫고 귀찮은 일이라도 최대한 경험해보시길 권합니다. 나중에 다 돈벌이로 돌아오더라고요.

김호 저는 만일을 대비하는 게 굉장히 중요하다고 생각했어요. 일이 언제 들어올지 모르고, 돈이 언제 입금될지 모른다는 압박감이 정말 크더라고요. 대비책 중에 최고는 물론 든든한 통장이죠. 주변 프리랜서 선배들의 말을 들어보면 "최소 6개월을 버틸 수 있는 자금을 마련하고 뛰어들라"는 것이었는데 저는 그러지 못했어요. 그래서 굉장히 고생했죠. 그때 제가 할 수 있는 선택지는 일을 벌이는 거였는데요. 일을 벌인다는 게, 아주 작게는 그냥 이메일을 보내는 거였죠.

《맥주 도감》을 작업하기 전에도 그냥 무작정 이메일을 보냈어요. 제가 그린 그림들을 보내면서 일을 맡기지 않겠느냐고 제안했어요. 이렇게 제가 여러 가지 일을 벌일 수 있었던 원동력에는 '불안'도 있었던 것 같아요. 취업을 안 해봤기 때문에 주변 친구들, 내 또래의 다른 사람들은 뭘 하나 자꾸 비교하게 되더라고요. 그래서 일이 없는 순간이면 만들어서라도 해야 한다는 압박감이 있었어요. 그런 게 나름대로 저한테는 원동력이 되었던 것 같아요.

길게 보고 오래 가자

금고문 마지막으로, 일상기술 연구소의 공식 질문을 드릴게요. 프리랜서로 먹고살기의 핵심 기술을 세 가지만 꼽아주신다면?

정유민 첫 번째는 내가 할 수 있는 일을 외부에 알리는 것이에요. 내가 움직이지 않으면 아무도 내가 존재한다는 사실을 모르거든요. 내가 뭘 잘할 수 있는지, 단가는 어느 정도 되는지, 이런 것들을 최대한 알리는 게 중요해요.

두 번째는 일희일비하지 않기. 이건 약간 정신적인 문제이기도 한데요. 직장에 다닐 때는 일희일비해도 달라지는 게 없습니다. 월급도 계속 나오고요. 그런데 프리랜서로 살면서 일희일비하면, 삶 전체가 영향을 받아요. 오랫동안 이런 삶의 방식을 유지할 거라면 자신만의 평정심을 찾는 게 굉장히 중요하다고 생각합니다.

세 번째는 대비하기. 프리랜서의 삶은 내일을 예측할 수 없기 때문에 대비해야 합니다. 물론 월급쟁이도 마찬가지이긴 하지만 그래도 회사에 나간다, 일을 한다, 월급을 받는다, 이 회사가 거지같다, 다른 회사로 옮기자, 이런 예상되는 코스들이 있잖아요. 그런데 프리랜서의 삶은 내일도 어떻게 될지 예측할 수 없어요. 가끔 그런 일도 있거든요. 일하고 있는데 연락이 와요. 일정이 바뀌었다, 내일 당장 작업물 내놔라, 이럴 수도 있어요. 금전적인 면에서도 그렇고 여러 면에서 삶 자체가 굉장히 달라져요. 제 일상도 그렇게 규칙적이지 않다고 말씀드렸잖아요. 규칙적일 수 없게 되기도 하고요. 뭐든지 잘 예측이 안 되는 삶이기 때문에 그럴수록 더 많이 대비하고 마음도 다지고 금전적인 부분도 많이 들어온다고 다 쓰지 말고 (웃음) 모아두시고, 없다고 또 불안해하지 마시고 미리미리 챙겨놓는 자세가 필요한 것 같아요. 근데 이 세 가지는 제가 잘해서 말씀드리는 게 아니라 저한테 하는 말이기도 해요. 제가 가장 못하는 일이기도 해서 다른 분들은 그렇게 잘하셨으면 좋겠다는 마음입니다.

김호 저도 거의 비슷한 이야기일 것 같아요. 제가 꼽았던 건 첫 번째가 '얼굴 두꺼워지기'예요. 밑져야 본전이라는 심정으로 어필을 많이 하고 다니는 거죠. 그게 좀 서툰 사람이라면, 나를 알릴 수 있는 작업물을 아예 만들어 가지고 다니는 것도 좋은 방법이에요. 저는 제가 만든 배지를 달고 다녔고, 여름에는 제가 그린 부채를 가방에 열 개 정도 넣고 다녀요. 주기 부끄러운 상황이라면 그 앞에서 막 부치는 거예요. "어, 부채가 예쁘네요." "네, 제가 그렸습니다." 이런 식으로. (웃음) 이건 그림이나 디자인 분야에만 가능한 방법일 수도 있겠지만요. "일 있으면 언제든지 연락주세요." 이 정도 가벼운 어필은 항상 해요. 그리고 사람들에게 계속 노출되는 것도 중요해요. SNS도 하고, 일상적인 행사에도 많이 참석하는데요. "일을 따기 위해 꼭 가야겠어" 이런 게 아니라 그냥 인사 나누고 이야기 나누는 거죠. 사람들은 작업물이 필요할 때, 가장 최근에 본 사람을 먼저 떠올리게 되니까요. 저도 그런 식으로 일을 받은 적이 꽤 많아요.

두 번째는 '지치지 않기'예요. 업무 시간을 자기 스타일에 맞게 조절하고, 또 자기 자신한테 보상을 적절히 해주는 것도 중요하다고 생각해요. 프리랜서는 일이 규칙적이지 않기 때문에 몰려올 때 한없이 받다 보면 에너지가 빨리 소진될 수 있거든요. 그렇기 때문에 상황에 맞게 일을 안배하고 그에 따라 스스로 적절한 보상을 해주는 게 굉장히 중요하다고 생각해요.

마지막으로는 역시 '자기만의 규칙 만들기'. 일을 하루 이틀 할 게 아니잖아요. 그렇기 때문에 오히려 자기만의 규칙을 만들어서 지켜나가는 게 스스로 성취감도 느낄 수 있고, 오래오래 버틸 수 있게 해주지 않을까 싶습니다.

금고문 프리랜서로 산다는 게 직장에 다니기 싫거나 조직에 속하고 싶지 않은 사람들에게는 하나의 삶의 방법으로 보일 수도 있을 것이고, 어떤 사람들에게는 회사에 더 이상 들어갈 수가 없어서 선택하는 불가피한 삶의 방식일 수도 있을 것 같아요. 저 같은 경우도 프리랜서 7년차니까 나이를 좀 먹었을 것 아니에요. 그런데 다시 취업하고 싶어요. 하지만 할 수가 없어요. 친구가 별점을 봐줬는데 앞으로 15년 동안 이렇게 산대요. 그래서 굉장히 절망했거든요. (모두 웃음)

어떤 경우이건 두 분 말씀을 잘 귀담아들으시면 큰 도움이 되리라고 생각합니다. 실제로 저도 오늘 많은 도움을 받았습니다. 긴 시간 동안 좋은 말씀 들려주신 두 분에게 감사드리고요. 제책임 님, 마지막으로 하실 말씀 있으신가요?

제책임 조직에서 나온 다음에는 출퇴근 시간 없고 누가 일을 시키는 것도 아니니까 스스로 선택하고 결정해야 할 게 너무 많은 거예요. 물론 그게 좋아서 조직을 떠난 거지만, 매번 내가 결정하지 않으면 앞으로 나가지 못하니까 결정의 기준을 생각해보게 되더라고요. 이 일을 할까 말까부터 최소한 얼마를 받아야 이 일을 할 가치가 있을까, 작게는 아침에 몇 시에 일어날까, 운동을 몇 시에 할까…… 이런 결정을 스스로 한다는

게 좋기도 하고 때로는 누가 다 정해줬으면 좋겠다 싶기도 해
요. 그래서 늘 갈팡질팡하게 되는데, 두 분의 이야기를 들으면
서 저도 그런 기준들에 대해 다시 생각해보는 시간이 되었습
니다.

10장_____

홀로 선 개인들의
멀리 가는 기술
* 새로운 방식의 무리 짓기

: : '협동조합 달고나'의 강수연 : :

한 직장에 소속되어 있을 때는 싫은 사람도 만날 수밖에 없습니다. 하지만 그런 만남이 아예 없는 독립생활자라면, 능동적인 동료 만들기가 더욱 필요합니다. 독립하여 일하고 살아간다는 게 고립을 의미하는 것은 아니니까요. 온전히 혼자서 무언가를 한다는 건 불가능하기도 하고, 혼자서 하는 것처럼 보여도 실제로는 혼자 하는 일이 아닌 경우가 무척 많습니다. '혼자서'를 고집하다 보면 할 수 있는 일의 범위도, 감당할 수 있는 위험의 크기도 점점 작아지게 됩니다.

그럼에도 많은 사람들은 '함께 하기'에 대한 막연한 불안감을 가지고 있습니다. 개인주의에 익숙한 우리에게는 친밀감을 바탕으로 한 무리 짓기도, 위계 중심의 무리 짓기도 정답으로 보이지 않기 때문입니다. 이렇게 과거의 흔했던 방식이 더 이상 유효하지 않을 때, 우리에게 가능한 함께 하기의 시도는 무엇일까요? 독립생활을 위한 기술 탐구의 마지막으로 '새로운 방식의 무리 짓기'를 연구해보겠습니다.

오늘의 기술자 * 협동식당에서 음식 만드는 노동자

강수연

#1 협동조합으로 자영업자의 쳇바퀴에서 벗어나다

강수연은 홍대 인근 열 평 남짓한 공간에서 이탈리안 식당 '비스트로 달고
나'를 동업자 김정훈과 함께 7년째 꾸려왔다. 겉보기에는 장사가 제법 잘되
는 가게였지만, 자영업자의 삶은 고달프기 짝이 없었다. 테이블 대여섯 개가
전부였으니 줄 서서 먹는 가게였을언정 매출은 그리 크지 않았고, 직원들
의 4대 보험과 제대로 된 인건비를 챙기려니 허리가 휠 지경이었다. 사업의
구조를 바꿔야만 아무리 고생해도 삶은 나아지지 않는 이 쳇바퀴에서 빠져
나올 수 있을 것이라 생각했고, 개인사업자에서 협동조합으로 전환을 결심
했다. 2016년 6월 같은 결심을 지지하는 총 스무 명의 조합원이 모여 협동
조합 달고나의 문을 열었다. 협동조합 달고나는 두 곳의 식당, 비스트로 달
고나와 협동식당 달고나를 운영하는데, 스무 명 조합원 중 열세 명이 두 식
당에서 직원으로 일하고 있다. 이들은 스스로 출자하고 경영하는 달고나의
주인이자, 달고나에서 몸을 써서 일하는 노동자다. 협동조합으로 문을 연 첫
해인지라, 아주 작은 원칙부터 하나하나 함께 결정해나가며 지속 가능한 시
스템을 만들기 위해 분투 중이다.

#2 다양성을 담아내는 그릇, 협동조합 달고나

보통의 주식회사가 자본의 집합이라면, 협동조합은 사람의 집합이다. 조합
구성원들이 합의한다면 자본을 불리는 사업이 아니더라도 무엇이든 할 수
있다는 의미다. 달고나의 구성원들이 협동조합이라는 형태를 택한 것은 이
런 유연성 때문이기도 하다. 지금의 달고나는 식당 사업을 중심으로 돌아가

지만, 조합원들 중에는 농장을 만들고 싶은 사람도 있고 서점을 꾸리고 싶은 사람도 있다. 언젠가는 달고나가 조합원들의 다양한 꿈을 담아내는 그릇이 되어줄 수 있을까?

"사람이 언제 죽을지 모르잖아요. 다양한 일을 하고 싶은 욕구가 사회적인 분위기에 짓눌려 있는 상황인데, 비슷한 생각을 하고 비슷한 고민을 가진 사람들끼리 모여서 이런 분위기를 바꿔보고 싶어요. 혼자서는 정말 힘드니까요." 때마침 조합원들이 돌아가며 받을 수 있는 한 달짜리 안식휴가 중인 강수연이 밝힌 소망이다.

제책임 오늘 기술자로 모신 분은 '협동조합 달고나'의 조합원 강
수연 님입니다.

강수연 안녕하세요. 반갑습니다.

제책임 저 역시 롤링다이스라는 협동조합의 구성원으로 일을
하고 있는데요, 모여서 공동의 일을 일군다는 것이 즐겁지만
동시에 굉장히 어렵다는 것을 매일매일 깨닫고 있어요. 그런
의미에서 강수연 님을 모시고 '새로운 형태의 무리 짓기'라는
주제를 연구해보면 좋겠다고 생각했습니다. 본인과 협동조합
달고나를 좀 더 소개해주시겠어요?

강수연 우선 달고나는 협동조합기본법에 따르면, 직원협동조합
으로 분류돼요. 일하는 사람들이 중심이 되어 이루어진 협동
조합이라는 의미입니다. 직원 조합원 열세 명과 비직원 조합
원 일곱 명이 참여해서 각자 출자금을 내고, 그 돈을 기반으로
식당을 두 곳 운영하고 있고요. 직원 조합원들은 두 식당의 노
동자로 일하고 있어요. 하나는 망원동에 있는 '협동식당 달고
나'이고요, 또 하나는 상수동에 있는 '비스트로 달고나'예요. 비
스트로 달고나가 처음 문을 연 날이 2009년 11월 30일, 딱 7
년 전 오늘이거든요. 그날, 지금은 협동조합 달고나의 이사장
인 김정훈 씨와 제가 식당을 운영하며 먹고살겠다는 생각으로

유럽에 1년 나갔다 온 뒤 식당을 개업했어요. 열 평 정도 되는 공간인데요. 처음에는 개인사업자로 시작했고, 그 상태로 같은 자리에서 계속 유지해오다가, 올해 개인사업자는 접고 협동조합을 설립했어요. 식당 운영을 협동조합으로 넘긴 셈이죠. 협동조합 설립 후에 추가로 협동식당 달고나를 오픈했고요. 저는 현재 협동식당 달고나에서 일하고 있습니다.

노동의 개미지옥에서 벗어나는 길

제책임 협동조합이라는 조직의 형태가 익숙하지 않은 분들도 있을 것 같아요. 개인사업자에서 협동조합의 형태로 전환하게 된 과정을 조금 더 소개해주세요. 왜 하필 협동조합이라는 형태를 선택하셨나요?

강수연 그러게요. 대체 왜 그랬는지 정말. 요즘 스스로 질문을 많이 하고 있는 시기라서. (웃음) 김정훈 씨와 저는 원래 친구였고요, 처음에는 둘 다 먹는 걸 좋아해서 식당을 하겠다는 아주 막연한 생각에서 출발했어요. 직장인들의 로망이죠. 좋은 음식 팔고 쉬고 싶을 때 쉬는, 그런 생활을 꿈꾸면서 식당을 시작했어요. 우리가 하고 싶은 걸 맘대로 해보자며 시작했지만 현실은 역시 엄청 달라서 운영하면서도 계속 고민을 했어요. 닫고 여행이나 다시 갈까, 업종을 바꿔볼까, 식당은 아닌 것 같다…… 이런 식으로요. 비스트로 달고나가 외부에서 보기에 안 되는 가게는 아니었거든요. 이른바 '작지만 줄 서서 먹는 가게'라는 인지도가 있었는데도 현실에서 식당 노동자의 삶은 아무리 사장이어도 그 고단함을 벗어날 수가 없는 거예요. 그래서 고민하다가 찾은 게 협동조합이었어요.

저희가 처음 협동조합에 관심을 가진 건 3~4년 전이었어요.
그때는 시작할 용기가 없었고, 어떻게 보면 아직 기운이 있는
상태이기도 했어요. 자영업이라는 게 한번 굴러가기 시작하면
멈추기 힘든 특성이 있어요. 그렇게 계속 가다가 더 이상은 힘
들겠다는 생각에 결국 마음을 먹었죠. 특히 김정훈 씨의 육체
적인 노동 강도가 너무 세서 고민하던 끝에 찾아낸 해답이었
는데, 같은 고민을 하는 사람들이 주변에 생각보다 많더라고
요. 이미 자영업을 하고 있는 친구들, 자영업을 할까 생각 중
인 지인들, 자영업 시장에서 10년 이상 알바로 일하던 사람들,
저희 가게의 직원들 등, 전부 비슷한 고민을 하고 있었던 거
죠. 그런 사람들과 같이할 수 있는 형태로 뭐가 있을까 알아보
았죠. 우리사주조합을 만들 수도 있겠고, 유한책임회사도 있
고, 여러 가지 형태가 있더라고요. 그럼에도 불구하고 저희가
협동조합이라는 단어의 의미에 홀린 것 같아요. 그 말에 대한
환상도 어느 정도 있었고요. 환상이 있으면 분명히 깨질 거라
는 생각을 했지만, 그래도 한번 해보자고 의기투합했어요. 저
와 김정훈 씨가 앞장서서 거칠게 계획을 짰죠. 그랬더니 저희
를 믿고 지지해주는 사람들이 꽤 많이 모였어요. 비직원, 직원
조합원 할 것 없이 출자금을 천만 원씩 내서 식당을 열게 됐죠.
비직원 조합원은 출자금만 내고 응원의 뜻을 보낸 거고요.

제책임 모르시는 분들을 위해서 협동조합의 개념을 잠깐 설명
해드리면, 저는 롤링다이스를 소개할 때 보통 '공동으로 출자
하고 공동으로 경영하고 함께 일하는 협동조합'이라고 표현하
거든요. 협동조합은 주식회사와 달리 조합원마다 출자한 금액
이 달라도 누구나 1인 1표의 권리를 행사해요. 그게 아마 협동

조합이 일반적인 법인, 주식회사와 가장 큰 차이일 거예요. 자본이 모인 게 아니라 협동하는 사람들이 모였다는 의미에서 협동조합이라고 부르는 것일 테고요. 매료되었다고 하신 부분도 아마 이런 점이 아닐까 추측해봅니다.

잠깐 언급해주신 것처럼 자영업자로 산다는 게 쉽지 않고, 특히 시간과의 싸움이란 말에 저도 많이 공감합니다. 내가 쉬면 기계가 아예 멈추고, 기계가 멈춰도 고정비는 계속 나가잖아요. 그냥 매출만 안 떨어지는 게 아니라 월세는 계속 내야 하는 거죠. 문을 닫고 쉰다는 것이 그냥 돈을 안 버는 것이 아니라 비용만 계속 쓰는 걸 의미하잖아요. 그걸 알기 때문에 노동의 지옥에서 빠져나갈 수 없는 현실이라고 들었어요. 그런 점에서 특히나 어려움을 느끼셨을 것 같은데요.

그래서 시간의 문제와 관련해서 개인사업자로 비스트로 달고나를 운영하실 때도 화제가 되었던 일이 몇 번 있잖아요. 기억에 남았던 게 2012년 19대 총선 후유증으로 인한 휴무, 열흘간의 가을 휴가 공지, 주 5일 근무제 시행…… 이런 일인데요. 당시 이야기를 들려주실 수 있을까요?

강수연 그때 저희가 정말 지쳐 있었어요. 열 평 공간에 테이블 대여섯 개 놓고 장사를 하다 보니까, 줄 서서 먹는 가게라는 소문만 났지 매출은 그다지 높지 않은 거예요. 또 먹는 장사가 인건비 부담이 굉장히 큰데, 직원들 4대 보험 제대로 챙기고 이러다 보니까 들어가는 비용이 어마어마했어요. 그러니 계속 고생해도 저희 삶은 나아지지가 않는 거예요. 도시 빈민으로 평생 이렇게 살다 죽겠구나 하는 생각이 들면서 체념한 상태였는데, 19대 총선 때는 정말 정치가 거기에 불을 더 붙였던 거죠.

제책임 요즘도 딱 그런 상태인 것 같은데요.

강수연 네, 요즘 정말 뉴스 보면 안 돼요, 건강에 안 좋아서. 19대 총선 때는 결과가 너무 처참했기 때문에 다음 날 일하고 싶은 마음이 안 들었어요. 그때 허탈감이 너무 커서 하루 문을 닫고 쉬자고 해서 "19대 총선 후유증으로 금일 영업하지 않습니다"라는 공지를 걸었어요. 그게 트위터에서 소문이 난 거죠.

열흘의 가을 휴가도 마찬가지였어요. 그냥 너무 힘들어서 쉬어야겠다 싶었어요. 저희는 항상 하루에 열두 시간을 근무하거든요. 주 5일 근무도 처음부터 한 건 아니고요. 저희도 처음에는 자영업은 이래야 한다는 생각에 한 달에 딱 두 번 쉬었어요. 그땐 일도 익숙하지 않으니까 영업시간은 짧아도 실제 업무 시간은 열두 시간이 넘었어요. 그렇게 첫해를 보내고 6개월이 지난 다음부터 일주일에 한 번 쉬고, 그다음부터 저희가 일주일에 이틀 쉬기 시작했어요. 이런 과정을 계속 거쳤는데, 결국에는 나아지지 않는 상황에 지쳐서 조합을 선택하게 되었죠.

내가 다니고 싶은 직장 만들기

금고문 김정훈 이사장님이 어떤 인터뷰에서 "부자가 될 순 없지만 가난하지 않을 순 있습니다"라고 하셨어요. 그렇다면 협동조합 달고나에서 가장 중요하게 생각하는 신념, 혹은 조합원들이 공유하고 있는 가치가 무엇인지 궁금해집니다. 그런 가치가 운영 방식에도 많은 영향을 미칠 것 같아요. 일례로 노동시간과 삶, 노동의 대가인 급여에 대한 결정도 거기에서 나오는 게 아닐까 하는 생각이 들고요. 다른 건 몰라도 이건 꼭 지키겠다고 하는 달고나만의 가치가 있을까요?

강수연 원래 오늘 김정훈 이사장이 오기로 했다가 제가 대신 나왔는데요. 사실 김정훈 씨가 아까 한 얘기 때문에 저희 조합원들이 약간 곤란해하거든요. 저런 멋있는 말 하는 걸 조금 좋아하세요. 마르크스 인용해서 손님들한테 문자 보내고 막 그래요. (모두 웃음) 어디 가서 달고나 조합원이라고 했더니 저런 얘기를 설명해달라는 소릴 들으면 좀 난감한 거죠. (웃음)

우리가 공통으로 만들어야겠다는 가치는 사실 지금은 없어요. 아니, 저는 없는 것 같아요. 다른 조합원들은 어떤지 모르겠어요. 자영업 환경, 노동 환경이 열악한 상황에서 우리가 흔히 얘기하는 '가고 싶은 직장', 내가 사장이면서 동시에 노동자인 직장을 만들자고 직원협동조합을 시작했는데요. 참조할 사례가 많지 않더라고요. 몇몇 있긴 하지만 저희에게는 맞지 않아서, 모든 걸 하나씩 만들어나가는 상황이에요. 저희는 지금 6개월밖에 안 된 신참 협동조합이니까 갈 길이 멀죠.

예를 들어 저는 12월 한 달 동안 휴가예요. 오해하실까 걱정이긴 한데, 저희가 잘 벌어서 그런 게 아니라 처음에 조합원을 낚을 때 쓴 미끼가 '주 5일, 하루 여덟 시간 근무하고, 1년에 한 달 쉬자'는 거였어요. 한 달 쉰 다음에 돌아와도 자기 자리가 있고, 그 자리가 안정적이고, 내가 매일 보고 싶은 사람들과 함께 일하는 공간. 이 원칙에서 출발했거든요. 그 한 달이 유급 휴가면 참 좋겠는데 아직은 형편이 안 되니까 다들 무급 휴가라도 상관없다고 동의했어요. 그래서 자영업을 하면서 초성수기인 12월에 쉬는, 정말 말도 안 되는 혜택을 제가 처음으로 누리고 있어요. 또 1월에 쉬기로 한 친구가 정해져 있고요. 이런 식으로 무급 휴가 원칙도 정하고, 월급도 다 함께 회의를 통해서 결정하고 있고요. 휴무, 연차, 병가는 어떻게 할 것이냐, 이런 자잘한 일도 하나씩 정해갑니다. 그러니까 회사를 차근차근 만들어가고 있는 셈인데요. 이 토론 과정에서 지금 질문하셨던, 우리가 놓치지 말아야 할 가치가 조금씩 윤곽이 분명해지고 있는 상황이에요.

금고문 이번 독립생활자학교는 '직장에서 고정적인 월급을 받으며 4인 가족의 구성원으로 사는 삶이 더 이상 보편적인 선택지가 될 수 없는 시대에 조금 다른 삶과 일의 방향을 모색해보는 자리'로 기획했는데요. 협동조합 달고나의 조합원인 강수연 님의 직업 역시 흔히 생각하는 보편적인 선택지와 조금 떨어져 있다는 생각이 들어요. 그렇다면 일하기 방식이 앞으로 어떻게 달라져야 한다고 생각하시나요?

강수연 사실 이게 정말 어려운 질문이더라고요.

금고문 제가 생각해도 어렵네요. (모두 웃음)

제책임 김정훈 이사장님이 나오셔서 마르크스를 언급해주실 줄 알았는데.

강수연 그러게요. 그분은 지금 상수동에서 파스타를 만들고 계셔서. (웃음) 그런데 아직도 답을 모르겠어요. 그냥 저는 일상기술 연구소에서 3주에 걸쳐 이야기한 독립생활 기술이 일하기의 새로운 방식을 보여준다는 생각이 들더라고요. 저희도 직장에서 일하다가 작은 가게를 열었고, 그러다가 이렇게 무리를 지어 협동조합을 만들었거든요. 그 과정에서 프리랜서로 먹고살았던 시기도 있었고요. 이런 식으로 섞여가는 형태가 계속 보이지 않을까요? 그중에서 개인의 특성에 맞게 더 두드러지는 방식이 생길 수도 있고요.

저희도 단순히 생계만을 생각했다면, 주식회사를 만들 수도 있고 더 큰 가게를 열 수도 있고 그 큰 가게의 좋은 사장이 될 수도 있었겠죠. 그런데 협동조합을 하게 된 데는 사실 다양성을 포함하고 싶은 바람이 있었어요. 저희가 지금은 비록 주 5일 근무에 장시간 일하는 식당 노동자이지만, 다른 일도 하고 싶거든요. 저희가 꿈꾸는 사업 중에는 농장도 있고, 저는 한 5년 전부터 서점을 하고 싶다는 생각도 했어요. 그런데 이미 유행이 확 되는 걸 보고 '내가 생각은 일찍 하는구나'란 걸 확인만 하는 기회가 되었고요. (모두 웃음) 저희가 그렇게 오랜 시간 일하는 식당 노동자이면서도 협동조합 내부 소식지도 만들고 있어요. 그리고 사업장이 여러 개 생기면 순환 근무를 원칙으로 삼자고도 해요. 저희가 한 가지 일만 계속 하고 싶은 건 아니거든요. 사람이 언제 죽을지 모르잖아요. 다양한 일을 하고 싶은 욕구가 있는데, 다만 사회적인 분위기에 짓눌려서 다른 선택을 못하는 상황이라고 생각해요. 비슷한 생각을 하고 비슷한 고민을 가진 사람들끼리 모여서 이런 방식을 바꿔보고 싶어요. 혼자서는 정말 힘드니까요. 그래서 저희는 그런 식으로 협동조합이 다양성을 포함할 수 있다고 생각해요. 그런 생각에서 출발해서 계속 이런 관점으로 이야기를 많이 나누고 있어요.

제책일 저도 굉장히 공감합니다. 저도 롤링다이스 하면서 그런 생각을 해보는데요. 보통의 사업체는 사업이 먼저 있고 그다음에 사업에 필요한 자리가 있고 그 자리를 채우기 위해 사람을 고용하잖아요. 그래서 사람은 변해도 사업은 변하지 않죠. 협동조합도 물론 조합원은 바뀔 수 있지만, 방점은 사업이 아니라 사람에 찍히니까 오히려 사업이 더 쉽게 바뀔 수 있다고 생각해요. 제가 가끔 농담처럼 롤링다이스 조합원들이 나중에

일상기술연구소

늙으면 취미활동을 하는 협동조합, 돈을 벌기 위한 일이 아니라 노는 일을 하는 협동조합이 될 수도 있겠다고 이야기하곤 해요. 조합원들의 생애 주기에 따라서 협동조합도 자연스럽게 진화할 수 있다는 거죠.

사람이 덜어주는 리스크, 사람이 더하는 리스크

<u>제책임</u> 우리나라에서 이른바 '정상적인 방식'에서 벗어나서 살면, 사람들이 '위험하지 않느냐, 안정성이 떨어진다' 이런 말을 하잖아요. 그래서 좀 다르게 뭘 하겠다고 하면 만류하는 사람도 많고요. 그런 의미에서 위험성, 리스크를 어떻게 받아들이고 관리하시나요?

<u>강수연</u> 잘되는 자영업자 분들이 보시면 "굳이 왜 조합을 하느냐" 싶으실 거예요. 실제로 그런 말을 많이 들었어요. "아니 잘되는 가게가 왜 굳이 조합을 해? 조합을 하면 넌 사장도 아닌 거잖아. 월급도 다 똑같다며." 이걸 보면, 그분들에겐 조합 자체가 리스크처럼 느껴지는 거예요. 실제로 그런 부분이 없진 않아요. 그런데 조합을 운영하는 데 있어서 제가 가장 걱정하는 리스크는 어떤 사람과 일하느냐예요. 처음에는 어느 정도 친분이 있던 사람들이 조합원으로 들어왔고, 아직 추가 조합원을 받아본 적은 없거든요. 내년 계획을 짜고 고민하면서 조합원을 받아들이는 기준에 대해서도 이야기하고 있는데요. 우리도 일종의 인턴십을 두어서 경험을 좀 해보고, 서로 판단하는 과정을 거친 뒤 조합원으로 받아들여야 하지 않나, 이런 생각을 하고 있어요.

혹시 식당업을 협동조합으로 하려는 분들에게는, 저희가 좀 더 안정된 후에 그동안의 과정과 결과를 모아서 책으로 공개할 계획이거든요. 그걸 참고하시면 좋을 것 같아요. 힘든 점이 너무 많아서요. (웃음) 협동조합은 회의를 많이 하잖아요. 대화도 많이 해야 하고. 그런데 간이 짜냐 안 짜냐, 이런 걸 회의를 해서 다수결로 정할 수는 없잖아요. (웃음) 식당일 경우에는 부딪히는 지점이 정말 많아요. 그런 지점을 찾아가는 과정을 저희가 먼저 경험하고 있는 거니까, 협동조합으로 식당 창업을 생각하고 있는 분들은 저희가 잘되는지 보신 다음에 결정하시면 더 좋지 않을까…….

제책임 아마 식당은 현장의 분위기가, 제가 드라마를 많이 본 탓일 수도 있지만, 굉장히 위계적일 것 같고……

강수연 "예, 셰프!" 이런 거요? (웃음)

제책임 네, 그런 거. (웃음) 그래서 협동조합이 강조하는 민주적 방식이 적용되기 어려울 것 같다는 선입견이 있어요.

강수연 저희는 개인사업자로 할 때도 주방에 그런 권위가, 보통 '곤조'라고 하는 게 없었어요. 실제로는 일장일단이 있어요. 저희는 그런 분위기가 다 없어진 상태인데, 그렇다고 얘는 짜다고 하고 재는 싱겁다고 하면 중간 맛을 낼 거냐, 그건 아니잖아요. 협동조합으로서 운영하는 식당에 맞는 시스템과 원칙을 만들어가야 하는 부담이 있기는 해요.

며칠 전에 자포스에 관한 기사를 읽었어요. 미국의 인터넷 신발 판매 회사인데 조직 내 위계서열을 모두 없애는 실험으로 유명했었거든요. 그 기사는 그런 파격이 가져온 장점과 단점을 다루고 있더라고요. 저는 그걸 보고 우리 협동조합이 지금 이 중간에 있구나 싶었어요. 물론 팀장과 같은 역할이 있고 거기에 권한과 책임이 주어지는 건 어느 조직에나 필요하지만, 협동조합이자 식당인 우리 조직에 맞는 새로운 방식을 고민할 필요가 있다고 생각해요. 저는 이 사실을 매일매일 경험하고 있어요.

제책임 저도 무척 공감하는데요. 롤링다이스는 식당처럼 현장에서 빠르게 돌아가는 구조가 아니니까 고민의 깊이가 덜하긴 할 텐데요. 그래도 롤링다이스에서 일하면서 민주적으로 일한다는 게 뭘까 고민을 많이 하게 돼요. 협동조합으로서의 큰 의사 결정은 합의한 민주적 원칙에 따라서 내리면 되는데, 매일매일 일하는 과정에서 위계가 전혀 없고 완벽하게 평등하다는 건 거의 불가능하잖아요. 그렇다고 일반 회사와 똑같이 하는 건 분명 답이 아닐 테고, 적절한 선을 찾는 게 굉장히 어렵더라고요. 사실 지금도 답을 못 찾았다고 봐야 해요. 항상 고민하고 있는 부분입니다.

강수연 5년 되었는데 아직 못 찾으셨다면 저희 미래는 어떻게 되는 건가요. (웃음)

제책임 저희는 조금 '나이롱' 조합이라서. (웃음) 달고나에서 먼저 체계를 잡은 다음에 책에 담아주시길 저희가 기다리는 편이 빠르지 않을까 싶습니다.

사실 뭔가를 여럿이 같이 하는 건 괴로운 일이라고 생각하거든요. 물론 즐겁고 보람찬 순간이 있긴 하죠. 뭔가 합이 맞아서 일할 때 더 신이 나는 면도 있지만, 일상적으로 보자면 당연히 혼자 하는 것보다는 함께 하는 게 훨씬 더 어려운 일이잖아요. 그럼에도 불구하고 혼자서는 할 수 없는 일이 많아서 같이 하는 거겠죠. 그러다 보니까 같이 있어도 덜 괴로운 사람, 혹은 괴로움을 감수할 가치가 있는 사람을 만나는 게 중요한 것 같아요. 달고나에서는 이 사람을 조합원으로 받느냐 마느냐를 결정할 때 중요한 기준이 있나요? 물론 앞으로 계속 그 기준도 바뀔 수 있겠지만요.

강수연 저희가 한 달에 한 번씩 전체 회의를 하는데, 오늘 받은 질문을 그 회의에서 미리 물어 답변을 취합해왔으면 좋았겠다 싶어요. 어쩔 수 없이 조합원으로서, 제 개인적인 생각을 말씀드리는 거니까 이해해주시기 바랍니다. 저는 어쩌면 상반되는 두 가지 생각이 있는데요, 일단 식당업을 이해해줄 수는 없더라도 무시하지는 말았으면 좋겠어요. 사실 많은 퇴직자들이 김밥집이나 치킨집을 열잖아요. 돈만 좀 있으면 특별한 전문성이 없어도 손쉽게 할 수 있는 일이라고 생각하기 때문이거든요. 저도 7~8년 전에 처음 시작할 때는 카페에서 아르바이트도 한 번 안 해본 사람이었고, 그래서 일하면서 뒤늦게 많은 걸 느꼈어요. 식당을 한다는 건 몸을 쓰는 일이에요. 몸을 쓰는 식당 노동자로 사는 것에 대해 진지하게 고민해본 사람이 왔으면 좋겠다는 바람이 있어요. 동시에 같이 일하면서 재밌게 할 수 있는 일이 많은데, 그런 것에 대한 꿈이 전혀 없는 사람도 곤란하다고 생각해요. 누구나 마음속에는 잠재된 욕구가 있겠지만, 그걸 다른 사람이 끄집어내는 건 어려운 일이니까요.

서로의 필요에 관심 갖기

제책임 청중분들께 질문을 받아볼까요?
청중 사람들과 모여서 뭔가 시도할 때, 그런 모임이 길게 가려면 어떻게 해야 할까요? 저도 옆에서 책 모임을 하자고 부추겨서 시작했는데, 한두 달 하다가 말았어요. 제 기준을 가지고 모은 사람이 아니라 저랑 좀 안 맞는 부분이 있어서 그랬던 것 같은데요. 아쉽다는 생각을 했었거든요.

강수연 당연한 말이겠지만, 길게 가려면 일단 길게 갈 수 있는 사람을 만나야 해요. 어떻게 그런 사람을 만날 수 있느냐가 문제일 텐데요. 문제는 사람 사이의 합이라서 그때그때 기준이 다를 수밖에 없거든요. 그러니 자신만의 안목을 기르는 게 필요하다고 생각해요. 단순히 사람들의 장점과 단점을 가릴 수 있어야 한다는 뜻은 아니에요. 어떤 사람의 장점이 모임을 유지하는 데 언제나 도움이 되는 것도 아니거든요. 그 반대도 마찬가지고요. 각자가 자기 나름의 안목을 가지려고 노력하다 보면, 공통분모를 가진 사람끼리 만날 수 있다고 생각해요. 결국 삶의 태도나 취향이 비슷한 사람들이 만나야 모임이 오래 가거든요. 또 다른 한편으로는, 모임이 반드시 오래 가야 한다는 환상을 버려야 해요. 당장 내일이라도 깨질 수 있다는 생각이 몸과 마음을 가볍게 만들고요. 무책임하게 행동하라는 것이 아니라 그릇된 집착을 가지면 안 된다는 뜻이에요. 이럴 때 모임의 목적을 실현하는 게 오히려 쉬워지는 것 같아요.

제책임 저도 5년째 롤링다이스를 하다 보니까, 그렇게 마음 맞는 사람들을 어떻게 만났느냐는 질문을 많이 받거든요. 그런데 저는 한 번 만나고 한 번 모여서 오래 지속되는 모임을 찾는 건 불가능하다고 생각해요. 소개팅 해서 맘에 맞는 사람을 찾는 확률과 비슷하지 않을까요. 모임을 만들고나서 한두 달 만에 흐지부지되는 게 당연한 것 같아요. 여러 번 시도하다 보면, 열 개 중 하나는 살아남을 거예요. 보통 다들 한두 번 해봤더니 흐지부지되거나, 꼭 이상한 사람 한 명 때문에 가기 싫어지고,

이런 경험을 초반에 하고 나면 '역시 안 돼' 이렇게 생각하더라고요. 그게 원래 당연하고, 그래도 몇 번 시도해봐야 지속적인 모임이 생겨나지 않나 싶어요, 확률적으로.

구체적으로는 기한을 두고 모임을 만드는 것도 하나의 방법이에요. 저는 롤링다이스 말고도 개인적으로 독서 모임이 있는데, 대체로 몇 권을 언제까지 읽기로 정하고 시작해요. 언제까지 어떤 책을 읽기로 일차적인 목표를 정해두면, 일단 거기까지는 참아보자고 생각하게 되니까요. 거기에 도달하면 그다음에 어떻게 할지 다시 생각하고요. 끝을 정하지 않고 막연하게 열어두면, 지속하기가 더 어려울 수 있어요. 또 일단 정한 기한까지 간 뒤에 그만두면, 중간에 그만두더라도 일차 목표는 달성한 거잖아요. 실패한 경험이 아니라, 나름 성공한 경험으로 받아들일 수 있어서 좋더라고요.

이제 이야기를 마무리할 시간인데요, 마지막으로 '새로운 형태의 무리 짓기'에서 가장 중요한 기술이 있다면 무엇일까요?

강수연 저희는 시작하면서 협동조합이 잘되려면 어떻게 해야 할까, 이야기를 정말 많이 했거든요. 그때 계속 나온 말이 서로의 필요가 뭔지 정확하게 알아야 한다는 거였어요. 한곳을 보고 가고 있지만, 동시에 다양한 사람들이 모이기를 바라는 조직이잖아요. 그런데 개인적인 필요를 모르는 상태에서는, 게다가 기존의 권위적인 시스템도 없기 때문에 배가 산으로 가기 딱 좋은 거죠. 그래서 서로의 필요에 대해서 끊임없이 관심을 가지고 대화하고, 본인의 필요도 구체화해가는 훈련을 하는 게 중요하다고 생각합니다. 기술이라고 할 수 있을지 모르겠지만, 저희가 지금 단계에서 계속 점검하는, 일종의 태도예요.

제책임 오늘 좋은 말씀 감사합니다. 금고문 님, 오늘은 어떤 생각을 하셨어요?

금고문 요즘에 제가 게임을 많이 하는데요. 플레이스테이션의 GTA라는 게임을 하고 있어요. 그게 싱글 모드와 온라인 모드가 있는데, 온라인 모드는 친구가 없으면 재미가 없어요. 그래서 길드에 가입해야 하나, 이런 생각을 하고 있었거든요. 오늘 얘기가 저한테는 많은 도움이 됐고요. (웃음) 제책임 님, 오늘 방송 어떠셨어요?

제책임 저는 롤링다이스를 하고 있으니까 다른 협동조합을 하고 있는 달고나의 이야기를 들으면서 여러 가지 생각이 들었어요. 저희도 이제 5년차 접어들어서, 사실 해마다 전환점 같긴 했지만, (웃음) 올해는 특히 새로운 단계로 접어들고 있다는 생각을 많이 했거든요. 늘 좋은 점과 나쁜 점이 있지만, 올해는 다른 종류의 어려움에 부딪히면서 절대 더 쉬워지는 법은 없다는 걸 다시금 깨달았어요. 개인적으로 이런저런 고민이 많았는데, 여러 지점을 되돌아보게 되어 제게는 귀한 시간이었습니다.

① 역할 이해하기

여러 사람이 모였다면, 각자의 역할이 있기 마련이다. 협동조합이 보통의 회사와 다른 점은 이런 역할이 일방적으로 주어지는 것이 아니라 조합원 스스로 만들거나 없앨 수 있다는 것이다. 아마도 구성원들이 자발적으로 모인 모든 무리 짓기에서도 마찬가지일 것이다. 자발적인 모임일수록 그 안에서의 자기 역할을 더욱 정확히 이해할 필요가 있다. 내가 지금 맡은 역할은 내가 다른 위치로 옮겨가면 다른 구성원이 맡아야 할 역할이기도 하다. 그런 의미에서 때로 자신의 자리를 낯설게 돌아볼 필요가 있다. 자신의 역할에 지나치게 익숙해져 분업의 구조에 안주하다 보면, 모임 전체의 목표와 의미를 잊어버릴 수 있기 때문이다.

② 토론 연습하기

협동조합에서는 모든 조합원이 각 1표씩의 의결권을 행사하지만, 그렇다고 모든 의사결정을 간단히 투표에 부쳐 해결하면 그만이라는 의미는 아니다. 어떤 모임에서든, 특히 동등한 권한을 가지고 모인 조직에서라면, 의사결정에 이르기까지의 제안과 설득, 상호 이해의 과정이 결정 자체보다 장기적으로는 더 중요할 수 있다. 이 과정에서 때로는 기운이 빠지고 상처를 받기도 하지만, 그런 시간이 쌓여 각 개인이, 또 관계가 단단해진다는 믿음이 있어야 한다.

③ 과정을 기록하고 공유하기

논의의 과정이 중요한 만큼 그 과정을 기록하고 공유하는 일도 반드시 필요하다. 결정된 결과뿐 아니라 그 과정을 꼼꼼히 기록하고 공유함으로써 모임이 유기체처럼 생명력을 얻고 성장해나가게 된다. 과정을 기록하는 일은 당장 함께 하지 못한 이들뿐 아니라 나중에 모임의 일원이 될 이들을 위한 것이기도 하다. 이에 더해, 과정을 복기하고 개선해나갈 수 있게 하는 기본 조건이다. 과정을 기록하고 나누는 것은 품이 들고 귀찮은 작업이기 때문에 당장의 일에 휩쓸리다 보면 놓치기 쉽다. 그러나 이 작업을 놓치는 순간, 모든 일이 관성으로 움직이게 되기 십상이고, 그러다 보면 개개인이 지닌 자발성을 유지하기가 어려워진다.

"오늘 할 일을 마치면
내일 기분이 참 좋을 텐데"

팟캐스트 '일상기술 연구소'를 함께 하지 않겠느냐는 친절한 제안을 받은 게 언제였는지 모르겠다. 늦겨울. 어쩌면 봄. 물론 나는 수락했다. 출연 조건을 둘러싼 마라톤협상 같은 건 없었다. 그런 건 늘 없다.

그때 나는 마감에 허덕이는 7년차 프리랜서 서평가였다. 그 전에는 인터넷 서점에서 일했다. 회사에 다닐 때는 출근하기 싫어서 아침마다 울었다. 다 지난 일이다. 이제 나는 원고 쓰기 싫어서 밤새도록 운다.

서평가가 하는 일은 단순하다. 책을 읽고 서평을 쓴다. 혹은, 서평을 쓰기 위해 책을 읽는다. 그리고 돈을 받는다. 문제는 단순하고 명쾌한 일이 겹치고 쌓이면 더는 단순하고 명쾌하지 않게 된다는 데 있다. 한 편의 글을 쓰기 위해 적당한 시간은 얼마일까? 일주일? 이틀? 한 달? 분량과 주제에 따라 다름? 쓰는 사람 마음? 정답은 이렇다. 마감 시한보다 하루나 이틀, 때

때로 일주일 더. 무슨 말을 써야 하지? 어떻게 써야 하지? 머리만 굴리다가 데드라인이 코앞에 닥친 후에야 화들짝 놀라 일을 시작하는 프리랜서가 나 혼자만은 아닐 거라고 믿는다(왜 이런 걸 믿어야 하는지 모르겠지만).

한 달에 한두 편의 원고만 써서 먹고살 수 있다면 그래도 괜찮다. 다섯 편을 써야 한다고 해도 마감 시한만 규칙적이면 그럭저럭 버틸 수 있다. 하지만 다섯 편으로는 턱없이 부족하고, 마감 시한은 비슷한 시기에 몰려 있는 게 현실이다. 12일 마감인 원고를 13일이나 14일 새벽에 겨우 마감하고 한숨 돌리나 싶으면 17일과 18일과 19일에 각기 다른 마감이 당신을 기다리고 있는 것이다. 다음 주에도. 또 그다음 주에도. 물론 그것도 운이 좋은 경우에나 가능한 일이다(프리랜서에게 마감이 끊이지 않는다는 건, 이렇게 말하고 싶진 않지만, 분명 행운이다).

나는 운이 좋았고, 덕분에 짧지 않은 시간을 프리랜서로 살았다. 그런데 그걸 살았다고 할 수 있나. 거기에는 일상을 구성하는 최소한의 리듬이 없다. 각각의 지속 시간을 가진 행위들의 반복이 일상을 만든다면, 나는 지루하고 종종 (이런 표현은 쓰고 싶지 않지만) 고통스러운 기다림의 시간과 허겁지겁 초침에 쫓기며 밤새 자판을 두드리는 시간을 단순 왕복하며 살아온 셈이다. 다시 한 번, 그런데 그걸 살았다고 할 수 있나. 이러지도 저러지도 못한 채 사라지는 마감과 마감 사이의 시간을 산 것은 대체 누구일까?

이럴 바엔 그냥 차라리 노는 게 낫지 않을까요. 나와 비슷한 일상을 가진 소설가 이상우가 말했다. 노는 것도 아니고 뭘 하는 것도 아니고 개한심. 맞아요, 라고 대답하며 나는 차오르는 눈물을 들키지 않기 위해 고개를 돌려야 했다. 나이를 먹으면 눈물이 많아진다고 했던가. 내가 그렇다.

이쯤에서 당신은 내가 일상기술 연구소를 함께 하기로 결심한 이유를 짐작할 수 있을 것이다. 정해진 날짜마다 정해진 시간 동안 정해진 공간에서 정해진 사람들과 정해진 주제로 말을 하고 정해진 돈을 받는다. 글을 쓰는 것과는 다르다. 이런 예측 가능성, 이런 반복이 일상을 구성한다. 그리고 내게는 일상이 필요했다. 그러니 하지 않을 이유가 있나?

사실 나는 고민했다. 고민하고 또 고민하다 하지 않겠다고 말하기 직전까지 갔다. 얼굴도 모르는 사람들을 향해 마이크 앞에서 말하는 게 겁나서. 원고만 쓰기에도 부족한 시간을 쪼갤 자신이 없어서. 혼자 자판을 두드리며 일하는 데 익숙해져서. 그러니까 프리랜서로 살아온 습관 때문에. 하지만 나는 거절하지 않았으니, 그것 또한 프리랜서로 살아온 습관 덕분이다. 프리랜서는 웬만하면 일을 거절하지 못한다. 언제 일이 끊길지 모르니까. 벌 수 있을 때 조금이라도 더 벌어둬야 하니까. 프리랜서의 아이러니.

지난 1년 동안 일상기술 연구소를 (보조)진행하며 적지 않은 분들을 만났다. '본격퇴사권유방송'이라는 농담처럼, 출연자 대부분은 일반적인(이라고 흔히 생각하는) 삶의 트랙을 벗어나 자신만의 트랙을 걷고 있는 사람들이었다. 나와 같은 프리랜서지만 각자의 방식으로, (나와는 다르게) 징징대지 않고, 용감하게 일상을 꾸려나가는 사람들과 대화를 나눌 수 있어서 고맙고 기뻤다. 매번 깜짝깜짝 놀라고 스스로를 반성하게 되는 시간이었다, 라고 하면 너무 교훈적일까. 하지만 정말 그랬다. 일상기술 연구소를 한 번이라도 들어본 사람이라면 내 말을 이해할 것이다. 내가 종종 (실은 자주) 긴 침묵에 빠져 있었다면, 그건 내가 놀라거나 반성하고 있었다는 뜻이다. 얼마나 많이 반성하고 놀라는지 나도 놀랄 지경이다.

　말을 하는 것과 그 말들을 책으로 엮는 것은 또 다른 일이다. 처음 일상기술 연구소를 책으로 만든다는 이야기를 들었을 때는 뭘 또 그렇게까지, 하는 생각이 들지 않았던 건 아니다. 오해하면 안 된다. 나는 내가 쓴 글을 책으로 묶을 때도 그런 생각을 하니까. 하지만 조금도 걱정하지는 않았다. 제책임이 책임지고 원고를 정리하고, 어크로스 출판사에서 편집할 거라는 말을 들었기 때문이다. 녹음을 하다 보면 가끔 이 방송이 어디로 가고 있는 건지 헷갈릴 때가 있다. 보통 내가 말을 많이 할 때가 그런 경우인데, 그때마다 완벽한 정리로 방송을 구해내는 사람이 바로 제책임이다. 괜히 '책임'연구원이 아니라는 말이다. 물론 나도 괜히 '고문'연구원은 아니다. 그리고 어크로스는 내 다음 책을 내기로 한 출판사다(혹시 일상기술 연구소가 '본격홍보방송'이기도 하다는 사실을 아시는지?).

　어쩌다 보니 둘의 이름을 달고 있지만 일상기술 연구소가 제책임과 금고문, 둘의 방송은 아니다. 모든 출연자분들은 물론이고 시즌 1을 함께 했던 이 피디님과 홍 작가님, 시즌 2를 함께 하는 리 피디님, 그리고 조수석이 없었다면 1년 동안 방송을 하기는 불가능했으리라. 만약 《일상기술 연구소》가 베스트셀러가 되어 다음 편이 나오게 된다면(그랬으면 좋겠는데) 그때는 조수석과 함께 한 책 소개 에피소드도 꼭 포함되었으면 좋겠다.

　어느새 1년이라는 시간이 흘렀다. 지금도 나는 마감에 허덕이는 8년차 프리랜서다. 그토록 많은 기술을 배우고 많은 반성을 하지만 나는 (유감스럽게도) 여전히 나다. 하지만 달라진 것도 있다. 이제 나는 글이 쓰기 싫어 울지 않는다. 이 글의 마감은 목요일이고 지금은 수요일이다. 몇 시간 전에 나는 "오늘 할 일을 마치면 내일 기분이 참 좋을 텐데"라고 트윗했다. 그리고 이 글을 썼다(훗!). 혹시라도, 정말 만에 하나라도, 지난 1년 동안 내가 조금이나마 더 나은 사람이 되었다면 그건 모두 (적어도 상당 부분은) 일상기술 연구소를 함께 한 모든 사람들 덕분일 것이다.

출연해주시고 함께 만들어주시고 들어주시고 읽어주셔서 고맙습니다.

정말로요.

금고문 * 금정연

일상기술 연구소
생활인을 위한 자유의 기술

초판 1쇄 발행 2017년 5월 17일
초판 5쇄 발행 2020년 7월 27일

지은이 | 제현주, 금정연
기획 | 협동조합 롤링다이스
발행인 | 김형보
편집 | 최윤경, 박민지, 강태영, 이환희, 최승리
마케팅 | 이연실, 김사룡, 이하영
경영지원 | 최윤영

발행처 | 어크로스출판그룹(주)
출판신고 | 2018년 12월 20일 제2018-000339호
주소 | 서울시 마포구 양화로10길 50 마이빌딩 3층
전화 | 070-8724-0876(편집) 070-8724-5877(영업) 팩스 | 02-6085-7676
e-mail | across@acrossbook.com

ⓒ 협동조합 롤링다이스 2017

ISBN 979-11-6056-018-3 03300

만든 사람들
편집 | 박민지
교정교열 | 오효순
디자인 | 정은경
일러스트 | 안난초
본문조판 | 성인기획